HYGIÈNE ET L'INDUSTRIE
DU DÉPARTEMENT DU NORD

VADE MECUM
DES CONSEILS DE SALUBRITÉ
DES INDUSTRIELS ET DES FONCTIONNAIRES
CHARGÉS DE LA POLICE SANITAIRE

PAR

M. le Dr PILAT

ET M. TANCREZ

1re ÉDITION

VADE MECUM

DES CONSEILS DE SALUBRITÉ.

L'HYGIÈNE ET L'INDUSTRIE

DANS LE DÉPARTEMENT DU NORD.

VADE MECUM

DES CONSEILS DE SALUBRITÉ,

DES INDUSTRIELS ET DES FONCTIONNAIRES
CHARGÉS DE LA POLICE SANITAIRE

PAR

M. le Dr PILAT,

Secrétaire-Général du Conseil central de salubrité du Nord,

ET M. TANCREZ,

Secrétaire-Adjoint.

3me ÉDITION

REFONDUE ET AUGMENTÉE.

LILLE

IMPRIMERIE L. DANEL.

1883.

L'HYGIÈNE ET L'INDUSTRIE

DANS

LE DÉPARTEMENT DU NORD.

> Les bonnes choses ne sauraient être trop vulgarisées.

Avant le décret du 15 octobre 1810, les établissements insalubres et dangereux étaient réglementés d'une manière un peu arbitraire, par des édits, des arrêts du parlement et des ordonnances royales qui, pour la plupart, ne s'adressaient qu'à la ville de Paris.

En l'an XIII, le Ministre de l'Intérieur, frappé des plaintes nombreuses qui lui étaient adressées contre les inconvénients que produisaient dans leur voisinage, certaines fabriques et celles des produits chimiques et des fonderies de suif tout particulièrement, consulta la classe des sciences physiques de l'Institut et demanda un projet de réglementation des usines qui pouvaient être nuisibles à la santé publiques. Le rapport de la Commission nommée à cet effet, servit de base à l'ordonnance que rendit Dubois, préfet de police, ordonnance défendant d'établir dans Paris, sans son autorisation, aucun atelier, aucune usine ou laboratoire qui pourraient compromettre la salubrité, ou occasionner un incendie. Un plan des lieux avec explication des opérations auxquelles on devait se livrer devait être joint à la demande. Cette ordonnance portait aussi qu'il serait procédé à la visite des lieux par des hommes spéciaux assistés d'un Commissaire de police, et qu'il serait dressé un procès-verbal d'une enquête de *commodo vel incommodo*. Cette ordonnance, comme on le voit, était une ébauche de la législation qui régit aujourd'hui les établissements classés.

En 1809, le Ministre de l'Intérieur trouvant insuffisant les données fournies par le 1er rapport de l'Institut, en demanda un second dont est sorti le décret présenté à l'Empereur et signé le 15 octobre 1810.

Lors de la publication de la première édition du *Vade mecum* (1857), les établissements insalubres étaient régis dans tout l'empire par ce décret, et c'est sur cette base que nous avons entrepris la rédaction de notre livre qui, depuis, a servi de guide à la confection de recueils du même genre publiés dans d'autres départements.

Le décret de 1810 fut modifié et étendu par l'ordonnance royale du 14 janvier 1815 et par le décret du 25 mars 1852, sur la décentralisation administrative.

Cette loi, suffisante dès le principe pour protéger les intérêts des particuliers et la salubrité publique contre les exigences et les écarts trop fréquents de l'industrie, est devenue, dans ces vingt dernières années, ou impuissante ou trop sévère, par suite de la création d'industries nouvelles ou de perfectionnements et de simplifications apportés dans les opérations industrielles.

Dans cet état de choses, la nécessité d'une classification nouvelle se faisant sentir de plus en plus, celle-ci fut élaborée par le Comité consultatif des Arts et Manufactures et sanctionnée par un décret en date du 31 décembre 1866, à la suite d'un rapport présenté à l'Empereur par Son Excellence le Ministre de l'Agriculture, du Commerce et des Travaux publics.

C'est sur cette base que nous avons entrepris la rédaction d'une seconde édition de notre *Vade mecum*, en nous appuyant, comme précédemment, sur les décisions consignées dans les rapports des Conseils de salubrité du Nord de ces dernières années.

Depuis lors, l'épuisement de notre 2ᵉ édition, les modifications nouvelles introduites dans la nomenclature de 1866 et la création de nouvelles industries dans le Nord ont rendu nécessaire une 3ᵉ édition. Ce travail long et fatiguant sera, nous l'espérons, à la hauteur des nécessités du moment et pourra, comme les autres, être utile à nos collègues du Conseil central et à ceux des Conseils de salubrité des arrondissements, en leur indiquant les conditions nouvelles prescrites par suite des transformations radicales opérées dans certaines industries, soit par le perfectionnement des opérations et la simplification des appareils, soit par une meilleure application des règles de l'hygiène.

Tel qu'il est, ce nouveau résumé de la jurisprudence des Conseils de salubrité du département du Nord sera encore entre les mains de MM. les Maires, les Commissaires de police et les employés des ponts-et-chaussées chargés de la surveillance des usines et de l'exécution des prescriptions administratives, un guide dans des matières souvent nouvelles pour ces fonctionnaires.

Les industriels y trouveront aussi des indications qui leur éviteront souvent des hésitations dans le choix des moyens à employer pour ne pas incommoder, et des tâtonnements dans leur mise à exécution.

Les voisins d'usines insalubres ou incommodes pourront

apprécier la valeur des réclamations qu'ils croiraient devoir faire intervenir, dans le cas où toutes les conditions imposées n'auraient pas été exactements remplies.

Pour faciliter les recherches, nous avons pensé devoir :

1º Adopter l'ordre alphabétique qui existe dans la nouvelle nomenclature ;

2º Indiquer le classement de chaque industrie, en relatant les dates anciennes et récentes de ces classifications ;

3º Énoncer les inconvénients de chaque genre d'établissement, tels qu'ils figurent dans les motifs de la classification ;

4º Énumérer les moyens à l'aide desquels les Conseils de salubrité ont cherché jusqu'ici à prévenir ou à pallier les divers inconvénients ;

5º Recherchesr enfin dans les diverses autorités pratiques et scientifiques les indications nécessaires pour les matières n'ayant point encore été déférées aux Conseils du département, et sur lesquelles ils n'ont point, par conséquent, établi de jurisprudence.

Dans une seconde partie nous traiterons des établissements déclassés et devenus libres, mais sur lesquels l'autorité administrative conserve le droit de surveillance et de réglementation, en ce qui touche la salubrité publique.

Quelques sujets d'hygiène générale nous ont paru devoir être reproduits sommairement à la fin du volume.

Les renvois seront aussi restreints que possible. Les redites ne nous ont pas effrayés ; si elles nuisent beaucoup au style, à la forme, elles concourrent puissamment au but pratique que nous voulons atteindre ?

Puissions-nous encore avoir une fois réussi?

Ch. PILAT et TANCREZ.

Est-il besoin de mentionner ici que par décret du 15 octobre 1810, confirmé et étendu par l'ordonnance du 14 janvier 1815, les ateliers dangereux, insalubres ou incommodes, sont divisés en trois classes ?

Que la première classe comprend ceux qui doivent être éloignés des habitations particulières ;

Que dans la seconde classe rentrent les manufactures et ateliers dont l'éloignement des habitations n'est pas rigoureusement nécessaire, mais dont il importe néanmoins de ne permettre la formation qu'après avoir acquis la certitude que les opérations qu'on y pratique seront exécutées de manière à ne pas incommoder les propriétaires du voisinage, ni à leur causer des dommages ;

Que dans la troisième classe sont placés les établissements qui peuvent exister, sans inconvénients, auprès des habitations, mais doivent rester soumis à la surveillance de la police.

Nous pouvions rappeler encore les formalités exigées pour les demandes relatives à chaque catégorie, ainsi :

POUR LA 1re CLASSE. — *Demande* sur timbre, accompagnée de *deux plans*, dont l'un des propriétés environnantes, et l'autre des dispositions intérieures, adressée au Préfet (1), qui ordonne l'affichage (2) à la porte des Mairies de toutes les commmunes comprises dans le rayon de 5 kilomètres. L'affichage *constaté* par le Maire (2) est immédiatement

---

(1) Ces plans, dressés par un architecte, doivent reproduire l'état *actuel* des choses, être orientés, certifiés conformes, porter une échelle de 1 à 2,500 pour le plan général, et de 5 millimètres par mètre pour le plan de détail. Ils doivent aussi donner une coupe des terrains, s'il y a lieu, pour l'écoulement des eaux ; indiquer la nature de ces terrains et des arbres qu'ils portent.

(2) La durée de l'affichage est d'un mois. (Décision ministérielle du 22 novembre 1811.)

suivi d'une enquête de *commodo et incommodo*, avec *l'avis du Maire*. Le Sous-Préfet de l'arrondissement consulte, le *Conseil de salubrité local*, et motive son *opinion personnelle*. Le Préfet consulte le *Conseil central de salubrité*, puis le *Conseil de préfecture*, s'il y a opposition. Il prend ensuite un arrêté d'autorisation ou de refus, sauf recours au Conseil d'État (1).

Pour la 2ᵉ classe. — *La demande* avec *plans*, comme ci-dessus, adressée au Préfet ou au Sous-Préfet, est renvoyée au Maire, qui procède à une *enquête* et donne son *avis*. Le Sous-Préfet consulte le *Conseil d'hygiène* de l'arrondissement, exprime son *avis particulier*, et le Préfet statue après avoir consulté le Conseil central de salubrité.

Pour la 3ᵉ classe enfin. — La *demande* avec *plans* arrive directement au Sous-Préfet, qui *statue*, après avoir consulté le *Conseil d'hygiène* de l'arrondissement ; en pratique, il prend aussi l'avis du Maire.

Les établissements appartenant aux trois classes cesseront de jouir de l'autorisation qui leur aura été accordée dès qu'ils seront transférés dans un autre emplacement ou qu'il y aura une interruption de six mois dans les travaux. Dans l'un et l'autre cas ils rentreront dans la catégorie des établissements à former, et ils ne pourront être remis en activité qu'après avoir obtenu une nouvelle permission (2).

---

(1) Avant le décret de décentralisation du 25 mars 1852, il était statué par le Pouvoir suprême, en Conseil d'État, sur les établissements de 1ʳᵉ classe.

(2) Le 14 janvier 1882, le Ministre du Commerce et des Colonies a adressé la circulaire suivante aux Préfets, pour leur rappeler l'interprétation à donner à cette disposition du décret de 1810, relativement à la déchéance.

Paris, 14 janvier 1882.

Monsieur le Préfet, l'exploitation des établissements industriels, considérés

Malgré ces indications rapportées dans notre première édition. le Conseil central dut réclamer eu 1862 contre l'irrégularité et les imperfections des plans fournis à l'appui des demandes en autorisation d'établissements insalubres et attirer l'attention de M. le Préfet sur cet état, de choses.

A la suite de cette réclamation, M. le Préfet adressa à MM. les Sous-Préfets et Maires du département une circulaire dans laquelle nous trouvons les passages suivants :

« Ces défectuosités que j'ai moi-même remarquées et signalées plus d'une fois, offrent des inconvénients de toute nature qu'il importe essentiellement de faire cesser. Il arrive fréquemment, , en effet, que les plans sont de simples calques du cadastre ancien non certifiés, et dont les indications,

comme insalubres, dangereux ou incommodes est soumise à un régime dont les bases ont été fixées par le décret du 15 octobre 1810.

En vertu du principe de la non-rétroactivité des lois et règlements, les établissements installés à cette époque se sont vu maintenir leur droit d'exploitation, à la condition qu'ils ne seraient pas transportés dans un autre emplacement et qu'il n'y aurait pas une interruption de six mois dans leurs travaux. Ces conditions de déchéance ne sont donc applicables, d'après le texte même du décret, qu'aux établissements dont l'existence est antérieure à ce décret. Néanmoins, la jurisprudence administrative en a fait une application assez fréquente à des établissements autorisés depuis 1810. Mais cette manière de procéder par interprétation ou, pour mieux dire, par extension, n'est pas à l'abri de sérieuses objections.

En vue de remédier à une situation qui pourrait créer des embarras à l'administration et léser certains intérêts, j'ai soumis la question au Conseil d'État.

Dans un avis qu'il vient de m'adresser. le Conseil d'État fait remarquer que la durée des délais nécessaires pour commencer l'installation et l'exploitation d'un établissement industriel ou pour reprendre les travaux, dans le cas où ils seraient interrompus, en cours d'installation ou d'exploitation, dépend de la nature et de l'importance de l'établissement, et que, dès lors, on ne saurait fixer, d'une manière générale, des délais uniformes, sans s'exposer à ce que ces délais soient, suivant les cas, insuffisants ou excessifs. Il n'est pas nécessaire, d'ailleurs, ajoute le Conseil d'État, de recourir dans l'espèce à une disposition règlementaire, puisqu'il appartient aux Préfets et Sous-Préfets, lorsqu'ils autorisent la création d'un établissement classé parmi les établis-

très incomplètes d'ailleurs, diffèrent notablement de l'état réel des lieux par suite des modifications survenues dans la division et l'usage des propriétés, et en raison de la création de nouvelles voies de commuuications, de sorte que l'Administration, en présence de croquis informes ou de plans inexacts, se trouve dans la nécessité de provoquer des visites et vérifications qui occasionnent des dépenses assez importantes et des retards préjudiciables aux pétitionnaires, elle est exposée à prendre des décisions contraires aux intérêts qu'elle a pour mission et pour désir de sauvegarder. Il en résulte inévitablement de la part des industriels ou des voisins, des réclamations dont l'instruction vient accroître le travail de tous.

» Pour mettre un terme à cette situation regrettable, j'ai

sements insalubres, dangereux ou incommodes, de déterminer les conditions anxquelles l'autorisation est accordée. Ils peuvent donc, dès lors, en tenant compte des circonstances spéciales à chaque affaire, fixer les délais dans lesquelles le permissionnaire sera tenu, sous peine de déchéance, de commencer l'installation de son établissement ou de reprendre les travaux, dans le cas où ils seraient interrompus en cours d'installation ou d'exploitation.

En conséquence de cet avis, vous aurez donc, à l'avenir, Monsieur le Préfet, à insérer dans tout arrêté d'autorisation, en matière d'établissements classés, un article spécifiant le délai accordé au permissionnaire, sous peine de déchéance, pour commencer les travaux d'installation de son établissement ou pour reprendre les travaux dans le cas où ils auraient été interrompus en cours d'installation ou d'exploitation.

MM. les Sous-Préfets auront à prendre des dispositions semblables pour les établissements insalubres dont l'autorisation rentre dans leurs attributions.

Je vous prie de m'accuser réception de la présente circulaire.

Recevez, etc.

Le Ministre du Commerce et des Colonies,
Signé : M. ROUVIER.

Pour copie conforme :
Le Conseiller de Préfecture,
ff^{ont} *de Secrétaire Général*,
JOPPÉ.

décidé que les plans à fournir pour la formation des établissements insalubres seront dressés par un homme de l'art, architecte ou géomètre, à l'échelle de 1 à 2,500 pour le plan général, et de 0,005 millimètres par mètre pour le plan de détail de l'usine ; ils seront orientés, porteront une légende avec des lettres de renvois et indiqueront exactement la nature des terrains, les arbres et les haies qui y sont plantés et comprendront, d'ailleurs, les propriétés situées dans un rayon de 200, 150 ou 100 mètres, suivant que les établissements appartiendront à la 1re, la 2me ou la 3me classe ; ils seront soumis à MM. les Maires qui devront les certifier *conformes à l'état actuel des lieux* : ceux qui ne satisferaient point à ces conditions seront retournés aux pétitionnaires avec les demandes y annexées qui seront considérées comme nulles et non avenues jusqu'à ce que les prescriptions ci-dessus aient été remplies.

» Je vous prie, Messieurs, de donner connaissance de ces dispositions à vos administrés et de veiller, en ce qui vous concerne, à leur stricte et rigoureuse exécution ; c'est, en effet, vous le comprendrez, le seul moyen d'apporter dans l'instruction des affaires toute la célérité désirable, et d'assurer aux décisions de l'Administration le caractère d'uniformité, de justice et de stabilité que nous devons chercher à leur imprimer.

» Agréez, Messieurs, l'assurance de ma considération très distinguée.

Le Préfet du Nord,

VALLON.

Une autre circulaire de M. le Préfet du Nord à MM. les Sous-Préfets et Maires, en date du 13 avril 1874, rappelle MM. les industriels à l'observation des règlements relatifs à l'instruction des demandes d'établissements insalubres ou incommodes, etc.

« Messieurs, depuis longtemps il existe dans ce département un abus en matière de formation des établissements classés comme dangereux, incommodes ou insalubres. Les industriels prennent l'habitude de construire avant l'enquête obligatoire et l'autorisation de l'Administration. Cette manière de procéder constitue une infraction aux règlements de l'Autorité administrative, dont la répression doit être poursuivie en vertu du § 15 du nouvel article 471 du Code pénal (loi du 28 avril 1832). Il en résulte, en outre, que les établissements ainsi formés ne sont pas dans des conditions conformes aux dispositions prescrites par l'Autorité, au point de vue de la salubrité et dans l'intérêt des tiers.

» Il importe donc, Messieurs, de faire cesser cet abus éminemment préjudiciable aux principes de l'Administration et au bon ordre. A cet effet, il conviendra, dorénavant, chaque fois qu'une demande de cette nature se produira, de faire connaître au pétitionnaire que sa demande va être immédiatement soumise aux formalités d'instruction nécessaires et de l'inviter expressément à ne commencer les travaux qu'après que la décision de l'Administration lui aura été notifiée. De cette façon, l'industriel pourra toujours se conformer d'une manière complète aux conditions de l'autorisation.

» Je vous serai obligé de vouloir bien prévenir également le pétitionnaire que s'il agissait autrement, il s'exposerait non seulement à se voir l'objet d'une contravention, que vous ne manquerez plus à l'avenir de faire constater par un procès-verbal régulier, mais encore à subir, soit des frais en pure perte pour la modification de ses constructions, soit le refus de l'autorisation et la mise en chômage de l'usine.

» Il convient aussi de veiller attentivement à ce que les enquêtes locales et les avis des Conseils d'hygiène et de salubrité n'éprouvent aucun retard, La lenteur apportée généralement dans l'instruction des demandes de l'espèce n'a pas été sans influence sur l'extension de l'usage abusif dont il s'agit. Il est très désirable que ce prétexte ne soit plus offert désormais aux industriels, et, à cet égard, je me fie entièrement à votre zèle et à votre activité.

» Agréez, Messieurs, l'assurance de ma considération la plus distinguée,

Le Conseiller d'État, Préfet du Nord,
Baron Le Guay.

ORGANISATION DES CONSEILS ET COMMISSIONS DE SALUBRITÉ.

L'institution des Conseils de salubrité est de date toute récente ; elle n'est généralisée que depuis 1848.

Dès l'année 1802, le préfet de police de Paris avait appelé près de lui les lumières d'un Conseil de salubrité qui, après pluseirs modifications d'attributions et de dénominations, est aujourd'hui le *Comité consultatif d'hygiène publique.*

Un Conseil de salubrité institué à Lille en 1828, avait été bientôt secondé par les Conseils installés dans les divers arrondissements.

D'après un rapport à M. le Président du Conseil des Ministres, Chef du Pouvoir Exécutif, sur l'organisation des Conseils d'hygiène publique, parut le décret du 18 décembre 1848, portant création des Conseils d'hygiène publique et de salubrité que nous citerons textuellement :

» Le Président du Conseil des Ministres, chargé du Pouvoir Exécutif, sur le rapport du Ministre de l'Agriculture et du Commerce, le Conseil d'État entendu, arrête :

TITRE Ier — DES INSTITUTIONS D'HYGIÈNE PUBLIQUE ET DE LEUR ORGANISATION.

« Article Ier — Dans chaque arrondissement il y aura un Conseil d'hygiène publique et de salubrité.

» Le nombre des membres de ce Conseil sera de sept au moins et de quinze au plus.

» Un tableau, dressé par le Ministre de l'Agriculture et du Commerce, règlera le nombre des membres et le mode de composition de chaque Conseil.

» Art. 2. — Les membres du Conseil d'hygiène d'arrondissement seront nommés pour quatre ans par le Préfet et renouvelés par moitié tous les deux ans.

» Art. 3. — Des Commissions d'hygiène publique pourront être instituées dans les chefs-lieux de Canton par un arrêté spécial du Préfet, après avoir consulté le Conseil d'arrondissement.

» Art. 4. — Il y aura au chef-lieu de la Préfecture un Conseil d'hygiène publique et de salubrité de département.

» Les membres de ce Conseil seront nommés pour quatre ans par le Préfet et renouvelés par moitié tous les deux ans.

» Un tableau, dressé par le Ministre de l'Agriculture et du Commerce, règlera le nombre des membre et le mode de composition de chaque Conseil.

» Ce nombre sera de sept au moins et quinze au plus.

» Il réunira les attributions des Conseils d'hygiène d'arrondissement aux attributions particulières qui sont énumérées à l'art. 12.

» Art. 5. — Les Conseils d'hygiène seront présidés par le

Préfet ou le Sous-Préfet et les Commissions de Canton par le Maire du chef-lieu.

» Chaque Conseil élira un Vice-Président et un Secrétaire, qui seront renouvelés tous les deux ans.

» Art. 6. — Les Conseils d'hygiène et les Commissions se réuniront au moins une fois tous les trois mois, et chaque fois qu'ils seront convoqués par l'Autorité.

» Art. 7, — Les membres des Commissions d'hygiène de Canton pourront être appelés aux séances du Conseil d'hygiène d'arrondissement : ils ont voix consultative.

» Art. 8. — Tout membre des Conseils ou des Commissions de Cantons qui, sans motifs d'excuses approuvés par le Préfet, aura manqué de se rendre à trois convocations consécutives, sera considéré comme démissionnaire.

TITRE II. — ATTRIBUTIONS DES CONSEILS ET DES COMMISSIONS D'HYGIÈNE PUBLIQUE.

« Art. 9. — Les Conseils d'hygiène d'arrondissement sont chargés de l'examen des questions relatives à l'hygiène publique de l'arrondissement qui leur seront renvoyées par le Préfet ou le Sous-Préfet. Ils peuvent être spécialement consultés sur les objets suivants :

» 1° L'assainissement des localités et des habitations (1);

» 2° Les mesures à prendre pour prévenir et combattre les maladies endémiques, épidémiques et transmissibles ;

» 3° Les épizooties et les maladies des animaux :

» 4° La propagation de la vaccine ;

» 5° L'organisation et la distribution des secours médicaux aux malades indigents ;

» 6° Les moyens d'améliorer les conditions sanitaires des populations industrielles et agricoles ;

(1) Depuis le décret de 1848 l'assainissement des localités et des habitations est confié à une Commission spéciale (Commission des logements insalubres).

» 7° La salubrité des ateliers, écoles, hôpitaux, maisons d'aliénés, établissements de bienfaisance, casernes, arsenaux, prisons, dépôts de mendicité, asiles, etc.;

» 8° Les questions relatives aux enfants trouvés;

» 9° La qualité des aliments, boissons, condiments et médicaments livrés au commerce;

» 10° L'amélioration des établissements d'eaux minérales appartenant à l'État, aux Départements, aux Communes et aux particuliers, et les moyens d'en rendre l'usage accessible aux malades pauvres;

» 11° Les demandes en autorisation, translation ou révocation des établissements dangereux, insalubres ou incommodes;

» 12° Les grands travaux d'utilité publique, constructions d'édifices, écoles, prisons, casernes, ports, canaux, réservoirs, fontaines, halles, établissements des marchés, routoirs, égoûts, cimetières, la voirie, etc., sous le rapport de l'hygiène publique.

» Art. 10. — Les Conseils d'hygiène publique d'arrondissement réuniront et coordonneront les documents relatifs à la mortalité et à ses causes, à la topographïe et à la statistique de l'arrondissement, en ce qui touche la salubrité publique.

» Ils adresseront régulièrement ces pièces au Préfet, qui en transmettra une copie au Ministre du Commerce.

» Art. 11. — Les travaux des Conseils d'arrondissement seront envoyés au Préfet.

» Art. 12. — Le Conseil d'hygiène publique et de salubrité du département aura pour mission de donner son avis :

« 1° Sur toutes les questions d'hygiène publique qui lui seront renvoyées par le Préfet;

» 2° Sur les questions communes à plusieurs arrondissements ou relatives au département tout entier ;

» Il sera chargé de centraliser et de coordonner, sur le renvoi du Préfet, les travaux des Conseils d'arrondissement

» Il fera chaque année au Préfet un rapport général sur les travaux des Conseils d'arrondissement ;

» Ce rapport sera immédiatement transmis par le Préfet, avec les pièces à l'appui, au Ministre du Commerce.

» Art. 13. — La ville de Paris sera l'objet de dispositions spéciales.

» Art. 14. — Le Ministre de l'Agriculture et du Commerce est chargé de l'exécution du présent arrêté. »

E. CAVAIGNAC.

Le Ministre de l'Agriculture et du Commerce,

TOURRET.

Puis vient un arrêté daté du 15 février 1849, qui détermine la composition des Conseils d'hygiène publique et de salubrité. Il est ainsi conçu :

« Le Ministre de l'Agriculture et du Commerce ;

» Vu les art. 1er et 4 de l'arrêté du Chef du Pouvoir exécutif en date du 18 décembre 1848, sur l'organisation des Conseils d'hygiène publique et de salubrité, arrête :

» Article 1er — Le nombre des membres des Conseils d'hygiène et de salubrité, tant de départements que d'arrondissements, sera fixé conformément au tableau annexé au présent arrêté.

» Art. 2. — Le nombre des médecins, pharmaciens ou

chimistes et vétérinaires est fixé, pour chaque Conseil, dans la proportion suivante :

NOMBRE de MEMBRES.	MÉDECINS — Docteurs en médecine, chirurgiens et officiers de santé.	PHARMACIENS ou CHIMISTES.	VÉTÉRINAIRES.
10	4	2	1
12	5	3	1
15	6	4	2

» Les autres membres seront pris, soit parmi les notables agriculteurs, commerçants ou industriels, soit parmi les hommes qui, à raison de leurs fonctions ou de leurs travaux habituels, sont appelés à s'occuper des questions d'hygiène.

» Art. 3. — L'Ingénieur des mines, l'Ingénieur des ponts-et-chaussées, l'Officier du génie chargé du casernement ou, à son défaut, l'Intendant ou le sous-intendant militaire, l'Architecte du département, les Chefs de division ou de bureau de la Préfecture dans les attributions desquels se trouveront la salubrité, la voirie et les hôpitaux, pourront, dans le cas où ils ne feraient pas partie du Conseil d'hygiène publique et de salubrité de leur résidence, être appelés à assister aux délibérations de ce Conseil avec voix consultative.

» Art. 4. — Dans les Cantons où il n'aura pas été établi de Commissions d'hygiène publique, des correspondants pourront être nommés par le Préfet, sur la proposition du Conseil d'arrondissement.

» Art. 5. — Les Préfets des départements sont chargés, chacun en ce qui le concerne, de l'exécution du présent arrêté.

» *Signé* : L. BUFFET. »

Le tableau portant fixation du nombre des membres des Conseils d'hygiène publique et de salubrité porte, pour le département du Nord :

Arrondissement d'Avesnes............	12 membres	
—	de Cambrai..........	12 —
—	de Douai..............	12 —
—	de Dunkerque........	12 —
—	d'Hazebrouck........	12 —
—	de Lille...............	15 —
—	de Valenciennes.....	12 —

On peut consulter sur ces matières :

1° La circulaire ministérielle du 4 avril 1849, accompagnant les décret et arrêté relatifs à l'organisation des Conseils d'hygiène publique et de salubrité ;

2° La circulaire ministérielle du 3 mai 1851, relative à l'envoi d'instructions sur les attributions et les travaux des Conseils d'hygiène et de salubrité ;

3° La circulaire ministérielle du 14 avril 1851, concernant le mode de renouvellement des membres de ces Conseils ;

4° Les instructions émanant du Conseil consultatif d'hygiène publique, sur les attributions de ces Conseils.

Aux termes de l'article 13 du décret ci-dessus précité, la ville de Paris fut l'objet de dispositions spéciales sanctionnées par un décret du 15 décembre 1851.

Cette organisation générale de l'hygiène publique en France, par la création d'un Conseil central au chef-lieu du département communiquant avec le Comité consultatif établi à Paris et mis également en rapport avec les Conseils d'arrondissement et les Commissions cantonales, paraissait parfaite et devait amener dans toute la France une transformation complète de l'hygiène publique. Pourquoi se fait-il que les résultats ont été nuls dans certains départements et incomplets dans d'autres, malgré l'activité déployée par certains Conseils de salubrité. M. Bergeron, membre du Comité consultatif dans un remarquable travail adressé à M. le Ministre du commerce et des travaux publics va nous l'apprendre.

« Pour nous résumer, dit-il, et pour présenter sous
» la forme la plus concise l'ensemble des conditions qui
» nous paraissent indispensables pour le succès de nos
» institutions d'hygiène publique, nous dirons : il faut que
» les Conseils soient sûrs de l'appui de l'Administration
» centrale et du concours actif et persistant des autorités
» locales, il faut aussi qu'ils puissent compter sur le bon
« vouloir et la libéralité des Conseils généraux ; il faut
». encore que l'exécution de leurs décisions soit confiée
» à la surveillance d'un fonctionnaire spécial et armée
» d'une sanction pénale ; il faut de plus qu'ils aient le droit
» de provoquer, par la voie hiérarchique, des réunions
» exceptionnelles pour résoudre d'urgence des questions de
» salubrité ; il est désirable qu'ils puissent échanger
» entr'eux leurs mémoires et leurs rapports afin de s'éclairer
» réciproquement, et il n'est pas moins désirable qu'ils
» soient autorisés à se réunir chaque année en congrès,
» formé soit des Conseils d'arrondissement d'un même
» département, soit de ceux de plusieurs départements
» d'une même région ; il faut enfin qu'ils soient invités à
» étudier en dehors des questions soulevées par les

» demandes d'avis des autorités locales, les questions
» d'hygiène générale qui leur seront proposées par l'Admi-
» nistration centrale. Mais, pour que les conditions de
» succès ne soient pas vaines, il faut que les Conseils
» aient ce sentiment de la haute mission qu'ils sont appelés
« à remplir et qu'ils soient soutenus par un amour du bien
» public aussi ardent que désintéressé. »

Les indications formulées par M. Bergeron suffiraient, suivant nous, pour mener à bien le fonctionnement des Conseils d'hygiène tels qu'ils sont organisés. Mais dans ces derniers temps certains hygiénistes, parmi lesquels MM. Drouineau, Vallin, et A. Martin ont été plus loin dans leurs publications et ont réclamé comme complément de ce qui existe, la création d'une direction de la santé publique dépendant d'un seul ministère.

A côté des Conseils d'hygiène et dans le but de leur venir en aide, le gouvernement a présenté, le 13 avril 1850 à l'Assemblée nationale qui l'a adoptée une loi relative à l'assainissement des logements insalubres dont voici la teneur : (voir la loi sur les logements). Le premier paragraphe de l'article deux de ladite loi a été modifié par la loi du 25 mai 1864 où il est dit que dans les communes dont la population dépasse 50,000 habitants, le Conseil municipal pourra soit nommer plusieurs Commissions, soit porter jusqu'à 20 le nombre des membres de la Commission existante, sauf à Paris où exceptionnellement le nombre des membres pourra être porté jusqu'à 30.

DÉCRET DU 31 DÉCEMBRE 1866. — NOMENCLATURE NOUVELLE CIRCULAIRE MINISTÉRIELLE.

Paris, le 18 janvier 1867.

Monsieur le Préfet,

Je crois devoir vous adresser le texte du décret du 31 décembre 1866 et la nouvelle nomenclature des établissements insalubres, dangereux ou incommodes, avec le rapport dans lequel j'ai eu l'honneur d'exposer à S. M. l'Empereur, le caractère et la portée de cette mesure.

Vous remarquerez, Monsieur le Préfet, que le nouveau décret n'a pour objet qu'un classement des industries, au point de vue de l'autorisation prescrite sous le régime établi par le décret du 15 octobre 1810, et qu'il ne touche ni aux dispositions qui constituent ce régime, ni aux conditions spéciales imposées à quelques industries classées. Les instructions antérieures, et notamment les circulaires du 6 avril et du 15 décembre 1852, restent donc applicables, en principe, et je ne puis qu'insister ici sur la nécessité, pour l'Administration, de s'inspirer de l'esprit qui a dicté la nouvelle nomenclature. En présence du mouvement actuel des affaires, mouvement accéléré par diverses causes, et surtout par les moyens de communication rapide, ainsi que par les besoins de la concurrence, il est plus que jamais indispensable de prononcer sur les demandes d'autorisation sans dépasser le délai strictement nécessaire à une suffisante instruction. J'appelle particulièrement votre attention sur ce point, et je vous prie de me faire régulièrement l'envoi des tableaux trimestriels destinés à présenter la situation des affaires de l'espèce, dans chaque département (annexe B de la circulaire du 16 décembre 1852).

Le décret du 31 décembre 1866 n'a en vue, ainsi qu'il a été dit ci-dessus, qu'un classement des industries sous le rapport de l'autorisation qui nous occupe ; mais ce classement est général. De là, Monsieur le Préfet, la conséquence que toutes les industries qui n'y sont pas comprises sont, en vertu du décret, dispensées de l'autorisation spéciale, lors même qu'elles auraient été précédemment classées provisoirement ou définitivement, et que celles qui y figurent dans une classe inférieure à leur précédent classement n'ont plus à subir que les formalités indiquées pour cette classe inférieure.

D'après la pensée qui a présidé au nouveau classement, dans lequel on s'est attaché à n'enlever à la liberté industrielle que ce qui est réellement nécessaire pour sauvegarder de sérieux intérêts, il doit se produire une diminution notable dans le nombre des cas où les industriels ont à recourir à l'autorité, et on ne peut pas douter que la réunion de tous les classements dans une seule nomenclature, préparée d'ailleurs avec le plus grand soin, ne facilite, à tous les degrés, l'examen des affaires.

Quant aux conditions qui étaient formulées dans l'annexe A de la circulaire du 15 décembre 1852, conditions qui avaient été alors jugées susceptibles d'être le plus ordinairement imposées à plusieurs industries de la première classe, dont le décret de décentralisation venait de transférer l'autorisation aux préfectures, j'ai demandé l'avis du Comité consultatif des arts et manufactures, d'après lequel j'apprécierai s'il y a encore lieu, de la part de l'Administration centrale, à une intervention de ce genre et dans quelle mesure. Aussitôt que j'aurai reçu l'avis précité, je vous entretiendrai de cette partie de la question. En attendant, et si vous aviez besoin, pour quelque affaire de votre département, du concours éclairé de ce Comité, vous pourriez m'en transmettre le dossier, qui devrait contenir, avec toutes les pièces, les avis des fonctionnaires locaux et du Conseil d'hygiène et de salubrité de l'arrondissement. Je m'empresserais de provoquer l'examen du Comité, et je vous en ferais connaître le résultat.

Je vous prie de m'accuser réception de la présente circulaire.

Recevez, Monsieur le Préfet, l'assurance de ma considération très distinguée.

Le Ministre Secrétaire d'État
au département de l'Agriculture, du Commerce
et des Travaux publics,
Signé : **Armand BEHIC.**

Pour expédition :
Le Directeur.

RAPPORT A L'EMPEREUR.

Sire,

La formation des établissements industriels, considérés au point de vue de leur nocuité, est soumise à un régime dont les bases sont fixées par le décret du 15 novembre 1810, l'ordonnance royale du 14 janvier 1815 et le décret de décentralisation du 25 mars 1852.

Sous ce régime, qui a pour but de sauvegarder les intérêts du voisinage sans exposer les industriels à ce qu'il y aurait de trop incertain et de trop variable dans l'action de la police locale, des décrets délibérés en Conseil d'État arrêtent la nomenclature des ateliers réputés insalubres, dangereux ou incommodes, qui ne peuvent, à ce titre, être formés sans une autorisation administrative, et cette autorisation indique, s'il y a lieu, les conditions jugées nécessaires pour prévenir tout sérieux inconvénient.

Les établissements sont divisés en trois classes, dont la première se compose de ceux dont les inconvénients sont assez graves pour qu'ils doivent être indispensablement éloignés des habitations. La permission, en ce qui les concerne, ne pouvait d'abord être accordée que par décret rendu en Conseil d'Etat ; mais elle est, depuis 1852, dans les attributions des préfets, qui prononcent sur les demandes, après apposition d'affiches, pendant un mois, dans un rayon de cinq kilomètres, enquête de *commodo et incommodo*, et s'il y a des oppositions, après avis du Conseil de préfecture. Quant aux ateliers rangés dans la deuxième et la troisième classe, ils sont autorisés, les premiers par les Préfets, sans l'obligation des affiches, mais après enquête, et les derniers par les Sous-Préfets, sans nécessité d'affiche ni d'enquête.

Les demandeurs et les voisins peuvent, du reste, attaquer par la voie contentieuse, les décisions intervenues, et ceux-ci ont même le droit, s'ils se prétendent lésés, d'agir en dommages-intérêts devant les tribunaux ordinaires.

Les tableaux annexés au décret du 15 octobre 1810 et à l'ordonnance royale du 14 janvier 1815, contenaient une nomenclature d'établissements industriels répartis dans les trois classes. Depuis lors, des ordonnances royales ou des décrets y ont ajouté beaucoup d'autres industries, et plusieurs tableaux complémentaires ont été publiés successivement. Enfin, des décisions préfectorales ou ministérielles, rendues conformément à l'avis du Comité des arts et manufactures, ont opéré pour des industries nouvelles un assez grand nombre de classements provisoires, en vertu du pouvoir que l'ordonnance du 14 janvier 1815 donne à l'Administration, et il était d'autant plus utile et opportun d'en user que l'industrie traversait une période de rapide transformation, pendant laquelle des classements définitifs eussent été souvent impossibles à déterminer convenablement, au moins pour un certain temps.

Mais il m'a paru, Sire, qu'après les progrès si considérables accomplis aujourd'hui dans les sciences appliquées à l'industrie, un grand nombre d'ateliers pourraient, sans danger, être descendus de classe ou même dispensés de l'autorisation, et que, dans leur ensemble, les classements actuels pourraient être améliorés, en même temps qu'ils seraient fondus dans une nomenclature générale ; j'ai chargé, en conséquence, le Comité consultatif des arts et manufactures de procéder à une révision pour laquelle ce Conseil offre toutes les garanties désirables.

Le Comité a examiné avec le plus grand soin l'état actuel de toutes les industries, sous le rapport de leurs inconvénients pour le voisinage. Il n'a pas hésité à reconnaitre que, par des causes diverses, les perfectionnements introduits ont eu pour résultats d'atténuer ou même d'annuler dans beaucoup de cas la nocuité qui, à l'origine, avait déterminé les classements, et que la situation opposée se présente très rarement. Il a dressé un tableau général destiné à remplacer tous les classements définitifs ou provisoires antérieurement admis, en s'attachant à n'y comprendre que les industries qui, dans l'état actuel des choses, sont réellement insalubres, dangereuses ou incommodes, et ce projet a été renvoyé au Conseil d'État, qui a fait lui-même un examen approfondi des diverses questions qu'il soulève.

La nouvelle nomenclature des établissements insalubres, dangereux ou incommodes que j'ai l'honneur de vous soumettre rentrera, Sire, j'ose l'espérer, dans les vues de **Votre Majesté**. Il a été possible, en effet, sans compromettre aucun intérêt, de supprimer les classements définitifs ou provisoires pour plus de cent industries, et d'en descendre de classe près de quatre-vingts, tandis que quelques-unes seulement ont dû être introduites dans la nomenclature ou relevées de classe. La mesure projetée aura ainsi l'avantage de diminuer le nombre des cas dans lesquels les industriels ont besoin de recourir à l'autorité, et, dans les circonstances où une autorisation préalable a paru justifiée, de réduire souvent les formalités et les délais. Enfin, la réunion dans un seul tableau de tous les classements en rendra la connaissance plus facile aux intéressés. La mesure dont il s'agit n'aura donc, à tous les points de vue, **que** des résultats utiles pour l'industrie, et j'ai l'honneur, en conséquence, de présenter avec confiance à la signature de Votre Majesté, le décret destiné à la réaliser.

J'ai l'honneur d'être, avec le plus profond respect,

   Sire,

    De votre Majesté,

     Le très humble et très obéissant serviteur et fidèle sujet,

Le Ministre Secrétaire d'État au département de l'Agriculture, du Commerce et des Travaux publics,

   Armand BÉHIC.

DÉCRET.

NAPOLÉON, par la grâce de Dieu et la volonté nationale, EMPEREUR DES FRANÇAIS,

A tous présents et à venir, salut.

Sur le rapport de notre Ministre Secrétaire d'Etat au département de l'Agriculture, du Commerce et des Travaux publics ;

Vu le décret du 15 octobre 1810, l'ordonnance royale du 14 janvier 1815, et le décret du 25 mars 1852 sur la décentralisation administrative ;

Vu les ordonnances des 29 juillet 1818, 25 juin 1823, 20 août 1824, 9 février 1825, 5 novembre 1826, 20 septembre 1828, 31 mai 1833, 5 juillet 1834, 30 octobre 1836, 27 janvier 1837, 25 mars, 15 avril et 27 mai 1838, 27 janvier 1846, et les décrets des 6 mai 1849, 19 février 1853, 21 mai 1862, 26 août 1865 et 18 avril 1866, portant addition ou modification aux classements des établissements réputés insalubres, dangereux ou incommodes.

Vu les avis du Comité consultatif des arts et manufactures ;

Notre Conseil d'État entendu,

AVONS DÉCRÉTÉ ET DÉCRÉTONS ce qui suit :

ARTICLE PREMIER.

La division en trois classes des établissements réputés insalubres, dangereux ou incommodes, aura lieu conformément au tableau annexé au présent décret. Elle servira de règle toutes les fois qu'il sera question de prononcer sur les demandes en formation de ces établissements.

ARTICLE 2.

Notre Ministre Secrétaire d'État au département de l'Agriculture, du Commerce et des Travaux publics est chargé de l'exécution du présent décret, qui sera inséré au *Bulletin des Lois*.

Fait au Palais des Tuileries, le 31 décembre 1866.

NAPOLÉON.

Par l'Empereur :

Le Ministre Secrétaire d'État au département de l'Agriculture, du Commerce et des Travaux publics,

ARMAND BÉHIC.

NOMENCLATURE

DES

ÉTABLISSEMENTS INSALUBRES, DANGEREUX OU INCOMMODES,

ANNEXÉE AU DÉCRET CI-DESSUS.

DÉSIGNATION DES INDUSTRIES.	INCONVÉNIENTS.	Classes
Abattoir public.............................	Odeur et altération des eaux	1re
Absinthe. (Voir DISTILLERIE).		
Acide arsénique (Fabrication de l') au moyen de l'acide arsenieux et de l'acide azotique :		
1° Quand les produits nitreux ne sont pas absorbés.	Vapeurs nuisibles.........	1re
2° Quand ils sont absorbés..................	Id....................	2^{e}
Acide chlorhydrique (Production de l') par décomposition des chlorures de magnésium, d'aluminium et autres :		
1° Quand l'acide n'est pas condensé.............	Émanations nuisibles......	1re
2° Quand l'acide est condensé.................	Emanations accidentelles...	2^{e}
Acide muriatique. (Voir ACIDE CHLORHYDRIQUE).		
Acide nitrique.............................	Émanations nuisibles......	3^{e}
Acide oxalique (Fabrication de l') :		
1° Par l'acide nitrique :		
A. Sans destruction des gaz nuisibles............	Fumée...............	1re
B. Avec destruction des gaz nuisibles............	Fumée accidentelle........	2^{e}
2° Par la sciure de bois et la potasse.	Fumée................	3^{e}
Acide picrique :		
1° Quand les gaz nuisibles ne sont pas brûlés......	Vapeurs nuisibles.........	1re
2° Avec destruction des gaz nuisibles............	Id....................	3^{e}
Acide pyroligneux (Fabrication de l') :		
1° Quand les produits gazeux ne sont pas brûlés...	Fumée et odeur..........	2^{e}
2° Quand les produits gazeux sont brûlés.........	Id....................	3^{e}
Acide pyroligneux (Purification de l')................	Odeur..................	2^{e}
Acide stéarique (Fabrication de l') :		
1° Par distillation............................	Odeur et danger d'incendie.	1re
2° Par saponification.........................	Id...................	2^{e}
Acide sulfurique (Fabrication de l') :		
1° Par combustion du soufre et des pyrites........	Émanations nuisibles......	1re
2° De Nordhausen par la décomposition du sulfate de fer.....................................	Id....................	3^{e}
Acide urique (Voir MUREXIDE).		
Acier (Fabrication de l').........................	Fumée................	3^{e}
Affinage de l'or et de l'argent par les acides.........	Émanations nuisibles......	1re
Affinage des métaux au fourneau. (Voir GRILLAGE DES MINERAIS................................	....	3^{e}

DÉSIGNATION DES INDUSTRIES.	INCONVÉNIENTS.	Classes
Albumine (Fabrication de l') au moyen du sérum frais du sang............................	Odeur.................	3ᵉ
Alcali volatil (Voir AMMONIAQUE).		
Alcools autres que de vin, sans travail de rectification.	Altération des eaux......	3ᵉ
Alcool (Distillerie agricole)	Id................	3ᵉ
Alcool (Rectification de l').	Danger d'incendie........	2ᵉ
Agglomérés ou briquettes de houille (Fabrication des) :		
1° Au brai gras.....................	Odeur, danger d'incendie...	2ᵉ
2° Au brai sec.....................	Odeur.................	3ᵉ
Aldéhyde (Fabrication de l')...................	Danger d'incendie........	1ʳᵉ
Allumettes (Fabrication des) avec matières détonantes et fulminantes...................	Danger d'explosion et d'incendie................	1ʳᵉ
Alun. (Voir SULFATE D'ALUMINE).		
Amidonneries :		
1° Par fermentation	Odeur, émanations nuisibles et altération des eaux....	1ʳᵉ
2° Par séparation du gluten et sans fermentation....	Altération des eaux........	2ᵉ
Ammoniaque (Fabrication en grand de l') par la décomposition des sels ammoniacaux................	Odeur.................	3ᵉ
Amorces fulminantes (Fabrication des).............	Danger d'explosion........	1ʳᵉ
Appareils de réfrigération :		
1° A ammoniaque.....................	Odeur.................	3ᵉ
2° A éther ou autres liquides relatifs et combustibles	Danger d'explosion et d'incendie................	3ᵉ
Arcansons ou résines de pin (Voir RÉSINES, etc.)		
Argenture sur métaux. (Voir DORURE et ARGENTURE).		
Arseniate de potasse (Fabrication de l') au moyen du salpêtre :		
1° Quand les vapeurs ne sont pas absorbées.......	Émanations nuisibles......	1ʳᵉ
2° Quand les vapeurs sont absorbées............	Emanations accidentelles...	2ᵉ
Artifices (Fabrication des pièces d').................	Danger d'incendie et d'explosion	1ʳᵉ
Asphaltes, bitumes, brais et matières bitumineuses solides (Dépôts d').....................	Odeur, danger d'incendie...	3ᵉ
Asphaltes et bitumes (Travail des) à feu nu..........	Id.................	2ᵉ
Atelier de construction de machines et wagons (Voir MACHINES et WAGONS).....................		2ᵉ
Bâches imperméables (Fabrication des :		
1° Avec cuisson des huiles.................	Danger d'incendie	1ʳᵉ
2° Sans cuisson des huiles.................	Id................	2ᵉ
Baleine (Travail des fanons de)(Voir FANONS DE BALEINE)		3ᵉ
Baryte (Décoloration du sulfate de) au moyen de l'acide chlorhydrique à vases ouverts..............	Émanations nuisibles.	2ᵉ
Battage, cardage et épuration des laines, crins et plumes de literie.......................	Odeur et poussière	3ᵉ
Battage des cuirs (Marteaux pour le)...............	Bruit et ébranlement.......	3ᵉ
Battage et lavage (Ateliers spéciaux pour les) des fils		

DÉSIGNATION DES INDUSTRIES.	INCONVÉNIENTS.	Classes
de laine, bourres et déchets de filature de laine et de soie dans les villes..............................	Bruit et poussière.........	3°
Battage des tapis en grand......................	Id...................	2°
Batteurs d'or et d'argent........................	Bruit.................	3°
Battoir à écorces dans les villes..................	Bruit et poussière.........	3°
Benzine (Fabrication et dépôts de). (Voir HUILE DE PÉTROLE, DE SCHISTE, etc.)		
Bitumes et asphaltes (Fabrication et dépôts de). (Voir ASPHALTES, BITUMES, etc.)		
Blanc de plomb. (Voir CÉRUSE.)...................	....	3°
Blanc de zinc (Fabrication de) par la combustion du métal...................................	Fumée métallique.........	3°
Blanchiment :		
1° Des fils, des toiles et de la pâte à papier par le chlore...............................	Odeur, émanations nuisibles.	2°
2° Des fils et tissu de lin, de chanvre et de coton, par les chlorures (hypochlorites) alcalins.......	Odeur, altération des eaux..	3°
3° Des fils et tissus de laine et de soie par l'acide sulfureux...............................	Émanations nuisibles......	2°
Bleu de Prusse (Fabrication de). (Voir CYANURE DE POTASSIUM).		
Boues et immondices (Dépôts de) et voiries...........	Odeur..................	1re
Bougies de paraffine et autres d'origine minérale (Moulage des)............................	Odeur, danger d'incendie...	3°
Bougies et autres objets en cire et en acide stéarique.	Danger d'incendie.........	3°
Bouillon de bière (Distillation de). (Voir DISTILLERIES).		
Bourre (Voir BATTAGE).		
Boutonniers et autres emboutisseurs de métaux par moyens mécaniques........................	Bruit...................	3°
Boyauderies (Travail des boyaux frais pour tous usages)	Odeur, émanations nuisibles.	1re
Boyaux et pieds d'animaux abattus (Dépôts de). (Voir CHAIRS ET DÉBRIS).		
Brasseries...................................	Odeur..................	3°
Briqueteries avec fours non fumivores..............	Fumée.................	3°
Briquettes ou agglomérés de houille. (Voir AGGLO-MÉRÉS).		
Brûleries des galons et tissus d'or ou d'argent. (Voir GALONS).		
Buanderies..................................	Altération des eaux........	3°
Café (Torréfaction en grand du)..................	Odeur et fumée..........	3°
Caillettes et caillons pour la confection des fromages (Voir CHAIRS ET DÉBRIS, etc.)		
Cailloux (Fours pour la calcination des).............	Fumée.................	3°
Calcination des cailloux. (Voir CAILLOUX).		
Carbonisation du bois :		
1° A l'air libre dans les établissements permanents et autre part qu'en forêt..................	Odeur et fumée..........	2°

DÉSIGNATION DES INDUSTRIES.	INCONVÉNIENTS.	Classes
2° En vases clos { avec dégagement dans l'air des produits gazeux de la distillation.	Odeur et fumée............	2°
avec combustion des produits gazeux de la distillation..........	Id....................	3°
Carbonisation des matières animales en général......	Odeur................	1re
Caoutchouc (Travail du) avec emploi d'huiles essentielles ou de sulfure de carbonne................	Odeur, danger d'incendie...	2°
Caoutchouc (Application des enduits du).............	Danger d'incendie.........	2°
Cartonniers..	Odeur................	3°
Cendres d'orfèvre (Traitement des) par le plomb......	Fumée métalliques........	3°
Cendres gravelées :		
1° Avec dégagement de la fumée au dehors........	Fumée et odeur..........	1re
2° Avec combustion ou condensation des fumées....	Id...................	2°
Céruse ou blanc de plomb (Fabrication de la).........	Émanations nuisibles......	3°
Chairs, débris et issues (Dépôts de) provenant de l'abattage des animaux...........................	Odeur................	1re
Chamoiseries......................................	Id...................	2°
Chandelles (Fabrication des)........................	Odeur, danger d'incendie...	3°
Chantiers de bois à brûler dans les villes............	Émanations nuisibles, danger d'incendie..........	3°
Chanvre (Teillage et rouissage du) en grand. (Voir aux mots TEILLAGE et ROUISSAGE)....................	....	2°, 1re
Chanvre imperméable. (Voir FEUTRE GOUDRONNÉ)....	....	2°
Chapeaux de feutre (Fabrication de).................	Odeur et poussière.......	3°
Chapeaux de soie ou autres préparés au moyen d'un vernis (Fabrication de)...........................	Danger d'incendie.........	2°
Charbons agglomérés. (Voir AGGLOMÉRÉS).		
Charbon animal (Fabrication ou revivification du). (Voir CARBONISATION DES MATIÈRES ANIMALES)..........	....	1°
Charbon de bois dans les villes (Dépôts ou magasins de)	Danger d'incendie.........	3°
Charbons de terre. (Voir HOUILLE et COKE).		
Chaudronnerie. (Voir FORGES DE GROSSES ŒUVRES)...	....	2°
Chaux (Fours à) :		
1° Permanents..............................	Fumée, poussière........	2°
2° Ne travaillant pas plus d'un mois par an........	Id...................	3°
Chiens (Infirmeries de).............................	Odeur et bruit..........	1re
Chiffons (Dépôts de)...............................	Odeur................	3°
Chlore (Fabrication du).............................	Id...................	2°
Chlorure de chaux (Fabrication du) :		
1° En grand................................	Id...................	2°
2° Dans des ateliers fabriquant au plus 300 kilogrammes par jour.........................	Id...................	3°
Chlorures alcalins, eau de javelle (Fabrication des)...	Id...................	2°
Chromate de potasse (Fabrication du)...............	Id...................	3°
Chrysalides (Ateliers pour l'extraction des parties soyeuses des)	Id...................	1re

DÉSIGNATION DES INDUSTRIES.	INCONVÉNIENTS.	Classes
Cire à cacheter (Fabrication de la)	Danger d'incendie	3ᵉ
Cochenille ammoniacale (Fabrication de la)	Odeur	3ᵉ
Cocons :		
1° Traitement des frisons de cocons	Altération des eaux	2°
2° Filature de cocons (Voir Filature).		
Coke (Fabrication du) :		
1° En plein air ou en fours non fumivores	Fumée et poussière	1ʳᵉ
2° En fours fumivores	Poussière	2°
Colle forte (Fabrication de la)	Odeur, altération des eaux	1ʳᵉ
Combustion des plantes marines dans les établissements permanents	Odeur et fumée	1ʳᵉ
Construction (Atelier de). (Voir MACHINES ET WAGONS).		
Cordes à instruments en boyaux (Fabrication de). (Voir BOYAUDERIES)		1ʳᵉ
Corroieries	Odeur	2°
Coton et coton gras (Blanchisserie des déchets de)	Altération des eaux	3ᵉ
Cretons (Fabrication de)	Odeur et danger d'incendie	1ʳᵉ
Crins (Teinture des). (Voir TEINTURERIES)		3ᵉ
Crins et soies de porcs (Préparation des) sans fermentation. (Voir aussi SOIES DE PORC PAR FERMENTATION).	Odeur et poussière	2°
Cristaux (Fabrication de). (Voir VERRERIES, etc)		2°, 3ᵉ
Cuirs vernis (Fabrication de)	Odeur et danger d'incendie	1ʳᵉ
Cuirs verts et peaux fraîches (Dépôts de)	Odeur	2ᵉ
Cuivre (Dérochage du) par les acides	Odeur, émanations nuisibles	3ᵉ
Cuivre (Fonte du). (Voir FONDERIES, etc.)		3ᵉ
Cyanure de potassium et bleu de Prusse (Fabrication de) :		
1° Par la calcination directe des matières animales avec la potasse	Odeur	1ʳᵉ
2° Par l'emploi de matières préalablement carbonisées en vases clos	Id	2°
Cyanure rouge de potassium ou prussiate rouge de potasse	Émanations nuisibles	3ᵉ
Débris d'animaux (Dépôts de). (Voir CHAIRS, etc)		1ʳᵉ
Déchets de matières filamenteuses (Dépôts de) en grand dans les villes	Danger d'incendie	3ᵉ
Dégras ou huile épaisse à l'usage des chamoiseurs et corroyeurs (Fabrication de)	Odeur, danger d'incendie	1ʳᵉ
Dégraissage des tissus et déchets de laine par les huiles de pétrole et autres hydrocarbures	Danger d'incendie	1ʳᵉ
Dérochage de cuivre (Voir CUIVRE)		3ᵉ
Distilleries en général, eau-de-vie, genièvre, kirsch, absinthe et autres liqueurs alcooliques	Id	3ᵉ
Dorure et argenture sur métaux	Émanations nuisibles	3ᵉ
Eau de Javelle (Fabrication d'). (Voir CHLORURES ALCALINS)		2°
Eau-de-vie. (Voir DISTILLERIES)		3ᵉ

DÉSIGNATION DES INDUSTRIES.	INCONVÉNIENTS.	Classes
Eau forte. (Voir ACIDE NITRIQUE)......	....	3ᵉ
Eaux grasses (Extraction pour la fabrication du savon et autres usages, des huiles contenues dans les) :		
1° En vases ouverts......................	Odeur, Danger d'incendie...	1ʳᵉ
2° En vases clos.......................	Id.................	2ᵉ
Eaux savonneuses de fabriques. (Voir HUILES EXTRAITES DES DÉBRIS D'ANIMAUX)................	....	1ʳᵉ
Échaudoirs ;		
1° Pour la préparation industrielle des débris d'animaux........................	Odeur...............	1ʳᵉ
2° Pour la préparation des parties d'animaux propres à l'alimentation..................	Id.................	3ᵉ
Émail (Application de l') sur les métaux...........	Fumée...............	3ᵉ
Émaux (Fabrication d') avec fours non fumivores.....	Id.................	3ᵉ
Encre d'imprimerie (Fabrique d').................	Odeur, danger d'incendie...	1ʳᵉ
Engrais (Fabrication des) au moyen des matières animales.............................	Odeur...............	1ʳᵉ
Engrais (Dépôts d') au moyen des matières provenant de vidanges ou de débris d'animaux :		
1° Non préparés ou en magasin non couvert......	Id.................	1ʳᵉ
2° Desséchés ou désinfectés et en magasin couvert quand la quantité excède de 25,000 kilogrammes	Id.................	2ᵉ
3° Les mêmes, quand la quantité est infᵉʳieure à 25,000 kilogrammes................	Id.................	3ᵉ
Engraissement des volailles dans les villes (Établissement pour l').......................	Id.................	3ᵉ
Éponges (Lavage et séchage des)	Odeur et altération des eaux.	3ᵉ
Équarrissage des animaux.....................	Odeur, émanations nuisibles.	1ʳᵉ
Étamage des glaces.........................	Émanations nuisibles......	3ᵉ
Éther (Fabrication et dépôts d').................	Danger d'incendie et d'explosion...............	1ʳᵉ
Étoupilles (Fabrication d') avec matières explosives...	Danger d'explosion et d'incendie.................	1ʳᵉ
Faïence (Fabrique de) :		
1° Avec fours non fumivores................	Fumée...............	2ᵉ
2° Avec fours fumivores	Fumée accidentelle........	3ᵉ
Fanons de baleine (Travail des).................	Émanations incommodes...	3ᵉ
Farines (Moulins à). (Voir MOULINS)...............	....	3ᵉ
Féculeries...............................	Odeur, altération des eaux..	3ᵉ
Ferblanc (Fabrication du).....................	Fumée...............	3ᵉ
Feutres et visières vernis (Fabrication de).........	Odeur, danger d'incendie...	1ʳᵉ
Feutre goudronné (Fabrication du)...............	Id.................	2ᵉ
Filature des cocons (Ateliers dans lesquels la) s'opère en grand, c'est-à-dire employant au moins six tours...	Odeur, altération des eaux..	3ᵉ
Fonderie de cuivre, laiton et bronze..............	Fumées métalliques.	3ᵉ
Fonderie en 2ᵉ fusion........................	Fumée...............	3ᵉ
Fonte et laminage du plomb, du zinc et du cuivre.....	Bruit, fumée...........	3ᵉ

DÉSIGNATION DES INDUSTRIES.	INCONVÉNIENTS.	Classes
Forges et chaudronneries de grosses œuvres employant des marteaux mécaniques............	Fumée, bruit............	2ᵉ
Formes en tôle pour raffinerie. (Voir Tôles vernies)...	....	3ᵉ
Fourneaux à charbons de bois. (Voir Carbonisation du bois.)..................................	....	2ᵉ
Fourneaux (Hauts-)	Fumée, poussière.........	2ᵉ
Fours pour la calcination des cailloux. (Voir Cailloux).	....	3ᵉ
Fours à plâtre et fours à chaux. (Voir Plâtre, Chaux).	....	2ᵉ, 3ᵉ
Fromages (Dépôts de) dans les villes.	Odeur............	3ᵉ
Fulminate de mercure (Fabrication du).............	Danger d'explosion et d'incendie............	1ʳᵉ
Galipots ou résines de pin. (Voir Résines)		
Galons et tissus d'or et d'argent (Brûleries en grand des) dans les villes	Odeur	2ᵉ
Gaz, goudrons des usines. (Voir Goudrons).		
Gaz d'éclairage et de chauffage (Fabrication du) :		
1° Pour l'usage public............	Odeur, danger d'incendie..	2°
2° Pour l'usage particulier............	Id............	3ᵉ
Gazomètres pour l'usage particulier, non attenants aux sines de fabrication............	Id............	3ᵉ
Gélatine alimentaire et gélatines provenant des peaux blanches et de peaux fraîches non tannées (Fabrication de la)............	Odeur............	3ᵉ
Générateurs à vapeur. (Régime spécial).		3ᵉ
Genièvre (Voir Distilleries)............	....	3ᵉ
Glaces (Étamage des). (Voir Étamage)............	....	3ᵉ
Glace. (Voir Appareils de réfrigération).........	....	3ᵉ
Goudrons (Usines spéciales pour l'élaboration des) d'origines diverses............	Odeur, danger d'incendie..	1ʳᵉ
Goudrons (Traitement des) dans les usines à gaz où ils se produisent............	Id............	2ᵉ
Goudrons et matières bitumineuses fluides (Dépôts de).	Id............	2ᵉ
Goudrons et brais végétaux d'origines diverses (Élaboration des)............	Id............	1ʳᵉ
Graisses à feu nu (Fonte des)............	Id............	1ʳᵉ
Graisses pour voitures (Fabrication des)............	Id............	1ʳᵉ
Grillage des minerais sulfureux	Fumée, émanations nuisibles	1ʳᵉ
Guano (Dépôts de) :		
1° Quand l'approvisionnement excède 25,000 kilog.	Odeur	1ʳᵉ
2° Pour la vente au détail............	Id............	3ᵉ
Harengs (Saurage des)............	Id............	3ᵉ
Hongroieries............	Odeur	3ᵉ
Houille (Agglomérés de). (Voir Agglomérés).......	....	2ᵉ, 3ᵉ
Huiles de Bergues (Fabrication d'). (Voir Dégras)......	....	1ʳᵉ
Huiles de pétrole, de schiste et de goudron, essence et autres hydrocarbures employés pour l'éclairage, le		

DÉSIGNATION DES INDUSTRIES.	INCONVÉNIENTS.	Classes
chauffage, la fabrication des couleurs et vernis, le dégraissage des étoffes et autres usages :		
1° Fabrication, distillation et travail en grand......	Odeur et danger d'incendie.	1re
2° Dépôts.		
A. Substances très inflammables, c'est-à-dire émettant des vapeurs susceptibles de prendre feu (1) à une température de moins de 35 dégrés :		
1° Si la quantité emmagasinée est, même temporairement, de 1,050 litres (2) ou plus.........	Id.....................	1re
2° Si la quantité supérieure à 150 litres n'atteint pas 1,050 litres.....................	Id.....................	2°
B. Substances moins inflammables, c'est-à-dire n'émettant de vapeurs susceptibles de prendre feu (1) qu'à une température de 35 degrés et au-dessus.		
1° Si la quantité emmagasinée est, même temporairement, de 10,500 litres ou plus..........	Id.....................	1re
2° Si la quantité emmagasinée supérieure à 1,050 litres n'atteint pas 10,500 litres...........	Id.....................	2°.
Huile de pied de bœuf (Fabrication d') :		
1° Avec emploi de matières en putréfaction.......	Odeur................	1re
2° Quand les matières employées ne sont pas putréfiées..................	Id.....................	2°
Huiles de poisson (Fabrique d')..................	Odeur, danger d'incendie..	1re
Huile épaise ou dégras. (Voir DÉGRAS)		1re
Huiles de résine (Fabrication des)................	Id.....................	1re
Huileries ou moulins à huile.....................	Id.....................	3°
Huiles (Épuration des).........................	Id.....................	3°
Huiles essentielles ou essences de térébenthine, d'aspic et autres. (Voir HUILES DE PÉTROLE, DE SCHISTE, etc.)		
Huiles et autres corps gras extraits des débris des matières animales (Extraction des)..................	Odeur, danger d'incendie..	1re
Huiles extraites des schistes bitumineux. (Voir HUILES DE PÉTROLE, DE SCHISTE, etc).		
Huiles (Mélange à chaud ou cuisson des :		
1° En vases ouverts........................	Id.....................	1re
2° En vases clos...........................	Id.....................	2°
Huiles rousses (Fabrication des) par extraction des cretons et débris de graisse à haute température....	Id.....................	1re
Impressions sur étoffes. (Voir TOILES PEINTES)		3°
Jute (Teillage du). (Voir TEILLAGE)..................		2°
Kirsch. (Voir DISTILLERIES)..........		3°
Laine (Voir BATTAGE)............................		3°
Laiteries en grand dans les villes..................	Odeur................	2°

(1) Au contact d'une allumette enflammée.

(2) Le fût généralement adopté par le commerce pour les pétroles est de 150 litres ; 1,050 litres représentent donc sept desdits fûts.

DÉSIGNATION DES INDUSTRIES.	INCONVÉNIENTS.	Classes
Lard (Atelier à enfumer le)............................	Odeur et fumée............	3e
Lavage des cocons. (Voir COCONS).....................		2e
Lavage et séchage des éponges. (Voir ÉPONGES).......		3e
Lavoirs à houille.	Altération des eaux........	3e
Lavoirs à laine...	Id................	3e
Lignites (Incinération des)............................	Fumée, émanations nuisibles	1re
Lin (Teillage en grand du). (Voir TEILLAGE).........		2e
Lin (Rouissage du). (Voir ROUISSAGE)................		2e
Liquides pour l'éclairage (Dépôts de) au moyen de l'alcool et des huiles essentielles...................	Danger d'incendie et d'explosion................	2e
Liqueurs alcooliques. (Voir DISTILLERIES)...........		3e
Litharge (Fabrication de).............................	Poussière nuisible.........	3e
Machines et wagons (Atelier de construction de).....	Bruit, fumée............	2e
Machines à vapeur). (Voir GÉNÉRATEURS). — Régime spécial..		
Maroquineries..	Odeur................	3e
Massicot (Fabrique du)................................	Émanations nuisibles.....	3e
Mégisseries..	Odeur................	3e
Mélanges d'huiles. (Voir HUILES, MÉLANGES, etc.)....		1re, 2e
Ménageries..	Danger des animaux	1re
Métaux (Atelier de) pour construction de machines et appareils. (Voir MACHINES)........................		2e
Minium (Fabrication du)..............................	Émanations nuisibles......	3e
Morues (Sécheries des)................................	Odeur	2e
Moulins à broyer le plâtre, la chaux, les cailloux et les pouzzolanes.....................................	Poussière...............	3e
Moulins à huile. (Voir HUILLERIES)..................		3e
Murexide (Fabrication de la) en vase clos par la réaction de l'acide azotique et de l'acide urique du guano...	Émanations nuisibles......	2e
Nitrate de fer (Fabrication du) :		
1° Lorsque les vapeurs nuisibles ne sont pas absorbées ou décomposées.....................	Id................	1re
2° Dans le cas contraire........................	Id................	3e
Nitro-benzine, aniline et matières dérivant la benzine (Fabrication de la)..................................	Odeur, émanations nuisibles et danger d'incendie.....	2e
Noir des raffineries et des sucreries (Revivification du).	Émanations nuisibles, odeur	2e
Noir de fumée (Fabrication du) par la distillation de la houille, des goudrons, bitumes, etc................	Fumée, odeur............	2e
Noir d'ivoire et noir animal (Distillation des os ou fabrication du) :		
1° Lorsqu'on n'y brûle pas les gaz................	Odeur................	1re
2° Lorsque les gaz sont brûlés...................	Id................	2e
Noir minéral (Fabrication du) par le broyage des résidus de la distillation des schistes bitumineux.........	Odeur et poussière........	3e

DÉSIGNATION DES INDUSTRIES.	INCONVÉNIENTS.	Classes
Oignons (Dessication des) dans les villes	Odeur	2ᵉ
Olives (Confiserie des)	Altération des eaux	3ᵉ
Olives (Tourteaux d'). (Voir TOURTEAUX).		
Orseille (Fabrique de l') :		
1° En vases ouverts	Odeur	1ʳᵉ
2° En vases clos et employant de l'ammoniaque à l'exclusion de l'urine	Id	3ᵉ
Os (Torréfaction des) pour engrais :		
1° Lorsque les gaz ne sont pas brûlés	Odeur et danger d'incendie.	1ʳᵉ
2° Lorsque les gaz sont brûlés	Id	2ᵉ
Os d'animaux (Calcination des). (Voir CARBONISATION DES MATIÈRES ANIMALES)		1ʳᵉ
Os frais (Dépôts d') en grand	Odeur, émanations nuisibles.	1ʳᵉ
Ouates (Fabrication des)	Poussière et danger d'incendie	3ᵉ
Papiers (Fabrication de)	Danger d'incendie	3ᵉ
Pâte à papier (Préparation de la) au moyen de la paille et autres matières combustibles	Altération des eaux	3ᵉ
Parcheminerics	Odeur	2ᵉ
Peaux de lièvre et de lapin. (Voir SECRÉTAGE)		2ᵉ
Peaux de mouton (Séchage des)	Odeur et poussière	3ᵉ
Peaux fraîches. (Voir CUIRS VERTS)		2ᵉ
Perchlorure de fer par dissolution du peroxyde de fer (Fabrication de)	Émanations nuisibles	3ᵉ
Pétrole. (Voir HUILES DE PÉTROLE)		1ʳᵉ, 2ᵉ
Phosphore (Fabrication de)	Danger d'incendie	1ʳᵉ
Pileries mecaniques des drogues	Bruit et poussière	3ᵉ
Pipes à fumer (Fabrication des) :		
1° Avec fours non fumivores	Fumée	2ᵉ
2° Avec fours fumivores	Fumée accidentelle	3ᵉ
Plantes marines. (Voir COMBUSTION DES PLANTES MARINES)		1ʳᵉ
Plâtre (Fours à) :		
1° Permanents	Fumée et poussière	2ᵉ
2° Ne travaillant pas plus d'un mois	Id	3ᵉ
Plomb (Fonte et laminage du). (Voir FONTE, etc.)		3ᵉ
Poëliers fournalistes, poêles et fourneaux en faïence et terre cuite. (Voir FAÏENCE)		2ᵉ, 3ᵉ
Poils de lièvre et de lapin. (Voir SECRÉTAGE)		2ᵉ
Poissons salés (Dépôts de)	Odeur incommode	2ᵉ
Porcelaine (Fabrication de) :		
1° Avec fours non fumivores	Fumée	2ᵉ
2° Avec fours fumivores	Fumée accidentelle	3ᵉ
Porcheries	Odeur, bruit	1ʳᵉ
Potasse (Fabrication de) par calcination des résidus de mélasse	Fumée et odeur	2ᵉ

DÉSIGNATION DES INDUSTRIES.	INCONVÉNIENTS.	Classes
Potasse. (Voir CHROMATE DE POTASSE)............	....	3°
Poteries de terre (Fabrication de) avec fours non fumivores..	Fumée...................	3°
Poudres et matières fulminantes (Fabrication de). (Voir aussi FULMINATE DE MERCURE)...............	Danger d'explosion et d'incendie.................	1re
Poudrette (Fabrication de) et autres engrais au moyen de matières animales........................	Odeur et altération des eaux.	1re
Poudrette (Dépôts de). (Voir ENGRAIS).		
Pouzzolane artificielle (Fours à).................	Fumée...................	3°
Protochlorure d'étain ou sel d'étain (Fabrication du)..	Émanations nuisibles......	2°
Prussiate de potasse. (Voir CYANURE DE POTASSIUM)...	....	3°
Pulpes de pommes de terre. (Voir FÉCULERIES).......	....	3°
Raffineries et fabriques de sucre.................	Fumée, odeur............	2°
Résines, galipots et arcansons (Travail en grand pour la fonte et l'épuration des).....................	Odeur, danger d'incendie..	1re
Rogues (Dépôts de salaisons liquides connues sous le nom de)..	Odeur...................	2°
Rouge de Prusse et d'Angleterre.................	Émanations nuisibles......	1re
Rouissage en grand du chanvre et du lin..........	Émanations nuisibles, et altération des eaux........	1re
Rouissage en grand du chanvre et du lin par l'action des acides, de l'eau chaude et de la vapeur........	Id......................	2°
Sabots (Ateliers à enfumer les) par la combustion de la corne ou d'autres matières animales dans les villes.	Odeur et fumée..........	1re
Salaison et préparation des viandes................	Odeur...................	3°
Salaisons (Ateliers pour les) et le saurage des poissons.	Id......................	2°
Salaisons (Dépôts de) dans les villes...............	Id......................	3°
Sang :		
1° Ateliers pour la séparation de la fibrine, de l'albumine, etc...............................	Id......................	1re
2° (Dépôt de) pour la fabrication du bleu de Prusse et autres industries............................	Id......................	1re
3° (Fabrique de poudre de) pour la clarification des vins.......................................	Id......................	1re
Sardines (Fabriques de conserves de) dans les villes...	Id......................	2°
Saucissons (Fabrication en grand de)..............	Id......................	2°
Saurage des harengs. (Voir HARENGS).............	....	3°
Savonneries....................................	Id......................	3°
Schistes bitumineux. (Voir HUILES DE PÉTROLE, DE SCHISTE, etc.		
Séchage des éponges. (Voir ÉPONGES).............	....	3°
Sécheries des morues. (Voir MORUES).............	....	2°
Secrétage des peaux ou poils de lièvre et lapin......	Odeur...................	2°
Sel ammoniac et sulfate d'ammoniaque (Fabrication du) par l'emploi des matières animales...........	Odeur, émanations nuisibles	2°
Sel ammoniac extrait des eaux d'épuration du gaz (Fabrique spéciale de)...........................	Odeur...................	2°

DÉSIGNATION DES INDUSTRIES.	INCONVÉNIENTS.	Classes
Sel de soude (Fabrication du) avec le sulfate de soude.	Fumée, émanations nuisibles	3º
Sel d'étain. (Voir PROTOCHLORURE D'ÉTAIN)...........		2º
Sirops de fécule et glucose (Fabrication des).........	Odeur................	3º
Soie. (Voir CHAPEAUX)............................	....	2º
Soie (Voir FILATURE).............................	....	3º
Soies de porcs (Préparation des) :		
1º Par fermentation........................	Id..................	1re
2º Sans fermentation (Voir Crins et soies de porc).		
Soude. (Voir SULFATE DE SOUDE)...................		1re, 2º
Soudes brutes de varech (Fabrication des) dans les établissements permanents........................	Odeur et fumée........	1re
Soufre (Fusion ou distillation du)...................	Émanations nuisibles, danger d'incendie........	2º
Soufre (Pulvérisation et blutage du)................	Poussière, danger d'incendie	3º
Sucre. (Voir RAFFINERIES ET FABRIQUES DE SUCRE)....	....	2º
Suif brun (Fabrication du).........................	Odeur, danger d'incendie..	1re
Suif en branches (Fonderies de) :		
1º A feu nu...............................	Id..................	1re
2º Au bain-marie ou à la vapeur	Odeur................	2e
Suif d'os (Fabrication du).........................	Odeur, altération des eaux, danger d'incendie......	1re
Sulfate d'ammoniaque (Fabrication du) par le moyen de la distillation des matières animales.............	Odeur................	1re
Sulfate de baryte. (Voir BARYTE)..................	....	2e
Sulfate de cuivre (Fabrication du) au moyen du grillage des pyrites...................................	Émanations nuisibles et fumée.................	1re
Sulfate de mercure (Fabrication du) :		
1º Quand les vapeurs ne sont pas absorbées......	Émanations nuisibles.....	1re
2º Quand les vapeurs sont absorbées...........	Émanations moindres....	2e
Sulfate de peroxyde de fer (Fabrication du) par le sulfate de protoxyde de fer et l'acide nitrique (nitrosulfate de fer)................................	Émanations nuisibles......	2e
Sulfate de protoxyde de fer ou couperose verte par l'action de l'acide sulfurique sur la ferraille (Fabrication en grand du)..................................	Fumée, émanations nuisibles	3º
Sulfate de soude (Fabrication du) :		
1º Par la décomposition du sel marin par l'acide sulfurique, sans condensation de l'acide chlorhydrique...........................	Émanations nuisibles......	1re
2º Avec condensation complète de l'acide chlorhydrique..............................	Id..................	2e
Sulfate de fer, d'alumine et alun (Fabrication par le lavage des terres pyriteuses et alumineuses grillées du)	Fumée et altération des eaux	3º
Sulfure de carbonne (Fabrication du)	Odeur, danger d'incendie...	1re
Sulfure de carbone (Manufactures dans lesquels ou emploie en grand le).............................	Danger d'incendie	1re
Sulfure de carbone (Dépôts de). (Suivent le régime des huiles de pétrole).		

DÉSIGNATION DES INDUSTRIES.	INCONVÉNIENTS.	Classes
Sulfures métalliques. (Voir GRILLAGE DET MINERAIS SULFUREUX.)		1re
Tabacs (Manufacture de)	Odeur et poussière	2º
Tabac (Incinération des côtes de)	Odeur et fumée	1re
Tabatières en carton (Fabrication des)	Odeur et danger d'incendie	3º
Taffetas et toiles vernis ou cirés (Fabrication de)	Id	1re
Tan (Moulins à)	Bruit et poussière	3º
Tanneries	Odeur	2º
Teinturiers	Odeur et altérations des eaux	3º
Teintureries de peaux	Odeur	3º
Terres émaillées (Fabrication de) :		
1º Avec fours non fumivores	Fumée	2º
2º Avec fours fumivores	Fumée accidentelle	3º
Terres pyriteuses et alumineuses (Grillage des)	Fumée, émanations nuisibles	1re
Teillage du lin, du chanvre et du jute en grand	Poussière et bruit	2º
Térébentine (Distillation et travail en grand de la). (Voir HUILES DE PÉTROLE, DE SCHISTE, etc.)		
Tissus d'or et d'argent (Brûleries en grand des). (Voir GALONS)		2º
Toiles ciré. (Voir TAFFETAS ET TOILES VERNIS)		1re
Toiles (Blanchiment des). (Voir BLANCHIMENT)		3º
Toiles grasses pour emballage, tissus, cordes goudronnées, papiers goudronnées, cartons et tuyaux bitumés (Fabrique de :		
1º Travail à chaud	Odeur, danger d'incendie	2º
2º Travail à froid	Id	3º
Toiles peintes (Fabrique de)	Odeur	3º
Toiles vernies (Fabrique de). (Voir TAFFETAS ET TOILES VERNIES)		1re
Tôles et métaux vernis	Odeur et danger d'incendie	3º
Tonnellerie en grand opérant sur des fûts imprégné de matières grasses et putrescibles	Bruit, odeur et fumée	2º
Torches résineuses (Fabrication de)	Odeur et danger du feu	2º
Tourbe (Carbonisation de la)) :		
1º A vases ouverts	Odeur et fumée	1re
2º A vases clos	Odeur	2º
Tourteaux d'olives (Traitement des) par le sulfure de carbone	Danger d'incendie	1re
Tréfileries	Bruit et fumée	3º
Triperies annexes des abattoirs	Odeur et altération des eaux	1re
Tueries d'animaux. (Voir aussi ABATTOIRS PUBLICS)	Danger des animaux et odeur	2º
Tuileries avec fours non fumivores	Fumée	3º
Urate (Fabrique d'). (Voir ENGRAIS PRÉPARÉS)		2º
Vacheries dans les villes de plus de 5,000 habitants	Odeur et écoulement des urines	3º
Varech (Voir SOUDE DE VARECH)		1re

DÉSIGNATION DES INDUSTRIES.	INCONVÉNIENTS.	Classes
Vernis gras (Fabrique de).........................	Odeur et danger d'incendie..	1re
Vernis à l'esprit de vin (Fabrique de)..............	Id...................	2°
Vernis (Ateliers où l'on applique le) sur les cuirs, feutres, taffetas. toiles, chapeaux. (Voir ces mots).		
Verreries, cristalleries et manufactures de glaces :		
1° Avec four non fumivores..................	Fumée et danger d'incendie.	2°
2° Avec fours fumivores.:...................	Danger d'incendie.........	3°
Viandes (Salaisons des). (Voir SALAISONS)..........	....	3°
Visières et feutres vernis (Fabrique de). (Voir FEUTRES ET VISIÈRES)................................	....	1re
Voiries. (Voir BOUES ET IMMONDICES)................	....	1re
Wagons et machines (Construction de). Voir MACHINES, etc.)................................	....	2°

ADDITION A LA CLASSIFICATION DES ÉTABLISSEMENTS INSALUBRES.

Par un décret en date du 31 janvier 1872, certaines industries insalubres qui avaient échappé à la classification du 31 décembre 1866, ont été reprises dans le tableau suivant et ne pourront, à l'avenir, être créées qu'après l'avis du Conseil central sur les conditions restrictives à leur imposer.

DÉCRET.

Le Président de la République,

Sur le rapport du Ministre de l'Agriculture et du Commerce,

Vu le décret du 15 octobre 1810, l'ordonnance du 14 janvier 1815 et le décret du 25 mars 1852 sur la décentralisation administrative ;

Vu le décret du 31 décembre 1866 ;

Vu les avis du Comité consultatif des arts et manufactures ;

La Commission provisoire chargée de remplacer le Conseil d'État entendue,

Décrète :

Article 1er. Les établissements compris dans le tableau annexé au présent décret ne pourront être créés qu'après accomplissement des formalités prescrites pour les ateliers insalubres, dangereux ou incommodes.

Art. 2, Le Ministre de l'Agriculture et du Commerce est chargé de l'exécution du présent décret, qui sera inséré au *Bulletin des Lois*.

Fait à Versailles, le 31 janvier 1872.

Signé · A. THIERS

Tableau des établissements insalubres, dangereux ou incommodes.

(Addition à la nomenclature annexée au décret du 31 décembre 1866).

DÉSIGNATION DES INDUSTRIES.	INCONVÉNIENTS.	Classes.
Amorces fulminantes pour pistolets d'enfants (Fabrique d').	Danger d'explosion.	2°
Bocards à minerais ou à crasse.	Bruit.	3°
Ciment (Fours à) :		
1° Permanents.	Fumée, poussière.	2°
2° Ne travaillant pas plus d'un mois par an.	Id.	3°
Déchets des filatures de lin, de chanvre et jute (Lavage et séchage en grand des).	Odeur et altération des eaux	2°
Éther (Dépôts d') :		
1° Si la quantité emmagasinée est, même temporairement, de 1,000 litres ou plus.	Danger d'inc. et d'explosion.	1re
2° Si la quantité, supérieure à 100 litres, n'atteint pas 1,000 litres.	Id.	2°
Graisses de cuisine (Traitement des).	Odeur.	1re
Graisses et suifs (Refonte des).	Id.	3°
Huiles de ressence (Fabrication des).	Odeur, altération des eaux.	2°
Huiles lourdes créosotées (Injection des bois à l'aide des) :		
Ateliers opérant en grand et d'une manière permanente.	Odeur, danger d'incendie.	2°
Lavoirs à minerai en communication avec des cours d'eau.	Altération des eaux.	3°
Os secs en grand (Dépôts d').	Odeur.	3°
Peaux (Planage et séchage des).	Id.	2°
Superphosphate de chaux et de pot (Fabrication du)	Émanations nuisibles.	2°
Acide lactique (Fabrique d').	Odeur.	2°
Collodion (Fabrique de).	Odeur et danger d'incendie.	1re
Dépôt de pulpes de betteraves ayant un caractère commercial bien défini).	Odeur.	3°
Fabrique d'étoupes.	Poussière.	3°
Huiles de pétrole et de schistes, essences et autres hydrocarbures.	Odeur et danger d'incendie.	2^e
Lustrage et apprêtage des peaux.	Poussière.	3°
Matières colorantes (Fabrication de) au moyen de l'aniline et de la nitro-benzine.	Odeur.	3°

CIRCULAIRE DE M. LE MINISTRE DE L'AGRICULTURE ET DU COMMERCE.

Versailles, le 21 mai 1878.

Monsieur le Préfet, depuis la publication du décret du 31 janvier 1872, portant addition à la nomenclature des établissements insalubres, dangereux ou incommodes, annexée au décret du 31 décembre 1866, il s'est produit des demandes en création d'établissements qui ne figurent dans aucun classement, et qui ont paru de nature à être soumis aux prescriptions du décret du 15 octobre 1810.

Le Comité consultatif des arts et manufactures a été, en conséquence, chargé de préparer une nouvelle addition aux nomenclatures annexées aux décrets du 31 décembre 1866 et du 31 janvier 1872. Le travail du Comité a été soumis au Conseil d'État, qui a arrêté un tableau de classement supplémentaire, approuvé par décret en date du 7 mai 1878, inséré au *Journal Officiel* du 9 du même mois. Vous trouverez ci-après le texte de ce décret.

Le tableau A indique les industries que le décret soumet au régime des établissements insalubres, dangereux ou incommodes. Trois de ces industries étaient déjà classées, mais sous des termes différents. Ainsi, les allumettes chimiques n'étaient soumises au classement que si elles étaient fabriquées avec des matières détonnantes et fulminantes. Ce mode de fabrication ayant disparu, le nouveau décret vise toutes les fabriques d'allumettes chimiques sans distinction.

La nomenclature annexée au décret de 1866 ne s'appliquait qu'au dégraissage des tissus et déchets de laine ; le classement comprend, désormais, les peaux, qui sont également traitées à l'aide des hydrocarbures. De plus, le nouveau décret ajoute les émanations aux inconvénients que présentent ces industries, inconvénients qui se bornaient au danger d'incendie.

Enfin, la fabrication du sel ammoniac et du sulfate d'ammoniaque qui, par suite d'une erreur de rédaction, formait deux articles contradictoires, dans la nomenclature de 1866, ne fait plus l'objet que d'un seul article.

Le tableau B indique les articles qui se trouvent supprimés, dans la nomenclature de 1866, par suite des modifications qui viennent d'être indiquées. L'article : Farine (Moulins à). Voir *Moulins* » a dû être également supprimé, attendu que, si l'on se reporte à ce mot dans la nomenclature de 1866, on ne trouve rien qui concerne les moulins à farine.

J'appellerai, en terminant, votre attention sur la fabrication du sulfure d'arsenic, que le tableau A range à la 2º classe. Votre préfecture, dans le cas où elle aurait à statuer sur une demande en création d'un atelier pour la fabrication de ce produit, devra prescrire au permissionnaire les précautions les plus minutieuses et les plus sévères, afin d'assurer la condensation parfaite des produits volatils de la réaction, et surtout de l'acide arsénieux, en raison des graves dangers qui pourraient résulter, pour le voisinage, de la négligence de l'industriel ou de l'emploi d'un appareil imparfait. Le Conseil d'hygiène pourra, le cas échéant, vous prêter un concours utile et éclairé pour la préparation des arrêtés d'autorisation.

Je vous prie de vouloir bien m'accuser réception de la présente circulaire, et de faire insérer le décret du 7 mai 1878 dans le Recueil des Actes administratifs de votre département.

Recevez, Monsieur le Préfet, l'assurance de ma considération la plus distinguée.

Le Ministre de l'Agriculture et du Commerce,
Signé : TEISSERENG DE BORT.

DÉCRET.

Le Président de la République Française,

Sur le rapport deM M. le inistre de l'Agriculture et du Commerce ;

Vu le décret du 15 octobre 1810, l'ordonnance royale du 14 janvier 1815 et le décret du 25 mars 1852 sur la décentralisation administrative ;

Vu les lois des 21 avril 1810 et 9 mai 1866 ;

Vu les décrets des 31 décembre 1866 et 31 janvier 1872 ;

Vu les avis du Comité consultatif des Arts et Manufactures ;

Le Conseil d'État entendu,

Décrète :

Article 1er. La nomenclature des établissements dangereux, insalubres ou incommodes, contenue dans les tableaux annexés aux décrets du 31 décembre 1866 et du 31 janvier 1872 ; est modifiée conformément aux tableaux A et B annexés au présent décret.

Art. 2. Le Ministre de l'Agriculture et du Commerce est chargé de l'exécution du présent décret, qui sera publié au *Journal Officiel* et inséré au *Bulletin des Lois*.

Fait à Paris, le 7 mai 1878.

Maréchal de MAC-MAHON,
DUC DE MAGENTA.

Par le Président de la République :
Le Ministre de l'Agriculture et du Commerce,
TEISSERENC DE BORT.

TABLEAU A.

Deuxième tableau supplémentaire des établissements insalubres, dangereux ou incommodes.

(Addition aux nomenclatures annexées aux décrets du 31 décembre 1866 et du 31 janvier 1872).

DÉSIGNATION DES INDUSTRIES.	INCONVÉNIENTS.	Classes
Acide lactique (Fabrique d').	Odeur.	2ᵉ
Allumettes chimiques (Dépôt de) :		
1° En quantités au-dessus de 25 mètres cubes.	Danger d'incendie.	2ᵉ
2° De 5 à 25 mètres cubes.	Id.	3ᵉ
Allumettes chimiques (Fabrication des).	Danger d'explosion ou d'incendie.	1ʳᵉ
Aniline (Voir NITROBENZNE à la nomenclature annexée au décret du 31 décembre 1866).		
Argenture des glaces avec application de vernis aux hydrocarbures.	Odeur et danger d'incendie.	2ᵒ
Benzine (Dérivés de la). (Voir NITROBENZINE à la nomenclature annexée au décret du 31 décembre 1866).		
Blanchiment des fils et tissus de laine de soie par l'acide sulfureux en dissolution dans l'eau.	Émanations accidentelles.	3ᵉ
Boules au glucose caramélisé pour usage culinaire (Fabrication des).	Odeur.	3ˢ
Boyaux salés destinés au commerce de la charcuterie (Dépôts de).	Id.	2ᵉ
Chaudronnerie et serrurerie (Ateliers de) employant des marteaux à la main, dans les villes et centres de population de 2,000 âmes et au-dessus :		
1° Ayant de 4 à 10 étaux ou enclumes et de 8 à 20 ouvriers.	Bruit.	3ᵉ
2° Ayant plus de 10 étaux ou enclumes ou plus de 20 ouvriers.	Id.	2ᵉ
Chiffons (Traitement des) par la vapeur de l'acide chlorhydrique :		
1° Quand l'acide n'est pas condensé.	Émanations nuisibles.	1ʳᵉ
2° Quand l'acide est condensé.	Émanations accidentelles.	3ᵉ
Collodion (Fabrique de).	Danger d'explosion ou d'incendie.	1ʳᵉ
Déchets de laine (Dégraissage des). (Voir PEAUX).		
Étoffes (Dégraissage des). (Voir PEAUX).		
Étoupes (Transformation en) des cordages hors de service, goudronnés ou non.	Danger d'incendie.	3ᵉ

DÉSIGNATION DES INDUSTRIES.	INCONVÉNIENTS.	Classes
Fer (Dérochage du)	Vapeurs nuisibles	3ᵉ
Fer (Galvanisation du)	Id	3ᵉ
Lessives alcalines des papeteries (Incinération des)	Fumée, odeur et émanations nuisibles	2ᵉ
Lies de vin (Incinération des) :		
1° Avec dégagement de la fumée au dehors	Odeur	1ʳᵉ
2° Avec combustion ou condensation des fumées	Id	2ᵉ
Lies de vin (Séchage des)	Id	2ᵉ
Matières colorantes (Fabrication des) au moyen de l'aniline et de la nitrobenzine	Odeur, émanations nuisibles	3ᵉ
Miroirs métalliques (Fabrique de) et autres ateliers employant des moutons :		
1° Où on emploie des marteaux ne pesant pas plus de 25 kilogrammes et n'ayant que 1 mètre au plus de longueur de chute	Bruit et ébranlement	3ᵉ
2° Où on emploie des marteaux ne pesant pas plus de 25 kilogrammes et ayant plus de 1 m. de longueur de chute	Id	2ᵉ
3° Où on emploie des marteaux d'un poids supérieur à 25 kilogrammes, quelle que soit la longueur de chute	Id	2ᵉ
Moutons (Ateliers employant des). (Voir MIROIRS MÉTALLIQUES).		
Nitrate de méthyle (Fabrique de)	Danger d'explosion	1ʳᵉ
Peaux, étoffes et déchets de laine (Dégraissage des) par les huiles de pétroles et autres hydrocarbures	Odeur et danger d'incendie	1ʳᵉ
Peaux (Lustrage et apprêtage des)	Odeur et poussière	3ᵉ
Phosphates de chaux (Ateliers pour l'extraction et le lavage des)	Altération des eaux	3ᵉ
Réfrigération (Appareils de) par l'acide sulfureux)	Émanations nuisibles	2ᵉ
Sel ammoniac et sulfate d'ammoniaque (Fabrication des) par l'emploi des matières animales :		
1° Comme établissement principal	Odeur, émanations nuisibles	1ʳᵉ
2° Comme annexe d'un dépôt d'engrais provenant de vidanges ou de débris d'animaux précédemment autorisé	Id	2ᵉ
Serrurerie (Ateliers de). (Voir CHAUDRONNERIE).		
Sinapismes (Fabrication des) à l'aide des hydrocarbures :		
1° Sans distillation	Odeur	2ᵉ
2° Avec distillation	Odeur et danger d'incendie	1ʳᵉ
Soudes brutes (Dépôt de résidus provenant du lessivage des)	Odeur, émanations nuisibles	2ᵉ

DÉSIGNATION DES INDUSTRIES.	INCONVÉNIENTS.	Classes
Sulfure d'arsenic (Fabrication du), à la condition que les vapeurs seront condensées.................	Odeur, émanations nuisibles	2e
Sulfure de sodium (Fabrication du)................	Odeur.................	2e
Tannée humide (Incinération de la).................	Fumée, odeur..........	2e
Tuiles métalliques (Trempage au goudron des).......	Émanations nuisibles, danger d'incendie..........	2e
Tuyaux de drainage (Fabrique de).................	Fumée................	3e
Vernis. (Voir ARGENTURE DES GLACES).		
Vessies nettoyées et débarrassées de toutes substances membraneuses (Atelier pour le gonflement et le séchage des)...................................	Odeur................	2e

Vu pour être annexés au décret en date du 7 mai 1878.

Le Ministre de l'Agriculture et du Commerce
TEISSERENC DE BORT.

TABLEAU B.

(Articles à supprimer dans la nomenclature annexée au décret du 31 décembre 1866).

DÉSIGNATION DES INDUSTRIES.	INCONVÉNIENTS.	Classes
Allumettes (Fabrique des) avec matières détonantes et fulminantes.....................................	Danger d'explosion et d'incendie...............	1re
Dégraissage des tissus et déchets de laine par les huiles de pétrole et autres hydrocarbures.........	Danger d'incendie........	1re
Farine (Moulins à). (Voir MOULINS).		
Sel ammoniac et sulfate d'ammoniaque (Fabrication des) par l'emploi des matières animales...........	Odeur, émanations nuisibles	2e
Sulfate d'ammoniaque (Fabrication du) par le moyen de la distillation des matières animales..........	Odeur................	1re

Vu pour être annexé au décret en date du 7 mai 1878.

Le Ministre de l'Agriculture et du Commerce,
TEISSERENC DE BORT.

ÉTABLISSEMENTS INSALUBRES.

Nouvelle addition à la nomenclature des Établissements classés comme insalubres ou dangereux.

Lille, le 16 mai 1879.

Messieurs, un décret, en date du 22 avril 1879, inséré au *Journal Officiel* du 25, et dont vous trouverez le texte ci-après, ranger parmi les établissements insalubres, dangereux ou incommodes, les dépôts de pulpes de betteraves humides, destinées à la vente.

Vous remarquerez, Messieurs, que les dépôts de pulpes sèches restent en dehors de tout classement, attendu qu'ils ne présentent aucun inconvénient pour la santé publique.

Il est un point sur lequel j'appelle également votre attention : c'est la distinction faite entre les dépôts qui ont un caractère purement agricole et privé, et ceux qui ont un caractère commercial. Les premiers sont ceux qui ont presque exclusivement pour objet de subvenir à l'alimentation des bestiaux du propriétaire, et les seconds, qui sont seuls soumis au classement, sont ceux qui sont principalement destinés à la vente.

Vous voudrez bien soumettre aux formalités de la 3ᵉ classe les dépôts de cette dernière catégorie, pour lesquels des demandes d'autorisation vous seraient soumises.

Je vous prie de vouloir bien veiller à l'exécution des dispositions qui précèdent.

Agréez, Messieurs, l'assurance de ma considération la plus distinguée.

Le Préfet du Nord,
PAUL CAMBON.

DÉCRET.

Le Président de la République Française,

Sur le rapport du Ministre de l'Agriculture et du Commerce ;

Vu le décret du 15 octobre 1810, l'ordonnance royale du 14 janvier 1815, le décret du 25 mars 1852 sur la décentralisation administrative.

Vu les lois des 21 avril 1810 et 9 mai 1866 ;

Vu les décrets des 31 décembre 1866, 31 janvier 1872 et 7 mai 1878 ;

Vu l'avis du Comité consultatif des Arts et Manufactures ;

Le Conseil d'État entendu,

Décrète :

Article 1er La nomenclature des établissements dangereux, insalubres ou incommodes, contenue dans les tableaux, annexés aux décrets des 31 décembre 1866, 31 janvier 1872 et 7 mai 1878, est complétée comme suit :

DÉSIGNATION DES INDUSTRIES.	INCONVÉNIENTS	CLASSE.
Dépôts de pulpes de betteraves humides destinées à la vente.	Odeur. Émanations.	3e classe.

Art. 2. Le Ministre de l'Agriculture et du Commerce est chargé de l'exécution du présent décret, qui sera publié au *Journal Officiel* et inséré au *Bulletin des Lois*.

Fait à Paris, le 22 août 1879.

JULES GRÉVY.

Par le Président de la République :
Le Ministre de l'Agriculture et du Commerce,
P. TIRARD.

DÉCRET.

ÉTABLISSEMENTS INSALUBRES, DANGEREUX OU INCOMMODES.

Addition à la nomenclature des établissements classés.

Lille, le 14 mai 1881.

Messieurs, j'ai l'honneur de vous adresser ci-après, avec les tableaux A et B qui y font suite, le décret du 26 février 1881, complétant et modifiant la nomenclature des établissements insalubres, dangereux ou incommodes contenue dans les tableaux annexés aux décrets des 31 décembre 1866, 31 janvier 1872, 7 mai 1878 et 21 avril 1879.

Je vous prie de vouloir bien veiller, chacun en ce qui vous concerne, à l'exécution des dispositions du décret dont il s'agit.

Agréez, Messieurs, l'assurance de ma considération la plus distinguée.

Le Préfet du Nord,
Paul Cambon.

DÉCRET

Le President de la République,

Sur le rapport de M. le Ministre de l'Agriculture et du Commerce ;

Vu le décret du 15 octobre 1810, l'ordonnance royale du 14 janvier 1815 et le décret du 25 mars 1852, sur la décentralisation administrative :

Vu les lois des 21 avril 1818 et 9 mai 1866 ;

Vu les décrets du 31 décembre 1866, 31 janvier 1872, 7 mai 1878 et 21 avril 1879 ;

Vu l'avis du Comité consultatif des arts et manufactures ;

Le Conseil d'État entendu,

Décrète :

Article 1er. La nomenclature des établissements insalubres, dangereux ou incommodes, contenue dans les tableaux annexés aux décrets des 31 décembre 1866, 31 janvier 1872, 7 mai 1878 et 21 avril 1879, est complétée et modifiée conformément aux tableaux A et B annexés au présent décret.

Article 2. Le Ministre de l'Agriculture et du Commerce est chargé de l'exécution du présent décret, qui sera publié au *Journal officiel* et inséré au *Bulletin des lois*.

Fait à Paris, le 26 février 1881.

JULES GRÉVY.

Par le Président de la République :
Le Ministre de l'Agriculture et du Commerce,
P. TIRARD.

TABLEAU A.

Addition aux nomenclatures annexées aux décrets des 31 décembre 1866, 31 janvier 1872, 7 mai 1878 et 21 avril 1879.

DÉSIGNATION DES INDUSTRIES.	INCONVÉNIENTS.	Classes.
Acide salicylique (Fabrication d') au moyen de l'acide phénique...	Odeur...	2e
Acide sulfurique de Nordhausen par décomposition du sulfate de fer...	Émanations nuisibles...	1re
Celluloïde et produits nitrés analogues (Fabrication du)...	Vapeurs nuisibles...	1re
Celluloïde et produits nitrés analogues)Ateliers de façonnage du)...	Danger d'incendie... Id...	2e
Chlorures de soufre (Fabrication des)...	Vapeurs nuisibles...	1re
Scieries mécaniques et établissements où l'on travaille le bois à l'aide de machines à vapeur ou à feu...	Danger d'incendie...	3e

TABLEAU B.

Articles à supprimer dans la nomenclature annexée au décret du 31 décembre 1866

DÉSIGNATION DES INDUSTRIES.	INCONVÉNIENTS.	Classes.
Acide sulfurique (Fabrication d')...	...	...
1°...	...	...
2° De Nordhausen par la décomposition du sulfate de fer...	...	3e

VADE-MECUM

DES CONSEILS DE SALUBRITÉ, DES INDUSTRIELS ET DES FONCTIONNAIRES CHARGÉS DE LA POLICE SANITAIRE.

Abattoirs publics.

1re classe. { 15 octobre 1810, 14 janvier 1815, 15 avril 1836, 31 décembre 1866.

Inconvénients. — Odeur et altération des eaux.

Ces établissements, d'une utilité de premier ordre s'ils sont bien conçus, peuvent devenir des foyers d'infection, s'ils recèlent de mauvaises dispositions. Ils réclament donc une série de précautions, toutes également indispensables.

L'accès du bétail, des voitures de bouchers doit être facile aux abords de l'abattoir comme dans les cours de service.

L'entrée des bouveries, des ateliers doit également être large et commode.

Des anneaux, fortement scellés dans les murailles des bouveries ou dans le sol des lieux d'abattage, doivent assurer les moyens contentifs, et prévenir les évasions et les dangers qui peuvent en résulter. Le sol des cours de travail et des ateliers de dépècement, de triperies et des fondoirs de suif, des bouveries, des porcheries, doit être pavé en pierres dures, cimentées et rejointoyées à la chaux hydraulique, avec pente convenable et rigoles dirigées vers une vaste citerne étanche, munie de cuvettes hermétiques à bascules, de manière à y recevoir les urines, le sang et autres liquides putrescibles, destinés à servir d'engrais et à diriger au contraire vers l'aqueduc les eaux vannes, de pluie, de lavage ou autres.

Un service d'eaux abondantes doit être ménagé, de telle sorte que le nettoyage de toutes les parties de l'établissement, et spécialement des cours et des ateliers de dépeçage, soit assuré.

L'aération de tous les bâtiments doit être largement établie.

Toutefois, des plafonds doivent surmonter les locaux où la viande est conservée, et les ouvertures de ces pièces être munies de toiles métalliques. Les fondoirs, les porcheries, la cour aux fumiers doivent être relégués le plus loin possible et au Nord, si faire se peut.

La vidange de la citerne aux engrais ne doit s'effectuer qu'à l'aide d'une pompe munie d'un manchon en toile déversant les liquides dans des tonneaux fermés ensuite avec soin.

Il devra être interdit également de fumer et de pénétrer avec une lumière dans les greniers où sont déposés les fourrages et autres matières combustibles.

De plus, un intérêt puissant d'hygiène publique exige que les viandes de boucherie, abattues ou importées par quartier dans les centres de population, soit soumises à une surveillance compétente.

Dans les localités, si peu importantes qu'elles soient, où il n'existe pas d'abattoir public, les autorités municipales doivent interdire toute espèce d'abattage en public, même celui des porcs. C'est une question de haute convenance et de sûreté publique.

Absinthe (Voir **Distilleries**).

Acide arsénique (Fabrication de l') au moyen de l'acide arsénieux et de l'acide azotique quand les produits nitreux ne sont pas absorbés.

1re classe. — Décret du 31 décembre 1866.

Inconvénients. — Vapeurs nuisibles.

PRESCRIPTIONS : 1° Éloigner les ateliers de toute habitation ; 2° diriger, au moyen d'une hotte, les vapeurs nuisibles dans une cheminée s'élevant à 20 mètres au-dessus du sol, afin de les disséminer dans l'air.

Acide arsénique (Fabrication de l') au moyen de l'acide arsénieux et de l'acide azotique quand ils sont absorbés.

2° classs. — Décret du 31 décembre 1866.

PRESCRIPTION : Faire absorber le gaz nitreux, produit par le décomposition de l'acide azotique, dans les eaux alcalines.

Acide chlorhydrique (Production de l') par décomposition des chlorures de magnésium, d'aluminium et autres quand l'acide n'est pas condensé.

1re classe. — Décret du 31 décembre 1866.

Inconvénients. — Emanations nuisibles.

PRESCRIPTIONS : 1° Faire arriver les gaz dans la cheminée qui recevra les produits de la combustion au moyen d'une hotte mise en communication avec elle ;

2° Élever cette cheminée à trente mètres au moins au-dessus du sol, afin de diviser les vapeurs dans l'atmosphère ;

3° Rendre le sol des ateliers imperméable et ventiler ceux-ci énergiquement ;

4° Ne jamais laisser écouler sur la voie publique des eaux chargées d'acide ; les neutraliser par la chaux avant cet écoulement.

Acide chlorhydrique (Production de l') par décomposition des chlorures de magnésium, d'aluminium et autres quand l'acide est condensé.

2ᵉ classe. { 14 janvier 1815.
/ Décret du 31 décembre 1866.

Inconvénients. — Émanations accidentelles quand les appareils perdent.

L'appareil à vases clos se compose d'un cylindre en fonte où l'air n'est pas admis. Les appareils de condensation de gaz perdent peu, mais le résidu est du sulfate de soude, mélangé de fer, et a d'autant moins de valeur.

Si l'air pénètre dans les chambres de décomposition de sel marin, le gaz est moins facilement condensé et il s'en échappe par la cheminée des proportions notables, et destructives de la végétation.

Il se dégage encore des gaz par la cheminée quand l'eau des tourilles est saturée et qu'on n'a pas la précaution d'ajouter en temps de nouvelles tourilles.

Un palliatif est une élévation considérable de la cheminée(1) où le gaz muriatique ne doit se rendre qu'après avoir filtré en quelque sorte, entre des fragments calcaires ou plongé dans des eaux ammoniales.

Les eaux acides traverseront une couche de moellons calcaires avant de s'écouler sur la voie publique.

Les ateliers où se trouvent les tourilles de condensation doivent, dans l'intérêt des ouvriers, jouir d'une ventillation complète.

Acide lactique (Fabrication de l').

2ᵉ classe. — Décret du 7 mai 1878.

Inconvénients. — Odeur.

PRESCRIPTIONS : Dallage du sol de l'atelier en pierres dures rejointoyées au ciment hydraulique ;

---

(1) 35 mètres au moins.

2° Revêtement du mur jusqu'à 0,50 cent. de hauteur avec de la pierre ou de la faïence, afin d'éviter les infiltrations putrides ;

3° Faire des lavages fréquents et faciliter la ventilation au moyen de carnaux établis à la partie inférieure des murs de l'atelier.

Acide muriatique (Voir **Acide chlorhydrique**).

Acide nitrique, *Eau forte*, (Fabrication de l') par la décomposition du salpêtre au moyen de l'acide sulfurique, dans l'appareil de Wolf.

2e classe. — 9 février 1815.
3° classe. — 31 décembre 1876.

Inconvénients. — Odeur désagréable et incommode quand les appareils perdent, ce qui a lieu de temps à autre.

La dissolution facile du gaz dans l'eau de condensation qui doit terminer l'appareil rend cette opération moins nuisible que celle de l'acide muriatique, quand on prend les précautions nécessaires.

Cependant la cheminée doit avoir une grande hauteur (1), et afin d'éviter la dispersion des gaz par les portes et fenêtres des ateliers de condensation, on fera bien de tenir toutes les ouvertures parfaitement closes et d'établir, à la partie supérieure, une large hotte communiquant avec la cheminée pour leur évacuation.

Les eaux acides ne pourront s'écouler sur la voie publique ou à l'égoût sans être préalablement neutralisées par un alcali.

Acide oxalique (Fabrication de l') par l'acide nitrique sans destruction des gaz nuisibles.

1re classe. — Décret du 31 décembre 1866.

---

(1) 30 mètres au moins à partir du sol.

Inconvénients. — Fumée.

L'acide oxalique est employé dans la teinture et pour divers usages chimiques. La fabrication est accompagnée de vapeurs intenses qui se répandent dans l'atelier et dans le voisinage de la fabrique et incommodent les ouvriers.

PRESCRIPTION : 1º Éloigner les ateliers des habitations ;

2º Diriger les vapeurs nitreuses dans la cheminée de l'usine qui aura 30 mètres d'élévation ;

3º Ne jamais laisser écouler sur la voie publique des eaux acidulées sans les avoir neutralisées et saturées par un alcali.

Acide oxalique (Fabrication de l') avec destruction des gaz nuisibles.

2ᵉ classe. — 31 décembre 1866.

Inconvénients. — Fumée accidentelle.

PRESCRIPTION : 1º Condenser les gaz qui proviennent de la fabrication de l'acide oxalique de façon qu'ils ne puissent être dangereux, insalubres ou incommodes pour le voisinage et les ouvriers, diriger l'excédent dans une cheminée haute de 30 mètres ;

2º Ne jamais laisser écouler sur la voie publique des eaux acidulées sans les avoir préalablement neutralisées par un alcali ;

3º Interdiction de se livrer à la fabrication d'autres produits classés sans une nouvelle autorisation.

Acide oxalique (Fabrication de l') par la sciure de bois et la potasse.

3ᵉ classe. — Décret du 31 décembre 1866.

Inconvénients. — Fumée.

Par ce procédé on mélange la sciure de bois avec trois fois son poids de potasse ; on chauffe sur des plaques au moyen des carreaux en agitant sans cesse à une température de 175 à 200°, L'eau disparaît d'abord, puis peu à peu la sciure. Pour isoler l'oxalate de potasse des autres matières, on emploie le système de lavage usité pour la fabrication du carbonate de soude, et quand les eaux de lavage de la première cuve ne pèsent plus que 1,030, on cesse de laver. Il reste de l'oxalate de potasse dont on sépare facilement l'acide.

Ce procédé n'est plus guère employé en France, il exige du reste les mêmes prescriptions que les autres procédés.

Acide picrique avec destruction des gaz nuisibles.

3e classe. — Décret du 31 décembre 1866.

Inconvénients. — Vapeurs nuisibles.

L'acide picrique est jaune, il est employé en teinture. On l'obtient au moyen de la réaction de l'acide azotique sur les huiles de houille et sur d'autres substances. Cette préparation donne lieu à des odeurs désagréables et incommodes et même dangereuses pour les ouvriers et pour le voisinage.

PRESCRIPTIONS : 1° Isoler complètement les magasins où sont renfermées les huiles de houille et défendre d'y pénétrer avec de la lumière :

2° Éloigner les ateliers des habitations ;

3° Condenser les vapeurs et faire arriver le tuyau de conduite des gaz sous le foyer du fourneau constamment en ignition afin de les brûler ;

4° Aérer les ateliers et conduire les vapeurs qui pourraient s'échapper des appareils dans une hotte placée à la partie supérieure du tablier ;

5° Neutraliser les eaux avant leur sortie de l'établissement avec un lait de chaux.

Acide picrique quand les gaz nuisibles ne sont pas brûlés.

1re classe. — Décret du 31 décembre 1866.

Inconvénients. — Vapeurs nuisibles.

PRESCRIPTIONS : 1º Aérer convenablement l'atelier et établir des carneaux à la partie inférieure des murs ;

2º Surmonter par un tambour à porte mobile la chaudière et la faire communiquer avec la cheminée principale de l'usine qui aura au moins 30 mètres de hauteur :

3º Neutraliser les eaux avant leur écoulement ;

4º Séparer complètement les magasins où seront déposées les huiles de houille et défendre d'y pénétrer avec de la lumière.

Acide pyroligneux (Fabrique d') lorsque les gaz nuisibles se répandent dans l'air sans être brûlés.

1re classe. — 14 janvier 1815.
2e classe. — 31 décembre 1866.

Inconvénients. — Fumée et odeur.

L'usine sera isolée et placée à 500^m au moins de toute agglomération d'habitations.

La cheminée aura au moins 30^m d'élévation au-dessus du sol et recevra les vapeurs produites pendant les opérations.

Les magasins contenant les bois nécessaires à la distillation, seront relégués dans un endroit complètement isolé de l'usine.

Ne pas laisser écouler sur la voie publique les produits liquides empyreumatiques. Le recueillir ou les faire arriver à l'aqueduc voisin par un conduit souterrain.

Acide pyroligneux (Fabrication d') lorsque les produits gazeux sont brûlés.

2e classe. — 14 janvier 1815.
3e clas 31 décembre 1866.

Inconvénients. — Fumée et odeur.

Outre les prescriptions indiquées à l'article précédent, l'industriel sera tenu de retenir les gaz provenant de la distillation des bois, pour les envoyer ensuite dans un état de division sous la grille de foyers ardents où ils seront brûlés avant d'être dirigés dans la cheminée principale de l'usine, qui sera suffisamment élevée au-dessus du sol.

Acide piroligneux (Purification de l').

2e classe. — Décret du 31 décembre 1866.

Inconvénients. — Odeur.

Le moyen employé actuellement est de torréfier le sel impur (acétate de soude mélangé de goudron) afin de transformer le goudron en produits volatils qui se dégagent et en charbon. Le moyen de produire peu d'odeurs est de purifier le sel le plus possible des eaux-mères goudronneuses qui l'imprégnent. Néanmoins, pour éviter les odeurs qui peuvent encore se produire, on prescrit :

1° De recouvrir d'un chapiteau la chaudière dans laquelle se fait la torréfaction de l'acétate de soude brut, permettant de diriger les gaz et les vapeurs sous un foyer tenu en ignition ;

2° De ne former aucun dépôt de matières goudronneuses dans l'atelier afin d'éviter les infiltrations dans le sol ;

3° De recevoir les matières dans des citernes étanches ;

4° D'assurer un libre écoulement aux eaux ayant servi à refroidir les condensateurs, au moyen d'un conduit allant jusqu'à l'égoût de la rue ou la rivière ;

5° Éloigner les magasins de bois des ateliers renfermant les fourneaux de calcination.

Acide stéarique (Fabrication de l') par saponification.

2e classe. — Décret du 31 décembre 1866.

Inconvénients. — Odeur et danger d'incendie.

Dans ce genre de fabrication, les opérations qui présentent le plus d'inconvénients, au point de vue de la salubrité, sont la saponification par la chaux et la décomposition du stéarate de chaux par l'acide sulfurique. Les manipulations se faisant dans des cuves ouvertes, donnent lieu à des dégagements de vapeurs incommodes. Aussi en attendant l'adoption générale d'un nouveau procédé dans lequel la saponification se fait dans des appareils fermés au moyen de la vapeur, il nous paraît utile de maintenir intégralement les conditions à exiger des industriels :

1° Couvrir les cuves à saponification pendant la formation et la décomposition du savon calcaire ;

2° Donner à la cheminée une élévation de 25 à 30 mètres suivant que la fabrique est plus ou moins éloignée des habitations ;

3° Recevoir les eaux industrielles dans des citernes parfaitement cimentées et étanches dont les parois seront au besoin recouvertes d'une couche de goudron ;

4° Ces eaux ne devront séjourner que quelques jours dans la citerne et seront exportées au dehors après neutralisation par la chaux.

Acide stéarique (Fabrication de l') par distillation.

1re classe. — Décret du 31 décembre 1866.

Inconvénients. — Odeur et danger d'incendie.

La distillation des matières grasses pour en obtenir de l'acide stéarique, est également une cause d'inconvénients graves non-seulement pour le voisinage, mais aussi pour les ouvriers qui conduisent les opérations.

Aux conditions exigées pour la saponification du suif, il sera utile d'ajouter les suivantes :

1° Opérer la distillation des matières grasses dans des ateliers isolés, construits en dur et couverts en fer ;

2° Diriger les gaz et les vapeurs résultant de la distillation sous le foyer du fourneau avant qu'ils ne s'échappent par la cheminée ;

3° Les foyers et cendriers des chaudières seront placés au dehors de l'atelier de fabrication afin d'éloigner les dangers d'incendie.

Acide sulfurique (Fabrication de l') par combustion du soufre et des pyrites.

1re classe. — 14 janvier 1815, 26 décembre 1866.

Inconvénients. — Emanations nuisibles.

Les gaz qui s'échappent quelquefois de ces usines nuisent à la végétation dans un rayon de cent à deux cents mètres et plus. Les arbres sont comme grillés par l'acide sulfureux et les gaz nitreux chassés par un vent prolongé.

Ces inconvénients étaient plus considérables avant l'usage des chambres à courant continu.

On se demandera quel peut être, sur l'organisation humaine, l'effet d'une atmosphère aussi délétère ?

Les résultats n'étant point immédiats, ne peuvent être rigoureusement appréciés.

On ne doit dégager dans l'atmosphère aucun gaz acide sulfureux, nitreux, à moins de 40 mètres de hauteur.

Au sortir des chambres, les gaz, pour se rendre à la cheminée peuvent utilement traverser un long chenal horizontal chargé de matières calcaires humides.

Depuis un certain nombre d'années, M. Kuhlmann opérait dans ses usines la décomposition des vapeurs au moyen du carbonate de baryte naturel mis dans un laveur qu'elles devaient traverser avant de se rendre à la cheminée. Le laveur était, à cet effet, muni intérieurement d'un agitateur à auges qui entretenait dans toute la capacité une pluie permanente d'eau chargée du réactif qui donne lieu à la fabrication du nitrate de baryte.

Acide sulfurique (Fabrication de l') de Nordhausen par la décomposition du sulfate de fer.

3e classe. — 31 décembre 1866.
1re classe. — 26 février 1881.

Inconvénients. — Émanations nuisibles.

En Allemagne on retire cet acide du sulfate de fer par distillation. Les pyrites de fer qui doivent servir à la fabrication sont privées d'abord de leur alumine en les faisant séjourner dans l'eau, puis calcinées pour fournir du soufre et ensuite exposées à l'air et à l'humidité.

Il se forme du sulfate de fer qu'on extrait par lixiviation et cristallisation. Les eaux-mères contenant encore beaucoup de sulfate de fer sesquioxydé, on les concentre afin de les priver complètement de leur eau par la chaleur. Puis on procède à la distillation, l'acide sulfurique formé par la décomposition du sulfate de fer se rend dans des récipients, mélangé avec une certaine quantité d'acide sulfureux qu'on laisse dégager.

Le résidu de l'opération est de l'oxyde rouge de fer ou du sous-sulfate.

Ce procédé qui a été importé en France, il y a déjà plusieurs années, exige les mêmes précautions que le précédent c'est-à-dire la construction d'une cheminée haute de 35 à 40 mètre pour disséminer au loin dans l'atmosphère les vapeurs sulfureuses.

Acide urique (Voir **Murexide**).

Acier (Fabrication de l').

2e classe. — 14 janvier 1815.
3e classe. — Décret du 26 décembre 1866.

Inconvénients. — Fumée. Pour les ouvriers : action nuisible, de brusques alternatives de température, respiration de vapeur et de poussières irritantes.

PRESCRIPTIONE : 1° Pour éviter le feu, isoler l'atelier, sans étage au-dessus, construire des fours en briques ; les couvrir de hottes destinées à recueillir et porter la fumée au dehors ; élever la cheminée à 2 mètres au-dessus du toit, sans qu'elle soit en contact avec la charpente et les murs mitoyens ;

2° Pour éviter l'effet nuisible des vapeurs résultant de la réaction de l'acide azotique sur les métaux que l'on travaille, donner aux ateliers certaines dimensions et y établir une bonne ventilation ;

3° Pour combattre l'accumulation sur la peau des ouvriers, des poussières métalliques et entretenir les fonctions perspiratoires, ordonner les lavages après le travail et des bains une fois par semaine en été.

Affinage de l'or et de l'argent par les acides.

1re classe. { 9 février 1825. Décret du 31 décembre 1866.

Inconvénients. — Émanations nuisibles.

Cette industrie consiste à séparer l'or et l'argent d'avec le cuivre auxquels ils sont alliés ; dans le traitement de ces métaux par l'acide sulfurique, il se dégage toujours une grande quantité de gaz sulfureux qui nuit à la santé des ouvriers et des voisins, non moins qu'à la végétation et provoque souvent des plaintes légitimes et fondées.

PRESCRIPTIONS : *Quand les gaz dégagés pendant l'opération sont versés dans l'atmosphère.*

1° On préviendra en partie ces inconvénients en surmontant par une cheminée d'aérage l'atelier de dissolution où se dégage l'acide sulfureux, en recouvrant les chaudières de l'atelier où l'on dessèche l'argent, ainsi que celles où l'on concentre le sulfate de cuivre, d'une hotte en bois communiquant au dehors par des tuyaux de cinq mètres de hauteur au-dessus des toits les plus élevés dans un rayon de cent mètres ;

2° Les machines employées pour le broyage des pots et l'extraction des grenailles métalliques, seront construites et établies de façon à ne produire aucun bruit incommode pour le voisinage.

Quand les gaz dégagés pendant l'operation sont condensés.

1° La dissolution des alliages métalliques sera opérée dans des chaudières closes ;

2° Les vapeurs acides seront condensées ou décomposées. Les gaz qui se dégageront accidentellement seront entraînés dans une cheminée d'appel destinée à ventiler les atelier et ayant une hauteur de 25 à 40 mètres au-dessus du sol.

Affinage des métaux au fourneau (voir **Grillage des minerais**.

Albumine (Fabrication de l') au moyen du serum frais du sang.

3° classe. — Décret du 31 décembre 1866.

Inconvénients. — Odeur.

L'industrie dont il s'agit consiste à séparer d'abord le sérum du coagulum sanguin pour en extraire ensuite l'albumine que l'on emploie en industrie pour l'impression des étoffes.

La première opération se fait généralement à l'abattoir ; la seconde a lieu dans une étuve chauffée de 30 à 40 degrés centig. Là, le sérum est reçu dans des assins de zinc.

Quand la dessiccation est complète, on détache au moyen de grattoirs, l'albumine sèche qui se présente alors sous forme d'écailles.

PRESCRIPTIONS : 1° La séparation de l'albumine du sang se fera toujours à l'abattoir ou dans des tueries particulières ;

2° Le sérum sera transporté à l'usine dans des bidons hermétiquement fermés, et le caillot dans des tonneaux également fermés à charnière. Ces deux produits seront immédiatement travaillés afin d'éviter leur altération ;

3° L'étuve dans laquelle se fera le collage et la dessiccation en écailles de l'albumine, sera parfaitement close et séparée par conséquent des autres ateliers ;

4° Toutes les autres opérations devront également avoir lieu dans des ateliers fermés ;

5° Les bidons et tonneaux ayant servi au transport du sérum et du caillot seront rincés et passés à un lait de chaux vive avant d'être renvoyés à l'abattoir ;

6° Aucune eau ne pourra s'écouler sur la voie publique ou dans le canal si elle n'est parfaitement claire, pure et alcaline.

Alcali volatil.

3° classe. { 14 janvier 1815, 31 décembre 1866.

(Voir **Ammoniaque**).

Alcools autres que du vin, sans travail de rectification.

3° classe. — Décret du 31 décembre 1866.

Inconvénients. — Altération des eaux.

Les établissements où l'on fabrique l'alcool ont des inconvénients sérieux, soit sous le rapport des odeurs qu'ils répandent, soit sous le rapport de l'écoulement des résidus industriels dans les cours d'eau.

Les conditions que l'on impose à ces usines diffèrent suivant les matières sur lesquelles on opère.

PRESCRIPTIONS : *Pour les distilleries de grains.*

1° L'établissement sera pavé en pierres dures, rejointoyées à la chaux hydraulique ;

2° Le magasin à alcool sera voûté et séparé des autres parties de l'usine par des murs pleins en briques ;

3° L'atelier de distillation sera séparé par un mur de la chambre à recevoir l'alcool ; toutes les pièces de bois seront recouvertes d'une épaisse couche de mortier, la porte sera elle-même recouverte d'une feuille de tôle. Des tuyaux d'appel seront placés à la partie supérieure des ateliers, afin de faciliter la circulation de l'air chargé de vapeurs alcooliques ;

4° L'éclairage de l'atelier de distillation et de la chambre à recevoir l'alcool, aura lieu au moyen de lampes placées au dehors et séparées de l'intérieur par des châssis dormants. On ne pourra pénétrer dans ces locaux, ainsi que dans les magasins à alcool, quand un moyen d'éclairage artificiel sera nécessaire, qu'avec des lampes de sûreté ;

5° Un tuyau de vapeur, partant des générateurs et présentant un robinet placé à l'extérieur, sera introduit dans l'atelier de distillation pour, le cas échéant, éteindre le feu par l'expansion de la vapeur ;

6° Les portes des foyers seront placées au-dehors de la distillerie ;

7° Les drèches seront conservées dans des citernes, et on prendra toutes les précautions nécessaires pour que jamais leur décomposition, si elle avait lieu accidentellement, ne puisse être une cause d'insalubrité préjudiciable aux habitants. On ne descendra jamais dans les cuves à fermentation pour les nettoyer sans s'être assuré préalablement, au moyen d'une lampe allumée, que l'air qui y est contenu est respirable ;

8° Les eaux s'écouleront de manière à ne pas incommoder le voisinage.

Pour les distilleries d'alcool de betteraves.

Suivant que les vinasses sont employées entièrement à la nourriture des bestiaux, ou bien sont répandues sur les terres pour servir d'engrais, on prescrira les précautions suivantes :

1° Au sortir du lavoir des betteraves, les eaux limoneuses seront reçues dans un vaste bassin en maçonnerie ; à l'aval de ce bassin on placera à demeure fixe, dans l'aqueduc à ciel ouvert, deux grilles en fer en contact immédiat avec le radier et les parois, les barreaux de la première grille seront verticaux et espacés de 1 cent. Ceux de la deuxième seront éloignés l'un de l'autre de 0,003 millim. seulement. Cet aqueduc conduira les eaux dans un bassin en maçonnerie d'au moins 50 mètres cubes de capacité dont le mur d'aval sera surmonté d'un déversoir de superficie parfaitement horizontal ; à 0,10 centimètres en amont de ce mur et sur toute sa longueur, on placera de champ un madrier de chêne large de 0,20 centimètres, et plongeant dans l'eau de 0,10 centimètres, afin d'arrêter au passage toutes les substances plus légères que l'eau. Ce bassin sera curé fréquemment, et pour faciliter ce travail, un second bassin semblable au premier lui sera juxtaposé ;

2° Le sol de tous les ateliers sera pavé en larges dalles rejointoyées au ciment hydraulique avec pente convenable vers un ruisseau destiné à conduire au dehors les eaux de lavage ;

3° L'éclairage de l'atelier de distillation se fera en dehors et les lampes seront séparées de l'intérieur par des châssis dormants ;

4° Un tuyau de vapeur muni d'un robinet dont la clef fixe sera manœuvrée de l'extérieur, débouchera dans l'atelier de distillation afin de pouvoir arrêter les incendies à leur début ;

5° Au niveau du sol de la cuverie, on établira, dans les murs latéraux, des carneaux destinés à assurer le libre écoulement de l'acide carbonique ;

6° Le magasin à alcool sera séparé de la distillerie, construit en maçonnerie et voûté ; on n'y pénétrera jamais avec de la lumière ;

7° Pendant les travaux de la fabrication, les bassins de dépôt consacrés aux eaux de lavage des betteraves, seront curés fréquemment afin d'éviter les fermentations ;

8° La principale cheminée de l'usine sera construite en maçonnerie et aura une hauteur de 35 mètres au moins au-dessus du niveau du sol ;

9° Si les vinasses doivent servir à la nourriture du bétail, elles seront exportées dans des tonneaux parfaitement fermés ; dans le cas contraire elles se rendront dans un bassin pour être ensuite répandues sur les terres arables comme engrais ;

10° Les eaux de réfrigération et de condensation pourront seules s'écouler dans les cours d'eau sans se mélanger aux eaux de lavage des betteraves ;

11° Les eaux de lavage des ateliers, les égouttures des sacs à pulpe seront déversées avec les vinasses sur les champs de l'usine ;

12° Sous quelque prétexte que ce soit, les vinasses, en aussi petite quantité que ce soit ne pourront s'écouler dans les cours d'eau ou fossés ;

13° L'usage des puits perdus pour l'absortion des liquides industriels est formellement interdit ;

14° A la fin de chaque campagne de fabrication, les terres entourant les bâtiments de la distillerie qui auront été en contact avec des résidus organiques altérables seront irriguées avec un lait de chaux très chargé, afin d'annihiler l'action des ferments putrides.

Pour les distilleries de mélasse.

Ces distilleries donnant lieu aux mêmes inconvénients que les précédentes; il peut y paré de la même manière; toutefois, les résidus liquides sont plus susceptibles de putréfaction, il faut dans ce cas plus de sévérité sur les moyens et les lieux d'écoulement.

Il est bien entendu que l'évaporation des vinasses et tout ce qui se rapporte à la fabrication de la potasse doit être banni de ces usines si elles ne sont point pourvues de l'autorisation nécessaire.

Les citernes à mélasse doivent être pourvues de moyen d'aération, afin d'éviter les explosions qui se sont produites lorsqu'on y pénétrait avec une lumière.

Alcools (Distillerie agricole).

3ᵉ classe. — Décret du 31 décembre 1866.

Inconvénients. — Altération des eaux.

Dans les distilleries peu importantes, du reste, on obtient l'alcool par la distillation des grains d'espèces diverses (grains avariés, maïs, etc.). Les résidus ou drèches seront employés exclusivement à l'alimentation du bétail; il ne pourra s'en écouler la moindre partie au dehors; toutes les précautions indiquées pour les distilleries de grains en général devront être observées par les propriétaires de ces usines.

Alcool (Rectification de l').

2ᵉ classe. — Décret du 31 décembre 1866.

Inconvénients. — Danger d'incendie.

Cette industrie a pour objet d'extraire des phlegmes ou alcools mauvais goût, l'alcool bon goût propre à la consommation et à la fabrication des liqueurs. Les résidus s'emploient dans les arts et dans certaines branches d'industrie (fabrication du gaz portatif, etc.).

Les prescriptions sont les mêmes que pour la fabrication des alcools en général; ici surtout il faudra avoir soin de placer l'ouverture des foyers au dehors de la chambre à rectifier.

Agglomérés ou briquettes de houille (Fabrication des) au brai gras.

2º classe. — Décret du 31 décembre 1866.

Inconvénients. — Odeur, danger d'incendie.

L'industrie dont il s'agit, présente l'inconvénient de donner lieu à des odeurs bitumineuses qui se répandent dans le voisinage, mais qui n'offrent aucun danger pour la santé publique.

Pour éviter la déperdition des goudrons par absorption, on les renfermera dans des vases en métal fermés ou dans des citernes parfaitement étanches.

Pour le moulage des briquettes, les battes ou machines bruyantes doivent être proscrites quand l'atelier n'est pas isolé des habitations.

Quant aux dangers d'incendie, ils peuvent être facilement conjurés, soit en construisant en métal la partie de la toiture placée immédiatement au-dessus des appareils où se chauffe le bitume, soit en rendant ininflammables les parties de charpente en bois qui seraient à proximité de ces appareils au moyen d'enduits incombustibles, tels que l'argile délayée dans une dissolution de silicate de potasse.

Agglomérés ou briquettes de houille (Fabrication des) au brai sec.

3e classe. — Décret du 31 décembre 1866.

Inconvénients: — Odeur.

Le brai sec est celui qui ne contient pas de corps gras et n'est, par conséquent, pas inflammable comme le brai gras. Son odeur est très supportable, c'est ce qui l'a fait ranger dans la 3e classe.

Aldéhyde (Fabrication de l').

1re classe. — Décret du 31 décembre 1866.

Inconvénients. — Danger d'incendie.

Cette fabrication donnant lieu à des dangers très grands d'incendie les établissements où elle se pratique doivent être complètement isolés et construits en matériaux incombustibles.

L'industriel devra être abondamment pourvu d'eau pour pouvoir arrêter un commencement d'incendie.

Allumettes chimiques (Dépôts d').

1° En quantité au-dessus de 25^m cubes, 2e classe ;
2° De 5 à 25^m cubes. . . . . 3e classe.

Décret du 7 mai 1878.

Inconvénients. — Odeur, danger d'incendie.

PRESCRIPTIONS : Quelle que soit la quantité d'allumettes à emmagasiner les prescriptions seront les mêmes, on construira le magasin en matériaux incombustibles ou au moins on revêtira de plâtre toutes les pièces de bois apparentes.

On isolera le magasin de tout autre bâtiment ;

On aura toujours dans le magasin un dépôt de sable et un réservoir plein d'eau pour éteindre un incendie ;

On ne pénétrera ni pendant le jour ni pendant la nuit dans le magasin avec de la lumière.

Alun (Fabrique d'). (Voir **Sulfate de potasse et d'alumine**).

3ᵉ classe. — 14 janvier 1815, 26 décembre 1866.

Inconvénients. — Odeurs.

Amidonneries par fermentation.

1ʳᵉ classe. { 14 janvier 1815. Décret du 31 décembre 1866.

Inconvénients. — Odeur, émanations nuisibles et altération des eaux.

L'extraction de l'amidon des céréales par la décomposition putride du gluten qui y est contenu et par des lavages répétés produit des eaux infectes dont l'écoulement a les plus graves inconvénients.

Prescriptions : Paver l'atelier et les cours en pierres dures rejointoyées à la chaux hydraulique, avec pente convenable, de manière à prévenir toute infiltration des eaux dans le sol et à les conduire dans un aqueduc souterrain jusqu'aux égoûts ou aux cours d'eau voisins.

Ne laisser séjourner dans les usines les eaux dites sures, que le temps nécessaire pour mettre de nouvelles cuves en fermentation immédiate.

Établir au-dessus de chaque cuve à fermentation une cheminée d'aérage ayant une section de 60° et s'élevant à deux mètres au moins au dessus du faîte des bâtiments voisins.

Recevoir, quand cela pourra se faire, les eaux sures dans les citernes des étables, afin d'anéantir les odeurs par les réactions chimiques qui s'y produisent.

Avant de laisser écouler dans les fossés ou cours d'eau les eaux de lavage, les recevoir dans un bassin en bonne maçonnerie de capacité suffisante et d'un mètre de profondeur, contenant de la chaux vive à raison d'un kilog. par hectolitre de liquide. — Ces eaux le traverseront de bas en haut et en sortiront par un déversoir d'un mètre de large et dont l'arête horizontale en pierre dure sera placée à dix centimètres en contre-bas de la crête des berges du bassin.

Interdire l'engraissement des porcs sans une autorisation spéciale.

Amidonneries par séparation du gluten et sans fermentation.

2º classe. { Arrêté du Président de la République du 6 mai 1849. Décret du 31 décembre 1866.

Inconvénients. — Altération des eaux.

La fabrication de l'amidon par la séparation du gluten permet de recueillir ce produit que l'on emploie aujourd'hui pour la confection des pâtes alimentaires. Cette manière d'opérer est exempte des inconvénients de l'ancien procédé. — Aussi est-elle rangée dans la deuxième classe.

Mais il peut encore se produire un peu d'odeur provenant du sulfate d'ammoniaque, si les eaux rejetées au dehors ne sont pas suffisamment débarrassées des matières organiques qui s'y mélangent pendant l'opération, ou bien si les eaux s'écoulent sur un sol contenant du sulfate de chaux. Il suffira, pour prévenir cet inconvénient, de recevoir les eaux de lavage avant leur écoulement dans un fossé de dérivation, dans un bassin d'une capacité suffisante et d'un mètre de profondeur, où elles seront mélangées avec un kilogramme de chaux vive par chaque hectolitre.

Ammoniaque (Fabrication en grand de l') par la décomposition des sels ammoniaux.

3e classe. — Décret du 31 décembre 1866.

Inconvénients. — Odeur.

A l'instant où la chaux est mise en contact avec le chlorydrate ou le sulfate d'ammoniaque, il y a dégagement d'une odeur forte et irritante. — Ou bien c'est par des fuites que ce dégagement a lieu quand les appareils sont mal clos. Dans l'appareil Mallet, il y a également dégagement de vapeur d'eau fortement ammonicale.

Pour prévenir ces inconvénients, il faut bien disposer les appareils, porter les gaz au dehors au-dessus des toits et à quinze mètres au moins du sol au moyen d'une ventilation bien établie, et ne jamais se servir de vases en verre ou en grés susceptibles de se rompre

Amorces fulminantes (Fabrication des).

1re classe. { 25 juin 1863, 30 octobre 1872.
                  { Décret du 31 décembre 1866.

Inconvénients. — Danger d'explosion.

Les fabriques d'amorces présentent des dangers pour le

voisinage et des causes d'insalubrité ; aussi les prescriptions à imposer à ces établissements doivent-elles être ponctuellement exécutées.

Isolement absolu. Les ateliers, magasins, séchoirs ne doivent être surmontés d'aucun étage propre à habitation. Tous ces locaux seront construits en matériaux incombustibles.

Les séchoirs, dont les étages doivent être en fer, seront chauffés à la vapeur. En tout état de choses, l'ouverture des foyers doit être placée en dehors des ateliers.

Les déchets de fabrication ne doivent jamais être projetés sur la voie publique, mais brûlés ou enfouis.

Défense absolue de pénétrer dans lesdits ateliers avec une lumière artificielle ou d'y fumer pendant le travail ou les heures de repos.

Amorces fulminantes pour pistolets d'enfants (Fabrication des).

2º classe. — Décret du 31 décembre 1872.

Inconvenients. — Dangers d'explosion.

Isolement absolu. Les ateliers, magasins, séchoirs ne doivent être surmontés d'aucun étage propre à habitation. Tous ces locaux doivent être construits en matériaux incombustibles.

Les séchoirs, dont les étages doivent être en fer, seront chauffés à la vapeur. En tout état de choses, l'ouverture des foyers doit être placée au dehors.

Les déchets de fabrication ne doivent jamais être jetés sur la voie publique, mais bien être enfouis.

Défense de pénétrer dans les ateliers avec une lumière artificielle, ou d'y fumer pendant le travail ou les heures de repos.

Aniline (Voir **Nitro-benzine** à la nomenclature).

Annexée au Décret du 31 décembre 1866.

Appareils à vapeur.

Décret du 30 avril 1880.

Lille, le 20 octobre 1880.

Messieurs, j'ai l'honneur de vous adresser ci-après copie du décret en date du 30 avril 1880 portant règlement d'administration publique sur l'emploi de la vapeur dans les appareils fonctionnant à terre, du rapport soumis au Président de la République, et de la circulaire de M. le Ministre des travaux publics du 21 juillet suivant sur la manière dont la nouvelle réglementation doit être appliquée.

D'après une décision de M. le Ministre des finances, la déclaration est présentée sur papier libre et l'acte de déclaration, ou récépissé délivré par le Préfet, est rédigé sur papier timbré.

Les déclarants devront indiquer leur demeure rue... N°... N°..., faire connaître la situation de l'établissement rue... N°..., dans lequel l'appareil à vapeur doit être installé, et fournir très exactement les renseignements suivants :

1° Nature de l'appareil (chaudière, récipient, etc.) ;
2° Nom et domicile du vendeur de l'appareil ou origine de celui-ci ;
3° Forme de l'appareil ;
4° Capacité ;
5° Surface de chauffe ;
6° Numéro du timbre réglementaire de l'appareil (en kilog.) ;
7° Numéro distinctif de l'appareil ou numéro d'ordre ;
8° Genre d'industrie et usage de l'appareil.

Ils devront en outre joindre à leur déclaration la somme de 0,60 c., en un mandat de poste, pour le prix du timbre de l'acte de déclaration ou récépissé.

Je vous prie, Messieurs, de vouloir bien donner la plus grande publicité possible au décret du 30 avril 1880 qui abroge celui du 25 janvier 1865, ainsi qu'aux instructions contenues dans la circulaire ministérielle précitée, et en assurer l'exécution, chacun en ce qui vous concerne.

Agréez, Messieurs, l'assurance de ma considération la plus distinguée.

Pour le Préfet du Nord:
Le Secrétaire-Général délégué,
BOUFFET.

MINISTÈRE DES TRAVAUX PUBLICS.

Paris, le 24 juillet 1880.

MONSIEUR LE PRÉFET, j'ai l'honneur de vous adresser une ampliation d'un décret, en date du 30 avril 1880, portant règlement d'administration publique sur l'emploi de la vapeur dans les appareils fonctionnant à terre, et du rapport que j'ai adressé au Président de la République lorsque j'ai soumis ce décret à sa signature. En vous référant à ce rapport, vous apprécierez immédiatement les différences qui existent entre le nouveau règlement et celui qu'il remplace, tant pour l'ensemble que pour les détails. Je me bornerai à revenir ici sur les différences les plus saillantes, en insistant plus spécialement sur la manière dont la nouvelle réglementation doit être appliquée.

L'épreuve d'une chaudière neuve continuera à se faire comme par le passé. Toutefois, le nouveau décret prescrit le renouvellement de l'épreuve, non seulement dans certaines circonstances précisées par le paragraphe 1er de l'article 3, mais encore, d'une façon générale, lorsque l'ingénieur des mines est fondé à suspecter la solidité de la chaudière.

Il n'est pas possible de définir d'une manière générale la réparation qui doit être suivie d'une épreuve ; les ingénieurs devront apprécier chaque cas particulier. En cas de contestation, il sera statué conformément au paragraphe 7 de l'article 3.

Un chômage prolongé n'est pas non plus susceptible d'une définition rigoureuse ; il faut avoir égard aux circonstances dans lesquelles ce chômage a eu lieu. Il arrive souvent que les chaudières se détériorent autant, et parfois plus, en chômage qu'en activité, car l'humidité à laquelle elles sont le plus souvent exposées est une cause énergique de corrosion.

Malgré le droit et le devoir de l'Administration de recourir au renouvellement de l'épreuve pour vérifier l'état des chaudières, on ne saurait user de ce moyen sans motifs sérieux. D'autre part, il ne suffit pas pour donner toute garantie : rien ne peut suppléer aux visites complètes qui consistent dans l'examen minutieux, à l'extérieur et à l'intérieur des tôles, de leurs assemblages, en un mot de toutes les parties de l'appareil. Une chaudière qui travaille est nécessairement soumise à toute une série de détériorations, telles que oxydation extérieure et intérieure des tôles, cassure des tôles ou des rivures, soufflures, incrustations, etc. Tous ces défauts doivent être recherchés avec soin et réparés dès qu'ils deviennent importants. Déjà lors de la préparation du décret de 1865, la Commission centrale des machines à vapeur se préoccupait de ces visites, qui seules permettent de constater les progrès de l'usure inévitable à laquelle est condamné tout générateur, même établi et employé dans les meilleures conditions. A cette époque, on avait hésité à inscrire dans un règlement une mention, qui restait une recommandation pure et simple, du moment où les visites ne pouvaient être confiées au personnel technique de la surveillance administrative qui sera toujours numériquement insuffisant pour y procéder. Des circonstances nouvelles permettent d'entrer dans cette voie : Depuis plusieurs années, des associations de propriétaires d'appareils à vapeur se sont formées sur divers points du territoire pour se procurer une surveillance efficace au point de vue de la sécurité et de l'économie ; il convient d'encourager cette tendance salutaire et d'appeler dans une certaine mesure les institutions de ce genre à prêter leur concours à l'Administration. Dès maintenant, il y a lieu de prendre acte du nouvel état de choses, et d'en constater l'existence sous la forme d'une obligation de visites faites à la diligence des industriels, ainsi que d'une dispense d'épreuve toutes les fois que les résultats de cette inspection complète constitueront une présomption du bon état du générateur. Aussi, l'article 36 en fait-il, non pas une simple recommandation, mais bien une obligation, et l'article 3 autorise à ne pas procéder au renouvellement de l'épreuve lorsque les résultats d'une pareille visite établiront d'une manière positive que l'appareil est en bon état. Les ingénieurs des mines doivent porter une attention particulière sur ce point et faire en sorte que la pratique de ces visites soit partout fidèlement suivie. Ils devront se renseigner sur les visites effectuées et se faire représenter les certificats qui auront dû être délivrés à la suite de chacune d'elles. Si ces visites ne sont pas faites assez fréquemment, ou si l'ingénieur a des motifs de croire qu'elles ne sont pas faites sérieusement et utilement, en un mot, si l'appareil ne paraît pas être soumis, par celui qui en fait usage, à une surveillance suffisante, l'ingénieur devra, si les conditions dans lesquelles fonctionne la chaudière laissent des doutes sur son bon état, user des pouvoirs que donne l'article 3 et provoquer sans hésitation le renouvellement de l'épreuve.

Dans le cas où, par suite de contestation de la part de l'intéressé, la question serait portée devant vous, vous pourrez au besoin me transmettre d'urgence le dossier de l'affaire, afin que je le communique à la Commission centrale des machines à vapeur.

Lorsqu'une association de propriétaires voudra faire profiter ses membres, dans votre département, des facilités prévues par le décret, elle devra vous en faire la demande ; vous consulterez les ingénieurs des mines et vous me transmettrez cette demande avec le rapport de ces fonctionnaires et votre avis personnel. Après avoir pris l'avis de la Commission centrale des machines à vapeur, je vous ferai connaître la suite dont cette affaire me paraît susceptible et les relations qui pourront s'établir, en conséquence, entre ces associations et l'Administration.

En principe, et sous réserve des cas spéciaux qui pourraient se présenter, il me paraît que le rôle principal, vis-à-vis de l'Administration, des associations qui seront agréées par elle, devra être de faire la preuve, par leurs certificats, que les visites intérieures et extérieures prescrites par l'article 35 sont bien et dûment faites, et, par suite, de conférer, le cas échéant, aux appareils ainsi surveillés, la dispense du renouvellement d'épreuve stipulée par l'article 3.

Les mêmes considérations s'appliquent à la mise à exécution immédiate de la règle prescrivant l'épreuve décennale. Un très grand nombre de chaudières doivent, dès aujourd'hui, être éprouvées de nouveau ; comme il n'est pas possible de tout entreprendre à la fois, il est juste de commencer par celles dont la dernière épreuve est la plus ancienne, mais il est en même temps prudent et non moins juste d'éprouver toutes les chaudières non visitées, avant celles munies de bons certificats de visites récentes, quand même la date de la dernière épreuve de celles-ci est antérieure à celle des autres.

Il va de soi que la surveillance officieuse ainsi exercée ne dispense nullement les ingénieurs des mines d'exercer la surveillance officielle. Il convient d'ailleurs qu'ils se rendent compte par eux-mêmes de la façon dont fonctionnent ces associations, et sachent le degré de confiance que mérite leur intervention.

Dans les régions où se trouveraient des associations présentant toute garantie, l'attention des ingénieurs devra naturellement se porter de préférence sur les appareils non surveillés officieusement.

Pour faciliter les rapports qui doivent s'établir entre les associations et les ingénieurs des mines, j'ai l'intention de demader à celles qui réclameraient le bénéfice de l'article 8 du décret, d'adresser directement aux ingénieurs :

1° Chaque année, la liste générale des membres ;
2° Tous les mois, la liste des mutations ;
3° Tous les six mois, la liste des générateurs visités intérieurement et extérieurement, avec toute facilité pour les ingénieurs des mines de s'assurer de l'exactitude de ces documents, soit au siège des associations, soit auprès des industriels, qui devront, à toute demande des ingénieurs, représenter les procès-verbaux qui leur sont adressés à la suite de chaque visite.

Les visites d'appareils à vapeur existant en dehors des associations peuvent être faites par toute personne compétente, c'est-à-dire ayant les connaissances et l'expérience nécessaires

Toutes les fois que ces visites ne seront pas faites par les agents d'une association agréée par l'Administration, lorsque notamment elles seront faites par les propres agents des propriétaires les ingénieurs des mines devront se préoccuper de la valeur qui peut être attribuée aux certificats de visite.

S'il y a lieu, ils attireront sur ce point l'attention des intéressés et en tiendront tel compte qu'ils estimeront devoir le faire dans l'application, le cas échéant, des dispositions prévues par l'article 3.

Toute épreuve d'un appareil neuf ou tout renouvellement

d'épreuve doit, outre l'inscription sur des registres tenus au bureau de l'ingénieur des mines, être constatée par un procès-verbal délivré par l'ingénieur à l'intéressé.

L'épreuve et le renouvellement de l'épreuve étant les seules mesures dont puisse disposer l'Administration pour vérifier la solidité des appareils, il importe que cette opérasoit toujours faite avec la plus grande attention. Il faut s'assurer, non seulement que l'appareil reste étanche, mais encore, et, s'il y a lieu, par des mesures directes, qu'il ne subit aucune déformation permanente appréciable. Aussi, vous remarquerez que dans le paragraphe 3 de l'article 4 du décret veut que ce soit toujours sous la direction de l'ingénieur, et, partant, sous sa responsabilité, que l'opération ait lieu.

Si j'ai beaucoup insisté, Monsieur le Préfet, sur l'article 3, c'est qu'il contient tout un ensemble de prescriptions par lesquelles la nouvelle réglementation diffère notablement de l'ancienne et dont l'importance pratique ne saurait vous échapper.

J'appelle encore votre attention sur le second paragraphe de l'article 5. Cette disposition, depuis longtemps adoptée dans le département de la Seine, permet de retrouver facilement la date de l'épreuve. L'inscription de la date exigera généralement, à chaque nouvelle épreuve, le remplacement du timbre. Cependant, pour les chaudières éprouvées dans l'usine où elles sont employées, on pourra, au lieu de changer te timbre, frapper une empreinte du poinçon auprès de la date de la première épreuve, chaque marque correspondant à une épreuve distincte dont on retrouvera la date sur le registre des procès-verbaux.

La soupape de sûreté doit être considérée, non comme un appareil automatique limitant au degré voulu la tension de la vapeur, mais comme un appareil indiquant matériellement que cette tension a atteint le maximum qui ne doit pas être dépassé et qui le serait, la plupart du temps, si la soupape n'était pas déchargée ou soulevée de manière à offrir à la vapeur un écoulement suffisant.

L'omission volontaire du dernier paragraphe de l'article 6 du décret de 1865 (devenu l'article 7 du nouveau règlement) signifie qu'un seul manomètre ne peut servir à plusieurs chaudières et que chacune d'elles doit avoir le sien. De plus, on a introduit la prescription, empruntée à la circulaire du 7 décembre 1849, concernant l'ajutage au moyen duquel le manomètre étalon peut être appliqué à la chaudière.

Indépendamment des conditions de sûreté depuis longtemps exigées, chaque chaudière devra être protégée par des dispositions convenables contre les dangers que provoquerait la rupture, soit de la conduite d'amenée de l'eau (art. 8), soit de la conduite de prise de vapeur (art. 9).

J'ai pensé qu'il était inutile de reproduire l'article 7 du décret de 1865, exigeant un appareil d'alimentation ; cette mesure est implicitement contenue dans l'obligation d'entretenir un niveau minimum. La hauteur du plan d'eau au-dessus des carneaux est réduite de $0^m,10$ à $0^m,06$, mais il doit être entendu que c'est une hauteur minimum, c'est-à-dire que, l'ébullition arrêtée, doit toujours rester au moins 0^m06 d'eau au-dessus du niveau des carneaux.

Si l'article 8 du décret de 1865 n'est pas reproduit en entier à l'article 10 du décret de 1880, ce n'est pas que les deux derniers paragraphes de cet article 8 soient supprimés ; le second est, au contraire, généralisé et constitue l'article 35, et, sous cette forme, il comprend le premier.

A propos de l'article 11, je me bornerai à mentionner la nécessité où l'on se trouve, pour les chaudières verticales de grande hauteur, de remplacer le tube en verre, indicateur du niveau de l'eau, par un appareil disposé de façon à mettre ses indications à la portée de l'ouvrier qui doit le **consulter.**

La déclaration (art. 13) doit faire connaître, outre les renseignements fournis jusqu'ici, le numéro distinctif de la chaudière, si l'établissement en possède plusieurs. Il serait désirable que ce numéro fût inscrit sur la chaudière même, en caractères très apparents ; les ingénieurs des mines doivent insister auprès des industriels pour obtenir partout ce résultat.

Aussitôt qu'une déclaration vous parvient, si elle donne toutes les indications exigées par l'article 13, vous devez, après inscription sur un registre spécial tenu à la préfecture, en donner acte immédiatement au déclarant et transmettre la déclaration à l'ingénieur en chef des mines. L'acte de déclaration sera accompagné d'un exemplaire du décret du 30 avril 1880 ; il contiendra la mention de cette adjonction. D'après une décision de M. le Ministre des finances, la déclaration est présentée sur papier libre et l'acte de déclaration, ou récépissé délivré par le préfet, est rédigé sur papier timbré.

Le changement de propriétaire constitue une modification dans les conditions déclarées. Le nom du nouveau propriétaire doit être l'objet d'une déclaration spécifiant, d'ailleurs, qu'il n'est rien changé aux autres termes de celle qui a été fournie précédemment. Toute chaudière qui en remplace une autre, même identique, doit être l'objet d'une déclaration complète.

Les chaudières autoclaves chauffées à feu nu, employées dans certaines industries, doivent être considérées comme de véritables chaudières ou générateurs de vapeur. Suivant les espèces, elles peuvent, par l'application de l'article 35, être dispensées d'une partie des appareils de sûreté.

La règle employée jusqu'à présent pour le classement des chaudières ne correspond pas au degré de danger qu'elles présentent en cas d'explosion On a dû la remplacer par une autre, basée sur la quantité de chaleur dangereuse accumulée dans la chaudière ; c'est l'excédent de la chaleur totale sur celle qui serait contenue dans l'eau à 100°, excédent qui constitue pour ainsi dire la mesure du danger. Les limites entre les catégries ne sont plus les mêmes ; celles qui sont proposées donnent une plus grande latitude en élargissant le cadre moyen des catégories inférieures.

La quantité de chaleur dangereuse est égale à $V(t-100)$, en supposant la chaudière d'un volume V entièrement remplie d'eau : c'est un maximum qui ne sera jamais atteint ; comme il en est ainsi pour toutes les chaudières, les produits obtenus peuvent être considérés comme comparables, — t est la température de l'eau en degrés centigrades.

La température de la vapeur n'est pas connue directement, mais elle est donnée par sa relation avec la pression maximum indiquée par le timbre. Les travaux de Dulong et Arago, repris avec des procédés encore plus rigoureux par Regnault, ont fait connaître cette relation entre 0° et 230° où jusqu'à 27 atmosphères 534. Ces savants ont construit des formules représentant la relation entre la température et la pression, telle que leurs expériences l'ont fait connaître. Une table de Regnault donne la tension en atmosphères absolues pour chaque degré de température ; on s'en est servi pour former une table des températures correspondant aux pressions effectives pour chaque demi-kilogramme de 0 à 20 kilogrammes. C'est la table annexée au décret.

En ce qui concerne les chaudières de la première catégorie, deux modifications ont été apportées au règlement de 1865. Le mur spécial, qui doit séparer le local contenant la chaudière et les ateliers contigus, n'est plus exigé ; le mur de défense est obligatoire au contraire, alors même que l'axe du générateur ne rencontrera pas le mur de la maison voisine sous un certain angle, les fragments de la chaudière pouvant être lancés dans toutes les directions.

Les distances de 3 et 10 mètres, mentionnées dans les conditions d'emplacement des chaudières de la première catégorie, seront comptées à partir de la chaudière, quand même elle serait enveloppée d'un fourneau en maçonnerie. D'ailleurs, comme il n'est plus demandé de séparation entre le massif de la chaudière et le mur de défense, celui-ci pourra faire partie du massif du fourneau.

L'intervalle libre de 0^m30 qui doit exister entre le mur de défense et le mur de la maison voisine, n'est exigé que pour les parties de ce ce dernier qui sont hors du sol. Au-dessus du niveau du sol, l'intervalle restera rempli par le terrain naturel.

Enfin, suivant les espèces, il pourra être fait application de l'article 35.

L'article 19 explique que les chaudières, établies, dans les conditions du décret de 1865, antérieurement à 1880, ne seront pas soumises rétroactivement aux conditions nouvelles d'emplacement ; il en résultera que, dans le cas d'érection d'une construction voisine, prévu par l'article 20, les mesures prescrites par les articles 16, 17 et 18 ne seront pas exigées, si la chaudière satisfait aux conditions fixées par le décret du 25 janvier 1865, sans excepter celles qui se rapportaient au cas éventuel d'une pareille érection.

L'article 19 du décret de 1865 n'a pas été conservé. Aucune disposition n'est édictée au sujet de la production de la fumée ; les contestations auxqqelles elles pourraient donner lieu restent exclusivement dans le droit commun, sans que la responsabilité des auteurs en soit aucunement diminuée.

Les chaudières locomobiles (Titre III) et les chaudières des machines locomotives (Titre IV) continuent à être l'objet des prescriptions anciennement édictées ; elles sont, en outre, soumises aux règles ci-dessus concernant les renouvellements d'épreuves et les visites intérieures et extérieures.

Toutefois, la tolérance d'un seul tube indicateur du niveau n'a pas été maintenue pour les chaudières locomobiles.

L'article 24 du décret de 1865 a été supprimé en entier, le premier paragraphe ne recevant jamais d'application et le second étant inutile.

L'article 25, paragraphe 2, stipule que chaque locomobile doit toujours être accompagnée du titre prouvant qu'elle a été réglementairement déclaré.

Les récipients qui font l'objet du titre V comprennent, ainsi que l'explique le rapport au Président de la République, les cylindres sécheurs, chaudières à double fond et appareils divers, les machines locomotives sans foyer, et les autres réservoirs dans lesquels est emmagasinée de l'eau à haute température pour dégager de la vapeur ou de la chaleur. Les calorifères dans lesquels l'eau atteint une température supérieure à 100° sont compris dans ces derniers réservoirs. Les cylindres des machines à vapeur ainsi que leurs enveloppes de vapeur et les serpentins ne sont pas considérés comme récipients.

Afin de simplifier la rédaction, l'article 31, concernant la déclaration à produire pour les récipients, renvoie à l'article 13, qui fixe la forme de la déclaration pour les chaudières ; il est sous-entendu qu'il n'y aura pas de surface de chauffe à mentionner.

Dans les deux cas prévus par l'article 38, vous voudrez bien, Monsieur le Préfet, me transmettre sans retard les dossiers qui vous seront adressés par les ingénieurs pour que je les communique, suivant l'usage, à la Commission centrale des machines à vapeur.

Il me reste, Monsieur le Préfet, une dernière observation à vous présenter.

Vous aurez sans doute remarqué que, de l'ensemble du

décret, et plus spécialement de l'article 39, il résulte que la surveillance des appareils à vapeur doit être exclusivement confiée, en principe, au service des mines. Jusqu'ici, dans un certain nombre de départements où il n'y avait pas d'ingénieurs des mines en résidence fixe, cette surveillance faisait partie des attributions des ingénieurs des ponts et chaussées.

Aujourd'hui, avec la facilité des communications, qui permet aux agents de se déplacer aisément à d'assez grandes distances relatives, il est possible et il convient de donner à la surveillance plus d'unité en la confiant à un seul et même corps. Les ingénieurs en chef des mines seront donc désormais exclusivement chefs de service et, au reçu de la présente circulaire, les-ingénieurs en chef des ponts et chaussées qui étaient jusqu'ici chargés de ce service, devront en faire la remise à l'ingénieur en chef des mines de l'arrondissement minéralogique dans lequel se trouve compris leur département.

Dans quelques départements qui seraient trop éloignés des résidences des ingénieurs ordinaires des mines, les ingénieurs en chef des mines pourront, pour ce service spécial, avoir sous leurs ordres les ingénieurs ordinaires des ponts et chaussées, ainsi que cela a lieu dans le contrôle des chemins de fer. En atttendant que le service soit réorganisé partout dans cet ordre d'idées, les ingénieurs ordinaires des ponts et chaussées, présentement chargés des appareils à vapeur, continueront à s'en occuper provisoirement ; seulement ils ne pourront désormais recevoir ou réclamer des instructions que par l'intermédiaire de l'ingénieur en chef des mines dans l'arrondissement minéralogique duquel ils se trouvent.

Vous voudrez bien, d'ailleurs, s'il y a lieu pour votre département, vous mettre en relation avec ce chef de service, qui, après avoir pris connaissance de la façon dont le service fonctionne actuellement dans chacun des départements de son arrondissement minéralogique, vous soumettra ses propositions motivées pour le réorganiser dans le sens des observations précédentes ; vous me les transmettrez avec votre avis personnel.

Toutes les infractions au règlement peuvent devenir l'objet de poursuites judiciaires, soit par application de la loi du 21 juillet 1856, soit par application de l'article 471 du Code pénal. On a souvent négligé ce dernier moyen par ce motif qu'il n'entraîne qu'une amende légère ; il ne faut pas oublier cependant qu'il est toujours pénible d'avoir à répondre d'une contravention et que la récidive entraîne une peine très sérieuse.

Les contraventions qui donnent lieu à des accidents de personnes doivent être rigoureusement signalées à l'autorité judiciaire en réclamant l'application de l'article 20 de la loi du 21 juillet 1856. Il en est de même des imprudences ou des négligences qui ne constituent pas une contravention au règlement, mais qui, en cas d'accident, tombent sous l'application des articles 319 et 320 du Code pénal.

Tout en revenant sur quelques conditions abandonnées en 1865, le règlement laisse aux industriels une grande liberté : il importe donc qu'ils soient pénétrés de cette responsabilité qui résulte de cette situation. Il ne leur suffit pas d'éviter les contraventions, car ils demeurent responsables des accidents que peuvent causer leurs appareils, aussi bien par suite d'un mauvais état d'entretien et d'un mauvais emploi, que par suite des dispositions vicieuses qu'ils pourraient présenter dans leur établissement, quoique ces dispositions n'aient pas été visées explicitement par le décret.

Telles sont, Monsieur le Préfet, les observations qu'il m'a paru utile de vous transmettre au sujet de la nouvelle réglementation des appareils à vapeur ; je compte sur votre concours et sur le zèle des ingénieurs pour arriver, par une application exacte de ces mesures, à réduire le nombre des acidents. C'est le but de nos communs efforts.

Je vous prie, Monsieur le Préfet, de m'accuser réception de la présente circulaire, que j'adresse directement à MM. les ingénieurs des mines et à MM. les ingénieurs des ponts et chaussées.

Recevez, Monsieur le Préfet, l'assurance de ma considération la plus distinguée.

Le Ministre des Travaux publics,
H. VARROY.

DÉCRET.

Le Président de la République Française,

Sur le rapport du Ministre des travaux publics,

Vu le décret du 25 Janvier 1865, relatif aux chaudières à vapeur autres que celles qui sont placées sur des bateaux ;

Vu les avis de la Commission centrale des machines à vapeur ;

Le Conseil d'État entendu,

Décrète :

Art. 1er. Sont soumis aux formalités et aux mesures prescrites par le présent règlement : 1° les générateurs de vapeur, autres que ceux qui sont placés à bord des bateaux ; 2° les récipients définis ci-après (titre V).

TITRE PREMIER.

MESURE DE SURETÉ RELATIVES AUX CHAUDIÈRES PLACÉES A DEMEURE.

Art. 2. Aucune chaudière neuve ne peut être mise en service qu'après avoir subi l'épreuve réglementaire ci-après définie. Cette épreuve doit être faite chez le constructeur et sur sa demande.

Toute chaudière venant de l'étranger est éprouvée avant

sa mise en servvice, sur le point du territoire français désigné par le destinataire dans sa demande.

Art. 3. Le renouvellement de l'épreuve peut être exigé de celui qui fait usage d'une chaudière :

1° Lorsque la chaudière ayant déjà servi, est l'objet d'une nouvelle installation ;

2° Lorsqu'elle a subi une réparation notable ;

3° Lorsqu'elle est remise en service après un chômage prolongé ;

A cet effet, l'intéressé devra informer l'ingénieur des mines de ces diverses circonstances. En particulier, si l'épreuve de démolition du massif du fourneau ou l'enlèvement de l'enveloppe de la chaudière et un chômage plus ou moins prolongé, cette épreuve pourra ne point être exigée, lorsque des renseignements authentiques sur l'époque et les résultats de la dernière visite, intérieure et extérieure, constitueront une présomption suffisante en faveur du bon état de la chaudière. Pourront être notamment considérés comme renseignements probants les certificats délivrés aux membres des associations de propriétaires d'appareils à vapeur par celles de ces associations que le Ministre aura désignées.

Le renouvellement de l'épreuve est exigible également lorsque, à raison des conditions dans lesquelles une chaudière fonctionne, il y a lieu, par l'ingénieur des mines, d'en suspecter la solidité.

Dans tous les cas, lorsque celui qui fait usage d'une chaudière contestera la nécessité d'une nouvelle épreuve, il sera, après une instruction où celui-ci sera entendu, statué par le préfet.

En aucun cas, l'intervalle entre deux épreuves consécutives n'est supérieur à dix années. Avant l'expiration de ce délai, celui qui fait usage d'une chaudière à vapeur doit lui-même demander le renouvellement de l'épreuve:

Art. 4. L'épreuve consiste à soumettre la chaudière à une pression hydraulique supérieure à la pression effective qui ne doit point être dépassée dans le service. Cette pression d'épreuve sera maintenue pendant le temps nécessaire à l'examen de la chaudière, dont toutes les parties doivent pouvoir être visitées.

La surcharge d'épreuve par centimètre carré est égale à la pression effective, sans jamais être inférieure à un demi-kilogramme ni supérieure à 6 kilogrammes.

L'épreuve est faite sous la direction de l'ingénieur des mines et en sa présence, ou, en cas d'empêchement, en présence du garde-mines opérant d'après ses instructions.

Elle n'est pas exigée pour l'ensemble d'une chaudière dont les diverses parties, éprouvées séparément, ne doivent être réunies que par des tuyaux placés sur tout leur parcours en dehors du foyer et des conduits de flamme, et dont les joints peuvent être facilement démontés.

Le chef de l'établissement où se fait l'épreuve fournit la main-d'œuvre et les appareils nécessaires à l'opération.

Art. 5. Après qu'une chaudière ou partie de chaudière a été éprouvée avec succès il y est apposé un timbre, indiquant, en kilogrammes par centimètres carrés, la pression effective que la vapeur ne doit pas dépasser.

Les timbres sont poinçonnés et reçoivent trois nombres indiquant le jour, le mois et l'année de l'épreuve.

Un de ces timbres est placé de manière à être toujours apparent après la mise en place de la chaudière.

Art. 6. Chaque chaudière est munie de deux soupapes de sûreté, chargées de manière à laisser la vapeur s'écouler dès que sa pression effective atteint la limite maximum indiquée par le timbre réglementaire.

L'orifice de chacune des soupapes doit suffire à maintenir, celle-ci étant au besoin convenablement déchargée ou soulevée et quelle que soit l'activité du feu, la vapeur dans la

chaudière à un degré de pression qui n'excède, pour aucun cas, la limite ci-dessus.

Le constructeur est libre de répartir, s'il le préfère, la section totale d'écoulement nécessaire des deux soupapes réglementaires entre un plus grand nombre de soupapes.

Art. 7. Toute chaudière est munie d'un manomètre en bon état placé en vue du chauffeur et gradué de manière à indiquer en kilogrammes la pression effective de la vapeur dans la chaudière.

Une marque très apparente indique sur l'échelle du manomètre la limite que la pression effective ne doit point dépasser.

La chaudière est munie d'un ajutage terminée par une bride de quatre centimètres ($0^m, 04$) de diamètre et cinq millimètres ($0^m,005$) d'épaisseur disposée pour recevoir le manomètre vérificateur.

Art. 8. Chaque chaudière est munie d'un appareil de retenue, soupape ou clapet, fonctionnant automatiquement et placé au point d'insertion du tuyau d'alimentation qui lui est propre.

Art. 9. — Chaque chaudière est munie d'une soupape ou d'un robinet d'arrêt de vapeur, placé, autant que possible, à l'origine du tuyau de conduite de vapeur, sur la chaudière même.

Art. 10. Toute paroi en contact par une de ses faces avec la flamme doit être baignée par l'eau sur sa face opposée.

Le niveau de l'eau doit être maintenu, dans chaque chaudière, à une hauteur de marche telle qu'il soit, en toute circonstance, à six centimètres ($0^m,06$) au moins au-dessus du plan pour lequel la condition précédente cesserait d'être remplie. La position limite sera indiquée, d'une manière très apparente, au voisinage du tube de niveau mentionné à l'article suivant.

Les prescriptions énoncées au présent article ne s'appliquent point :

1° Aux surchauffeurs de vapeur distincts de la chaudière ;

2° A des surfaces relativement peu étendues et placées de manière à ne jamais rougir, même lorsque le feu est poussé à son maximum d'activité, telles que les tubes ou parties de cheminée qui traversent le réservoir de vapeur, en envoyant directement à la cheminée principale les produits de la combustion.

Art. 11 Chaque chaudière est munie de deux appareils indicateurs du niveau de l'eau, indépendants l'un de l'autre, et placés en vue de l'ouvrier chargé de l'alimentation.

L'un de ces deux indicateurs est un tube en verre, disposé de manière à pouvoir être facilement nettoyé et remplacé au besoin.

Pour les chaudières verticales de grande hauteur, le tube en verre est remplacé par un appareil disposé de manière à reporter en vue de l'ouvrier chargé de l'alimentation l'indication du niveau de l'eau dans la chaudière.

TITRE II.

ÉTABLISSEMENT DES CHAUDIÈRES A VAPEURS PLACÉES A DEMEURE.

Art. 12. Toute chaudière à vapeur destinée à être employée à demeure ne peut être mise en service qu'après une déclaration adressée par celui qui fait usage du générateur au préfet du département. Cette déclaration est enregistrée à sa date, il en est donné acte. Elle est communiquée san délai à l'ingénieur en chef des mines.

Art. 13. La déclaration fait connaître avec précision :

1° Le nom et le domicile du vendeur de la chaudière ou l'origine de celle-ci.

2° La commune et le lieu où elle est établie ;

3° La forme, la capacité et la surface de chauffe ;

4° Le numéro du timbre réglementaire ;

5° Un numéro distinctif de la chaudière, si l'établissement en possède plusieurs.

6° Enfin, le genre d'industrie et l'usage auquel elle est destinée.

Art. 14. Les chaudières sont divisées en trois catégories.

Cette classification est basée sur le produit de la multiplication du nombre exprimant en mètres cubes la capacité totale de la chaudière (avec ses bouilleurs et ses réchauffeurs alimentaires, mais sans y comprendre les surchauffeurs de vapeur) par le nombre exprimant, en degrés centigrades, l'excès de la température de l'eau correspondant à la pression indiquée par le timbre réglementaire sur la température de 100 degrés, conformément à la table annexée au présent décret.

Si plusieurs chaudières doivent fonctionner ensemble dans un même emplacement et si elles ont entre elles une communication quelconque, directe ou indirecte, on prend, pour former le produit comme il vient d'être dit, la somme des capacités de ces chaudières.

Les chaudières sont de première catégorie quand le produit est plus grand que 200 ; de la deuxième, quand le produit n'excède pas 200, mais surpasse 50 ; de la troisième, si le produit n'excède pas 50.

Art. 15. Les chaudières comprises dans la première catégorie doivent être établies en dehors de toute maison d'habitation et de tout atelier surmonté d'étages. N'est pas considérée comme un étage au-dessus de l'emplacement d'une chaudière, une construction dans laquelle ne se fait aucun travail nécessitant la présence d'un personnel à poste fixe.

Art. 16. Il est interdit de placer une chaudière de première catégorie à moins de trois mètres (3^m) d'une maison d'habitation.

Lorsqu'une chaudière de première catégorie est placée à moins de dix mètres (10 ^{m}) d'une maison d'habitation, elle en est séparée par un mur de défense.

Ce mur, en bonne et solide maçonnerie, est construit de manière à défiler la maison par rapport à tout point de la chaudière distant de moins de dix mètres (10^m), sans toutefois que sa hauteur dépasse de un mètre (1^m) la partie la plus élevée de la chaudière. Son épaisseur est égale au tiers au moins de sa hauteur, sans que cette épaisseur puisse être inférieure à un mètre (1^m) en couronne. Il est séparé du mur de la maison voisine par un intervalle libre de trente centimètres (0^m,30) de largeur au moins.

L'établissement d'une chaudière de première catégorie à la distance de dix mètres (10^m) ou plus d'une maison d'habitation n'est assujetti à aucune condition particulière.

Les distances de trois mètres (3^m) et de dix mètres (10^m), fixées ci-dessus, sont réduites respectivement à un mètre cinquante centimètres (1^m,50) et à cinq mètres (5^m), lorsque la chaudière est enterrée de façon que la partie supérieure de la dite chaudière se trouve à un mètre (1^m) en contre-bas du sol, du côté de la maison voisine.

Art. 17. Les chaudières comprises dans la deuxième catégorie peuvent être placées dans l'intérieur de tout atelier, pourvu que l'atelier ne fasse pas partie d'une maison d'habitation.

Les foyers sont séparés des murs des maisons voisines par un intervalle libre de un mètre (1^m) au moins.

Art. 18. Les chaudières de troisième catégorie peuvent être établies dans un atelier quelconque, même lorsqu'il fait partie d'une maison d'habitation.

Les foyers sont séparés des murs des maisons voisines par

ur. intervalle libre de cinquante centimètres (0^m,50) au moins.

Art. 19. Les conditions d'emplacement prescrites, pour les chaudières à demeure, par les précédents articles, ne sont pas applicables aux chaudières pour l'établissement desquelles il aura été satisfait au décret du 25 janvier 1865, antérieurement à la promulgation du présent règlement.

Art. 20. Si, postérieurement à l'établissement d'une chaudière, un terrain contigu vient à être affecté à la construction d'une maison d'habitation, celui qui fait usage de la chaudière devra se conformer aux mesures prescrites par les articles 16, 17 et 18, comme si la maison eût été construite avant l'établissement de la chaudière.

Art. 21. — Indépendamment des mesures générales de sûreté prescrites au titre Ier et de la déclaration prévue par les articles 12 et 13, les chaudières à vapeur fonctionnant dans l'intérieur des mines sont soumises aux conditions que pourra prescrire le préfet, suivant les cas et sur le rapport de l'ingénieur des mines.

TITRE III.

CHAUDIÈRES LOCOMOBILES.

Art. 22. Sont considérées comme locomobiles les chaudières à vapeur qui peuvent être transportées facilement d'un lieu dans un autre, n'exigent aucune construction pour fonctionner sur un point donné et ne sont employées que d'une manière temporaire à chaque station.

Art. 23. Les dispositions des articles 2 à 11 inclusivement du présent décret sont applicables aux chaudières locomobiles.

Art. 24. Chaque chaudière porte une plaque sur laquelle sont gravés, en caractères très apparents, le nom et le domicile du propriétaire et un numéro d'ordre, si ce propriétaire possède plusieurs chaudières locomobiles.

Art. 25. Elle est l'objet de la déclaration prescrite par les articles 12 et 13. Cette déclaration est adressée au préfet du département où est le domicile du propriétaire.

L'ouvrier chargé de la conduite devra représenter à toute réquisition le récépissé de cette déclaration.

TITRE IV.

CHAUDIÈRES DES MACHINES LOCOMOTIVES.

Art. 26. Les machines à vapeur locomotives sont celles qui, sur terre, travaillent en même temps qu'elles se déplacent par leur propre force, telles que les machines des chemins de fer et des tramways, les machines routières, les rouleaux compresseurs, etc.

Art. 27. Les dispositions des articles 2 à 8 inclusivement et celles des articles 11 et 24 sont applicables aux chaudières des machines locomotives.

Art. 27. Les dispositions de l'article 25, § Ier, s'appliquent également à ces chaudières.

Art. 29. La circulation des machines locomotives a lieu dans les conditions déterminées par des règlements spéciaux.

TITRE V.

RÉCIPIENTS.

Art. 30. Sont soumis aux dispositions suivantes, les récipients de formes diverses, d'une capacité de plus de 100 litres, au moyen desquels les matières à élaborer sont chauffées, non directement à feu nu, mais par de la vapeur empruntée à un générateur distinct, lorsque leur communication avec l'atmosphère n'est point établie par des moyens excluant toute pression effective nettement appréciable.

Art. 31. Ces récipients sont assujettis à la déclaration prescrite par les articler 12 et 13.

Ils sont soumis à l'épreuve, conformément aux articles 2, 3, 4 et 5.

Toutefois, la surcharge d'épreuve sera, dans tous les cas, égale à la moitié de la pression maximum à laquelle l'appareil doit fonctionner, sans que cette surcharge puisse excéder 4 kilogrammes par centimètre carré.

Art. 32. Ces récipients sont munis d'une soupape de sureté réglée pour la pression indiquée par le timbre, à moins que cette pression ne soit égale ou supérieure à celle fixée pour la chaudière alimentaire.

L'orifice de cette soupape, convenablement déchargée ou soulevée au besoin, doit suffire à maintenir, pour tous les cas, la vapeur dans le récipient à un degré de pression qui n'excède pas la limite du timbre.

Elle peut être placée, soit sur le récipient lui-même, soit sur le tuyau d'arrivée de la vapeur, entre le robinet et le récipient.

Art. 33. Les dispositions des articles 30, 31 et 32, s'appliquent également aux réservoirs dans lesquels de l'eau à haute température est emmagasinée, pour fournir ensuite un dégagement de vapeur ou de chaleur, quel qu'en soit l'usage.

Art. 34. Un délai de six mois, à partir de la promulgation du présent décret, est accordé pour l'exécution des quatre articles qui précèdent.

TITRE VI.

DISPOSITIONS GÉNÉRALES.

Art. 35. Le Ministre peut, sur le rapport des ingénieurs

des mines, l'avis du préfet et celui de la Commission centrale des machines à vapeur, accorder dispense de tout ou partie des prescriptions du présent décret, dans tous les cas où, à raison soit de la forme, soit de la faible dimension des appareils, soit de la position spéciale des pièces contenant de la vapeur, il serait reconnu que la dispense ne peut pas avoir d'inconvénient.

Art. 35. Ceux qui font usage de générateurs ou de récipients de vapeur veilleront à ce que ces appareils soient entretenus constamment en bon état de service.

A cet effet, ils tiendront la main à ce que des visites complètes tant à l'intérieur qu'à l'extérieur, soient faites, à des intervalles rapprochés, pour constater l'état des appareils et assurer l'exécution, en temps utile, des réparations ou remplacements nécessaires.

Ils devront informer les ingénieurs des réparations notables faites aux chaudières et aux récipients, en vue de l'exécution des articles 3 (1, 2°, 3°) et 31, § 2.

Art. 37. Les contraventions au présent règlement sont constatées, poursuivies et réprimées conformément aux lois.

Art. 38. En cas d'accident ayant occasionné la mort ou des blessures, le chef de l'établissement doit prévenir immédiatement l'autorité chargée de la police locale et l'ingénieur des mines chargé de la surveillance. L'ingénieur se rend sur les lieux, dans le plus bref délai, pour visiter les appareils, en constater l'état et rechercher les causes de l'accident. Il rédige sur le tout.

1° Un rapport qu'il adresse au procureur de la République et dont une expédition est transmise à l'ingénieur en chef, qui fait parvenir son avis à ce magistrat ;

2° Un rapport qui est adressé au préfet, par l'intermédiaire et avec l'avis de l'ingénier en chef.

En cas d'accident n'ayant occasionné ni mort ni blessure, l'ingénieur des mines seul est prévenu ; il rédige un rapport qu'il envoie, par l'intermédiaire et avec l'avis de l'ingénieur en chef, au préfet.

En cas d'explosion, les constructions ne doivent pas être réparées, et les fragments de l'appareil rompu ne doivent point être déplacés ou dénaturés avant la constatation de l'état des lieux par l'ingénieur.

Art. 39. Par exception, le Ministre pourra confier la surveillance des appareils à vapeur aux ingénieurs ordinaires et aux conducteurs des ponts et chaussées, sous les ordres de l'ingénieur en chef des mines de la circonscription.

Art. 40. Les appareils à vapeurs qui dépendent des services spéciaux de l'État sont surveillés par les fonctionnaires et agents de ces services.

Art. 41. Les attributions conférées aux préfets des départements par le présent décret sont exercées par préfet de police dans toute l'étendue de son ressort,

Art. 42. Est rapporté le décret du 25 janvier 1865.

Art. 43. Le Ministre des travaux publics est chargé de l'exécution du présent décret, qui sera inséré au *Bulletin des lois*.

Fait à Paris, le 30 avril 1880.

Le Président de la République,
JULES GRÉVY.

Par le Président de la République :
Le Ministre des Travaux publics,
H. VARROY.

TABLE

Donnant la température (en degrés centigrades) de l'eau correspondant à une pression donnée (en kilogrammes effectifs).

VALEURS CORRESPONDANTES.			
De la pression effective EN KILOGRAMMES.		De la température EN DEGRÉS CENTIGRADES.	
0.5	10.5	111	185
1.0	11.0	120	187
1.5	11.5	127	189
2.0	12.0	133	191
2.5	12.5	138	193
3.0	13.0	143	194
3.5	13.5	147	196
4.0	14.0	151	197
4.5	14.5	155	199
5.0	15.0	158	200
5.5	15.5	161	202
6.0	16.0	164	203
6.5	16.5	167	205
7.0	17.0	170	206
7.0	17.5	173	208
8.0	18.0	175	209
8.5	18.5	177	210
9.0	19.0	179	211
9.5	19.5	181	213
10.0	20.0	183	214

RAPPORT

Au Président de la République.

Monsieur le Président,

Lorsqu'en 1865, le Gouvernement révisa le règlement auquel étaient soumises, depuis plus de vingt ans, les machines et chaudières à vapeur autres que celles placées à bord des bateaux, il se proposait de supprimer une partie de la tutelle administrative qui n'était plus en harmonie avec les progrès de la construction de ces appareils, le développement de leur emploi et l'instruction technique des ouvriers chargés de leur fonctionnement. Son but fut de dégager l'industrie d'entraves inutiles, dans toute la mesure compatible avec les exigences de la sécurité publique. Mais cette mesure ne pouvait être préjugée; il appartenait à l'expérience seule de la fixer, et c'est ce qui explique le besoin de réviser à son tour le décret du 25 janvier 1865 et de le remplacer par le nouveau règlement que je viens soumettre à votre haute sanction.

En effet, une enquête, qui a été ouverte, à l'expiration de la période décennale, auprès de tous les ingénieurs chargés de la surveillance des appareils à vapeur, a montré l'utilité d'assujettir à des prescriptions administratives les récipients de vapeur, qui en sont complètement exonérés depuis 1865, et d'apporter en outre quelques modifications de détail aux dispositions en vigueur concernant les chaudières proprement dites. Les résultats de cette enquête ont été communiqués à la Commission centrale des machines à vapeur et au Conseil d'État, qui se sont appliqués à concilier dans une sage mesure les nécessités de la sécurité publique avec les exigences de l'industrie.

Rien n'a été changé aux conditions essentielles de l'épreuve des chaudières neuves ; mais le renouvellement de cette épreuve pourra être exigé dans d'autres cas que ceux de réparation notable, seuls admis par le décret de 1865, et ne devra jamais être retardé de plus de dix ans.

Antérieurement à ce décret, les ingénieurs pouvaient provoquer la réforme des chaudières qu'un long service ou une détérioration accidentelle leur faisait regarder comme dangereuse. La Commission centrale des machines à vapeur, sans doute préoccupée du rôle amoindri attribué à l'Administration depuis 1865, avait exprimé le vœu que la faculté d'interdire l'usage d'un générateur réputé dangereux lui fût restituée. Le Conseil d'État n'a point été favorable à ce retour partiel à un régime abandonné ; j'ai pensé avec lui qu'une telle mesure, rarement applicable dans la pratique, ne serait pas suffisamment motivée par des faits qu'aurait révélés l'application du décret de 1865.

Le renouvellement obligatoire de l'épreuve tous les dix ans donnera d'ailleurs un nouveau gage à la sécurité publique.

En raison de cette innovation, il a paru convenable d'admettre des motifs de dispense quant aux épreuves réglementaires à exécuter entre temps à la suite des réparations, des déplacements ou des chômages prolongés des chaudières, et de tenir compte, à cet effet, de l'existence des associations de propriétaires d'appareils à vapeur, qui se sont formées depuis quelques années.

Ces associations, employant et rémunérant un personnel spécial, ont en vue d'assurer le meilleur fonctionnement possible des appareils, notamment en procédant à des visites intérieures ou extérieures des générateurs de vapeur, en les examinant au double point de vue de la sécurité et de la réalisation d'économies de combustible. Il convient d'encourager ces pratiques salutaires et d'appeler les institutions de ce genre à prêter leur concours à l'Administration. Déjà le Gouvernement vient de reconnaître l'utilité publique de l'association des propriétaires d'appareils à vapeur du nord de la France. Je me propose, en portant le nouveau règlement à la connaissance des préfets et des ingénieurs des mines, de donner des instructions pour que, dans les régions industrielles où fonctionnent de telles associations, la surveillance officielle tienne compte, dans une juste mesure, des constatations faites par le personnel exerçant la surveillance officieuse dont il s'agit. Le renouvellement de l'épreuve réglementaire pourra, en conséquence, ne pas être exigé avant l'expiration de la période décennale, lorsque des renseignements authentiques sur l'époque et les résultats de la dernière visite, intérieure et extérieure, d'une chaudière constitueront des présomptions suffisantes en faveur de son bon état ; et les ingénieurs des mines seront autorisés à considérer, à cet égard, comme probants les certificats délivrés aux membres des associations de propriétaires d'appareils à vapeur par celles de ces associations que le Ministre aura désignées.

Le classement des chaudières à demeure continuera à comprendre trois catégories, sous le rapport des conditions d'emplacement, ainsi que le prescrit le décret de 1865. La détermination de ces catégories aura lieu d'après une nouvelle base de calcul, que la Commission centrale des machines à vapeur a considérée comme plus rationnelle que la base actuelle, mais qui s'en écarte peu, et dont l'effet est de réduire légèrement, au point de vue du classement, l'importance de la pression maximum sous laquelle une chaudière est appelée à fonctionner, comparativement à son volume.

Les conditions d'emplacement demeureront à très peu près les mêmes qu'aujourd'hui, pour les chaudières de la première catégorie, qu'il est permis d'établir à 10 mètres de distance d'une maison d'habitation sans aucune disposition particulière.

Les chaudières de la deuxième catégorie ne peuvent être placées dans l'intérieur des ateliers que lorsque ceux-ci ne font pas partie d'une maison d'habitation. Il n'y aura plus d'exception pour les maisons réservées aux manufacturiers, à leurs familles, ouvriers et serviteurs, comme l'admettait le décret de 1865. Le nouveau règlement supprime avec raison, sur ce point, une tolérance contraire à la sécurité publique.

Les chaudières de la troisième catégorie continuent à pouvoir être établies dans une maison quelconque.

La faculté précédemment reconnue aux tiers de renoncer à se prévaloir des conditions réglementaires cessera d'exister ; il a paru à la Commission centrale des machines à vapeur et au Conseil d'État qu'elles ne pouvaient pas cesser d'être obligatoires, et je partage complètement cet avis.

De même, l'exécution de la disposition relative à la non-production de fumée par les foyers de chaudières à vapeur a paru au Conseil d'État de nature à donner lieu à des incertitudes de la part de l'Administrations et aussi de l'autorité judiciaire. J'ai considéré avec lui que les inconvénients de la fumée ne sont pas particuliers à l'emploi d'un appareil à vapeur, et ne touchent en rien à la sécurité, objet essentiel du décret dont il s'agit. Les contestations auxquelles la production de la fumée donnerait lieu appartiendront donc exclusivement au domaine judiciaire, qu'il s'agisse d'un foyer d'appareil à vapeur ou de tout autre foyer.

La plus importante innovation du nouveau règlement est, sans contredit, l'assujettissement des récipients de vapeur d'une certaine capacité à quelques mesures de sûreté. Omis dans l'ordonnance de 1843, ils avaient été assimilés aux générateurs en vertu d'une circulaire ministérielle de 1845, puis volontairement omis encore dans le décret de 1865. De nombreux accidents sont venus démontrer la nécessité de subordonner l'emploi de ces appareils à l'exécution de certaines prescriptions. En conséquence la Commission centrale des machines à vapeur et le Conseil d'État ont été d'avis que les récipients d'un volume supérieur à 100 litres fussent soumis à l'épreuve officielle, munis, dans certains cas, d'une soupape de sûreté et assujettis à la déclaration. Un délai de six mois sera accordé pour l'exécution de ces mesures.

Elles seront applicables, non seulement aux cylindres sécheurs, chaudières à double fond et appareils divers employés dans l'industrie, mais encore aux machines locomotives sans foyer et aux autres réservoirs dans lesquels est emmagasinée de l'eau à haute température, pour dégager de la vapeur ou de la chaleur.

Enfin, le décret de 1865 n'avait point reproduit la disposition de l'ordonnance de 1843, aux termes de laquelle l'Administration avait la faculté de dispenser les chaudières, présentant un mode particulier de construction, de l'application d'une partie des mesures de sûreté réglementaires pour les soumettre à des conditions spéciales.

Il se bornait à prévoir des cas de dispense, en ce qui touche le niveau du plan d'eau dans les générateurs dont la forme ou la faible dimension semblait exclure toute crainte de danger. Dorénavant, le Ministre, après instruction locale et sur l'avis de la Commission centrale des machines à vapeur, pourra accorder toute dispense qui ne paraîtra pas de nature à entraîner des inconvénients.

Telles sont les principales modifications du règlement de

1865, concernant les chaudières à vapeur, fixes ou locomobiles, les locomotives et les récipients, qui me paraissent devoir être adoptées dans l'intérêt commun des industriels et du public.

Je vous prie d'agréer, Monsieur le Président, l'assurance de mon profond respect.

Le Ministre des Travaux publics,
H. VARROY.

Appareils de réfrigération à ammoniaque.

3ᵉ classe. — Décret du 31 décembre 1866.

Inconvénient. — Odeur.

PRESCRIPTIONS : Le moyen d'obvier à cet inconvénient est de placer les appareils dans des locaux où on peut arriver facilement à une large et facile ventilation.

Appareils de réfrigération à éther ou autres liquides volatils et combustibles.

3ᵉ classe. — Décret du 20 décembre 1866.

Inconvénients. — Danger d'explosion et d'incendie.

PRESCRIPTIONS : Les appareils doivent être établis dans des ateliers au rez-de-chaussée, sans constructions superposées. Les matériaux doivent être incombustibles, et du sable en quantité suffisante doit être tenu en réserve pour absorber les liquides en cas d'incendie accidentel.

Arcansons ou résines de pin (Voir **Résines**).

Argenture des glaces avec application de vernis aux hydrocarbures.

2ᵉ classe. — Décret du 7 mai 1878.

Inconvénients. — Odeur et danger d'incendie.

PRESCRIPTIONS : Ventiler énergiquement l'atelier, et fermer les ouvertures sur la voie publique et sur les propriétés voisines ;

Établir à la partie supérieure de l'atelier de séchage une hotte surmontée d'une cheminée d'appel dépassant de 5 mètres en hauteur les toits voisins dans un rayon de 50 mètres, afin de disséminer dans l'air les vapeurs de benzine ;

Rendre le sol imperméable par un pavage en pierres dures rejointoyées au ciment hydraulique, écouler les eaux industrielles à l'égout après les avoir traitées par la chaux et laisser décanter.

Argenture sur métaux (Voir **Dorure et argenture**).

Arséniate de potasse (Fabrication de l') au moyen du salpêtre quand les vapeurs ne sont pas absorbées.

1re classe. — Décret du 31 décembre 1866.

Inconvénients. — Émanations nuisibles.

PRESCRIPTIONS : Pendant les opérations de la fabrication de l'arséniate de potasse avec le salpêtre, il se dégage toujours une certaine quantité de vapeurs nitreuses qui incommodent le voisinage, et surtout les ouvriers, quand les gaz ne sont pas absorbés. Dans ce cas, on devra les diriger dans une haute cheminée, afin de les disperser dans l'atmosphère, et ventiler complètement l'atelier au moyen de carneaux situés à la partie inférieure des murs.

Arséniate de potasse (Fabrication de l') quand les vapeurs sont absorbées.

2e classe. — Décret du 31 décembre 1866.

Inconvénients — Émanations accidentelles.

PRESCRIPTIONS : Les vapeurs seront absorbées et neutralisées ; mais comme il peut s'en échapper accidentellement, celles-ci seront dirigées dans l'atmosphère au moyen d'une cheminée s'élevant à trois mètres au-dessus de toits voisins, dans un rayon de cinquante mètres.

Artifices (Fabrication des).

1re classe. — 14 janvier 1815, 31 décembre 1836.

Inconvénients. — Danger d'incendie et d'explosion.

PRESCRIPTIONS : Les conditions à observer sont les mêmes que pour les amorces et fulminates. (Voir amorces fulminantes).

Asphaltes, bitumes, brais et matières bitumineuses solides (Dépôts d').

3° classe. — Décret du 31 décembre 1866.

Inconvénients. — Odeur, danger d'incendie.

PRESCRIPTIONS : Isoler les magasins le plus possible des usines et des habitations, les en séparer par des espaces libres limités par des clôtures en matériaux incombustibles.

Asphaltes et bitumes (Travail des) à feu nu.

2e classe. { 21 mai 1833.
{ Décret du 31 décembre 1866.

Inconvénients. — Odeur, danger d'incendie.

PRESCRIPTIONS : Isoler les ateliers des habitations voisines. Ils seront voûtés en bonne maçonnerie et construits en matériaux incombustibles.

Le foyer du fourneau à distillation aura son ouverture placée à l'extérieur.

Les chaudières où se fait le mélange du goudron avec les matières terreuses, seront recouvertes d'une hotte communiquant avec la cheminée.

Les magasins devant recevoir les matières bitumineuses, seront éloignés des ateliers et des habitations.

Confection des trottoirs en bitume.

Les entrepreneurs emploieront exclusivement des combustibles ne donnant ni odeur ni fumée.

Les chaudières devront être complètement fermées pendant la fusion des matières. Elles seront pourvues d'un tuyau pour le dégagement des vapeurs, d'un agitateur intérieur mis en mouvement à l'aide d'une manivelle extérieure, et d'une ouverture pour l'écoulement du bitume en fusion au moment de l'employer.

Ateliers de construction de machines et wagons.

2ᵉ classe. — 26 décembre 1866.

(Voir **Machines et wagons**).

Bâches imperméables (Fabrication des) avec cuisson des huiles.

1ʳᵉ classe. — Décret du 31 décembre 1866.

Inconvénient. — Danger d'incendie.

PRESCRIPTIONS : 1° L'ouverture du foyer, établi sous la chaudière contenant l'huile, sera placée au dehors de l'atelier où existera cette chaudière;

2° Celle-ci sera en fer ou en cuivre très épais, et aura un trop plein par où l'huile, soulevée par les bulles de gaz, pourra s'écouler dans un récipient disposé à cet effet; un couvercle en fer, du diamètre de la chaudière, sera fixé à celle-ci au moyen de charnières, afin de permettre, par son abaissement, de réprimer tout commencement d'incendie;

3° Le massif de maçonnerie entourant la chaudière, n'aura ni joints ni fissures, qui puissent établir une communication entre les gaz, les matières grasses et le foyer;

4° On placera au-dessus de la chaudière une hotte conique en tôle, ayant à sa base un diamètre plus grand que celui de la chaudière, communiquant, par son sommet, avec un tuyau également en tôle, s'élevant à deux mètres au moins au-dessus du faîte des maisons comprises dans un rayon de cent mètres ;

5° L'atelier, où sera placée la chaudière, sera construit en matériaux incombustibles. Il sera éclairé par des ouvertures garnies de châssis vitrés dormants ;

6° On favorisera l'aération au moyen de carneaux, en nombre suffisant, placés à un décimètre au-dessus du niveau du sol ;

7° La cuisson des huiles n'aura lieu que pendant le jour ;

8° Le calorifère du séchoir sera recouvert par une voûte à claire-voie en maçonnerie.

Bâches imperméables (Fabrication des) sans cuisson des huiles, classée par assimilation aux fabriques de toiles cirées, sur la demande du Conseil central du Nord.

1re classe. — Arrêté ministériel du 2 décembre 1862.
2e classe. — Décret du 31 décembre 1866.

Inconvénients. — Mauvaises odeurs et danger d'incendie.

PRESCRIPTIONS : Voir celles reprises à l'article précédent, sous les N°s 5, 6 et 8.

Baleine (Travail des fanons de). Voir **Fanons de baleine**.

3e classe.

Baryte (Décoloration du sulfate de) au moyen de l'acide chlorhydrique à vases ouverts.

2e classe. — Décret du 31 décembre 1866.

Inconvénient. — Émanations nuisibles.

Quand le sulfate contient des sels de fer, il présente une couleur foncée qu'on fait disparaître au moyen de l'acide chlorhydrique. Pour éviter les émanations nuisibles pendant cette opération, on fera bien de prescrire les précautions suivantes :

PRESCRIPTIONS : 1° La chaudière sera recouverte d'un tambour destiné à conduire les vapeurs d'acide chlorhydrique, dans des bonbonnes chargées d'eau de chaux ;

2° Les eaux, ayant servi à la décoloration du sulfate, seront sursaturées de chaux, dans un bassin étanche construit à cet usage, avant leur écoulement dans les fossés ou cours d'eau.

Battage, cardage et épuration des laines, crins et plumes de literie.

3e classe. — Décret du 31 décembre 1866.

Inconvénients. — Odeur et poussière.

PRESCRIPTIONS : Les ateliers seront clos du côté de la voie publique et des voisins.

Ils doivent être surmontés par une large cheminée d'appel, dont le tirage sera alimenté par des ouvertures à la partie inférieure de l'atelier ; il ne sera appuyé aux murs mitoyens aucun des appareils ou machines destinés au battage ;

Les doubles châssis dormants, les toiles tendues contre les parois de l'atelier, peuvent être mis en usage, suivant les nécessités.

Battage des cuirs (Marteaux pour le).

3e classe — Décret du 31 décembre 1866.

Inconvénients. — Bruit et ébranlement.

PRESCRIPTIONS : L'atelier, dans lequel seront placés les marteaux pour le battage, sera distant de 0,50 centimètres au moins des murs mitoyens ;

2° Les murs de ce bâtiment, faisant face au mur mitoyen,

seront en maçonnerie pleine de 0 m. 35 c. d'épaisseur, et sans aucune ouverture ni jour ;

3° Les châssis à ouvrir donneront exclusivement sur la propriété du demandeur ;

4° Le sol, entre les murs mitoyens et les marteaux, sera creusé de 0 m. 50 c. au-dessous de celui de l'atelier, sur lequel reposera la totalité des marteaux ;

5° Aux extrémités de l'atelier, un tuyau, partant du plafond et ayant un mètre de section, s'élèvera à 2 mètres au-dessus des toits voisins, dans un rayon de 50 mètres, afin de faciliter l'enlèvement des poussières ;

6° La ventilation sera rendue plus active par l'établissement de carneaux à la partie inférieure des murs.

Battage et lavage (Ateliers spéciaux pour les) des fils de laine, bourres et déchets de filatures de laine et de soie dans les villes,

3° classe. — Décret du 31 décembre 1866.

Inconvénients. — Bruit et poussière.

Cette industrie, déjà ancienne à Lille, avait donné lieu à des plaintes tellement nombreuses et fréquentes, que le Conseil avait dû en demander le classement, en même temps que celui des déchets de fils provenant des filatures. Les réclamations du Conseil ont trouvé satisfaction dans la classification de 1866 et le supplément de classification de 1872.

PRESCRIPTIONS. 1° Le bassin de lavage de déchets sera fermé, du côté de l'écoulement des eaux, par un madrier en chêne fixé à la maçonnerie et percé, de 0,15 centimètres, en 0,15 centimètres de trous fermés par des chevilles en bois, que l'on retirera successivement de haut en bas, pour l'écoulement du liquide épuré ;

2° Les eaux de lavage seront traitées par un lait de chaux, dans la proportion de 2 kilog. de chaux vive par mètre cube de liquide. Après douze heures de repos, on décantera les eaux clarifiées qui, seules, pourront se rendre dans le fossé ou l'égout le plus voisin ;

3° Le dépôt boueux sera transporté hors de la ville, sans pouvoir être déversé sur la voie publique ;

4° Les magasins renfermant la laine et les déchets, seront construits en maçonnerie, les pièces de bois apparentes seront recouvertes d'une couche de mortier ; il sera interdit d'y pénétrer, le soir, avec aucune espèce de lumière. Les mêmes conditions seront exigées pour le séchoir.

Pour le battage, l'industriel devra :

1° Clore ses ateliers du côté de la voie publique et des voisins ;

2° Il les surmontera d'une large cheminée d'appel, dont le tirage sera activé par des ouvertures, pratiquées à la partie inférieure de l'atelier ;

3° Des doubles châssis dormants, des toiles tendues contre les parois de l'atelier, pourront être exigées, suivant les nécessités.

Battage des tapis en grand.

2° classe. { Décret du 21 mai 1862.
Décret du 31 décembre 1866.

Inconvénients. — Bruit et poussière.

PRESCRIPTIONS : 1° Clore les ateliers du côté de la voie publique et des voisins ;

2° Les surmonter par une large cheminée d'appel, dont le tirage sera alimenté par des ouvertures, pratiquées à la partie inférieure de l'atelier ; n'appuyer aux murs mitoyens aucun des appareils ou machines destinés au battage ;

3° Établir des châssis dormants doubles, et tendre, suivant le besoin, des toiles contre les parois de l'atelier.

Batteur d'or et d'argent.

3ᵉ classe. { 14 janvier 1845.
{ Décret du 31 décembre 1866.

Inconvénient. — Bruit.

PRESCRIPTIONS : 1° Clore les ateliers sur les faces qui peuvent transmettre le bruit et l'ébranlement ;

2° Établir les pierres à battre, sur des fondations isolées des murs du bâtiment, par des espaces vides ou remplis de terre ou de sable non tassé.

Ces précautions ne suffisent pas toujours pour prévenir les inconvénients du bruit et de l'ébranlement du sol.

Battoir à écorces dans les villes.

2ᵉ classe. — 20 septembre 1828
3ᵉ classe. — Décret du 31 décembre 1866.

Inconvénients. — Bruit et poussière.

Prescrire la fermeture exacte des ateliers du côté de la rue et du côté des voisins.

Surmonter les ateliers d'une cheminée d'appel et ne ventiler que par les parties basses ; éloigner les magasins et marchandises, de toute espèce de foyer. Ne pas accumuler les matières en tas considérables.

(Voir pour plus de détails sur les moyens d'amortir le bruit, *Battage des tapis en grand*).

Benzine (Fabrication et dépôts de) Voir **Huile de pétrole, de schiste, etc.**

Benzine (Dérivés de la). Voir **Nitro-benzine.**

Bitumes et asphaltes (Fabrication et dépôts de). Voir **Asphaltes, bitumes, etc.**

Blanc de Plomb (Voir **Céruse**).

Blanc de zinc (Fabrication du) par la combustion du métal.

3ᵉ classe. — Décret du 31 décembre 1866.

Inconvénient. — Fumées métalliques.

PRESCRIPTIONS : 1° Pour empêcher que l'oxyde de zinc ne s'échappe au dehors, l'atelier où la calcination s'effectue, sera entièrement clos, et la porte d'entrée se refermera d'elle-même, au moyen d'un ressort;

2° Le tuyau de la dernière chambre, dans laquelle se dépose l'oxyde formé, se rendra dans une cheminée, dont la hauteur dépassera de 6 mètres les toits voisins, dans un rayon de 50 mètres.

Blanchîment des fils, des toiles et de la pâte à papier par le chlore.

2ᵉ classe. { 15 janvier 1815.
15 novembre 1826.
Décret du 31 décembre 1866.

Inconvénients. — Odeurs, émanations nuisibles.

PRESCRIPTIONS : 1° Établir des cheminées d'appel dans l'atelier aux immersions, afin qu'il existe toujours une ventilation énergique;

2° Construire, dans l'atelier où l'on emploie le chlore, une cheminée d'aérage dominant de trois mètres, le sommet de l'usine et des bâtiments existants dans un rayon de cinquante mètres ;

3° S'abstenir, d'une manière absolue, de toute fabrication de chlore ou de chlorure de chaux ;

4° Retenir les eaux alcalines et acides, dans des bassins parfaitement étanches, suffisamment grands pour opérer la décantation des résidus liquides, en y ajoutant de la chaux vive, dans la proportion de trois kilogrammes par mètre cube, afin de précipiter une partie des principes organiques dissous et saturer les acides, s'il en resté en excès, l'écoulement des liquides ne devant avoir lieu, qu'après la séparation complète des dépôts, au moyen de bassins de décantation, établis en bonne maçonnerie et munis de déversoirs ;

5° Recevoir à part les résidus de chlorure de chaux et les transporter, ainsi que les autres, hors de l'établissement, sans en jeter aucune partie dans les cours d'eau ;

6° Si l'usine n'est pas entièrement isolée, les ateliers de travail où se dégagent du chlore et des buées, doivent être privés de toute ouverture du côté des voisins ou de la voie publique, et on y établira une cheminée d'aérage à la partie supérieure.

Blanchîment des fils et tissus de lin, de chanvre et de coton par les chlorures (hypochlorites) alcalins.

3e classe. — Décret du 31 décembre 1866.

Inconvénients. — Odeur, altération des eaux.

PRESCRIPTIONS : Si les usines ne sont pas entièrement isolées, les ateliers de travail, où se dégagent du chlore et des buées, doivent être privés d'ouverture du côté des voisins et de la voie publique :

L'aérage de ces ateliers, dans l'intérêt des ouvriers, **doit** être facilité par des cheminées d'appel ;

Les eaux alcalines ou acidulées doivent être retenues dans de vastes réservoirs, pour ne s'échapper que la nuit dans les cours d'eau ;

Toutefois, quand le travail d'une journée est très important, cette condition a paru insuffisante, et le Conseil du Nord lui en a substitué une autre, qui a pour objet d'opérer le déversement des eaux industrielles dans trois bassins, construits d'après les indications suivantes :

Un premier bassin, contenant de la chaux, recevra les eaux alcalines par une ouverture pratiquée vers son fond et les rejettera par un déversoir de superficie, établi sur toute la longueur d'un de ses côtés, dans un deuxième bassin beaucoup plus grand, d'où elles s'écouleront ensuite, après un premier dépôt, dans un troisième réservoir, en passant au-dessus du mur de séparation sur toute sa longueur, de manière à éviter toute agitation dans le liquide. De là elles pourront s'écouler dans les cours d'eau, au moyen d'un aqueduc à ciel ouvert, afin que l'on puisse constater leur limpidité ;

Les résidus du chlorure de chaux devront être exportés au dehors, comme à l'article précédent.

Blanchîment des fils et tissus de laine et de soie par l'acide sulfureux en dissolution dans l'eau.

3e classe. — Décret du 7 mai 1878.

Inconvénient. — Émanations accidentelles.

PRESCRIPTIONS — Ventiler les ateliers, élever la cheminée à 20 mètres au-dessus du sol ; n'opérer qu'en vases clos ; diriger les eaux de lavage à l'égout, après les avoir neutralisées par la chaux ;

Construire les séchoirs en matériaux incombustibles.

Blanchîment des fils et tissus de laine et de soie par l'acide sulfureux.

2e classe. — Décret du 31 décembre 1866.

Inconvénient. — Émanations nuisibles.

PRESCRIPTIONS : Disposer le soufroir de façon que, pendant l'opération et au moment où on le vide, le gaz acide sulfureux ne puisse se répandre dans les pièces voisines ; le surmonter d'une cheminée d'appel, destinée à porter le gaz à une grande hauteur au-dessus des maisons ;

Clore exactement les fenêtres et issues donnant sur la voie publique.

Bleu de Prusse (Fabrication de) Voir **Cyanure de potassium**.

Bleu d'outremer (Fabrique de).

Classé par assimilation au grillage des minerais sulfurés, par décision du Comité consultatif des arts et métiers :

1re classe, lorsque les gaz nuisibles ne sont pas absorbés.
2e classe, quand ils sont régulièrement condensés.

Inconvénient. — Odeur désagréable et insalubre.

PRESCRIPTIONS : La calcination se pratiquera dans des fours ou creusets parfaitement clos, n'ayant d'autres communications qu'avec la cheminée du foyer ;

La cheminée, construite entièrement en bonne maçonnerie de briques, aura une hauteur de 35 mètres au moins, à partir de la base du sol ;

L'atelier de grillage sera parfaitement clos pendant le temps du travail ; des carneaux seront établis à la partie inférieure du mur donnant sur la cour, afin d'activer la ventilation ;

Tous les gaz se dégageant des fours et ceux produits par le grillage, se rendront dans des appareils munis d'un puissant agitateur renfermant un bain de lait de chaux concentré, pouvant neutraliser les gaz sulfureux et sulphydrique ;

Les eaux de lavage des produits seront recueillies dans des cuves ou bassins ; elles y seront brassées avec deux kilogrammes de chaux vive par mètre cube de liquide, puis elles seront décantées. Après 24 heures de repos, on déversera le liquide clair dans les fossés ou cours d'eaux, à travers un madrier de chêne scellé dans une des parois, au moyen de trous de 5 centimètres de diamètre, pratiqué, à 15 centimètres de distance les uns des autres. Les trous seront bouchés par des chevilles en bois, qu'on enlèvera, en commençant par en haut, jusqu'à ce qu'on arrive au niveau du dépôt ;

Le dépôt sera extrait, au moyen soit d'une vanne de fond, soit avec une pompe et déversé sur une terre drainée, afin de se dessécher par égouttage ;

Les résidus solides de la fabrication ne pourront être jetés sur la voie publique ni dans les cours d'eau ;

Le broyage et le tamisage se feront dans un atelier parfaitement clos.

Bocards à minerais ou à crasse.

3e classe. — 31 janvier 1872.

Inconvénient. — Bruit.

On désigne sous ce nom les machines à pilons, employées au traitement mécanique des minerais et à leur pulvérisation. Cette industrie donne lieu à un bruit assourdissant et à un ébranlement des bâtiments voisins, quand l'usine n'est pas complètement isolée.

PRESCRIPTIONS : 1° Les fenêtres de l'atelier où seront placées les machines à pilons ou bocards, seront fermées par des châssis dormants du côté du voisinage ;

2° Les bocards seront entourés d'une tranchée, de un mètre de profondeur sur cinquante centimètres de largeur.

Boîtes de conserves alimentaires (Fabrication de)

Instruction et arrêté de M. le Préfet transmis à MM. les Sous-Préfets et Maires, MM. les Inspecteurs des Pharmacies et Commissaires de police du département, relativement à la fabrication des boîtes de conserves alimentaires.

Lille, le 20 juillet 1881.

Messieurs, l'attention de l'Administration supérieure a été de nouveau appelée sur les dangers que présentent les soudures pratiquées à l'intérieur des boîtes destinées à renfermer les conserves alimentaires, ainsi que l'emploi, pour la confection desdites boîtes, de fers-blancs autres que celui étamé à l'étain pur.

Le Comité consultatif d'hygiène publique de France, saisi de la question, est d'avis qu'il y a lieu de maintenir en principe l'interdiction de souder à l'intérieur, avec la soudure des plombiers, des boîtes destinées à recevoir des sardines ou toutes autres conserves alimentaires. Si les fabricants persistaient à vouloir recourir à la soudure intérieure de la bande, ils devraient être tenus de se servir exclusivement de l'étain pur.

M. le Ministre de l'Agriculture et du Commerce ayant adopté cet avis, j'ai, en conséquence, conformément à ses instructions, pris l'arrêté ci-après, qui a été publié le 10 mars 1879, auquel je vous prie de vouloir bien donner la plus grande publicité.

Agréez, Messieurs, l'assurance de ma considération la plus distinguée.

Le Préfet du Nord,
Paul CAMBON.

Le Préfet du département du Nord, Officier de l'Ordre de la Légion d'Honneur,

Vu la loi des 16-24 août 1790 et celle du 22 juillet 1791;

Vu les articles 319, 320, 415, § 15, 475, § 14 et 477 du Code pénal;

Vu la loi du 18 juillet 1837;

Vu la loi du 27 mars 1851;

Vu les instructions de M. le Ministre de l'Agriculture et du Commerce, en date des 4 mars 1879 et 31 mai 1880,

Arrête :

Article 1er. A partir du 1er août 1881, il est interdit aux

fabricants de boîtes de conserves alimentaires de pratiquer les soudures à l'intérieur des boîtes, et de se servir, pour la confection desdites boîtes, d'autres fers-blancs que celui étamé à l'étain pur.

Art. 2. Les contrevenants seront poursuivis devant le tribunal compétent, pour être punis conformément aux lois.

Art. 3. MM. les Maires, Inspecteurs des pharmacies et Commissaires de police du département sont chargés d'assurer l'exécution du présent arrêté.

Lille, le 20 juillet 1881.

Le Préfet du Nord,
Paul CAMBON.

Boues et immondices (Dépôts de) et voirie.

1re classe. — Décret du 31 décembre 1866.

Inconvénient. -- Odeur.

Les voiries sont des foyers d'infection et d'insalubrité, proportionnés au chiffre de la population, dont elles reçoivent les immodices.

PRESCRIPTIONS : La dissémination serait un moyen d'en diminuer les fâcheux effets, mais elle est souvent impossible. Ces dépôts devraient être clos de murs et entourés d'arbres ; ils devraient être munis de citernes étanches, pour recevoir les matières liquides amenées à cet état ou rendues telles par les pluies et la putréfaction. Ces pratiques n'ont point prévalu dans l'usage, et si on les prescrit, elles sont souvent négligées. On doit au moins exiger que les débris d'animaux, utilisés par l'industrie, soient enlevés chaque jour ; que les débris provenant des marchés au poisson ou recueillis sur la voie publique, soient mélanges à la chaux vive, dans une proportion de 20 pour % et soient enfouis profondément, ou mieux encore, placés dans des citernes étanches recouvertes d'écoutilles.

Bougies de paraffine et autres d'origine minérale (Moulage des).

3ᵉ classe. — Décret du 31 décembre 1866.

Inconvénients. — Odeur, danger d'incendie.

PRESCRIPTIONS : 1° Ne fondre que les matières premières préparées à l'avance ;

2° Fermer les croisées et toutes les ouvertures de la coulerie de bougies, par lesquelles des vapeurs désagréables pourraient se répandre sur la voie publique ;

3° Diriger les vapeurs et les buées dans une cheminée d'aérage, s'élevant de deux mètres au moins au-dessus des toits voisins, compris dans un rayon de 50 mètres.

Bougies et autres objets en cire et en acide stéarique.

3ᵉ classe. — Décret du 31 décembre 1866.

Inconvénient. — Danger d'incendie ;

PRESCRIPTIONS : 1° Placer l'ouverture des foyers et cendriers, en dehors des magasins et de l'atelier où s'opère la fusion des matières premières préparées à l'avance ;

2° Fermer toutes les ouvertures dudit atelier et diriger les buées et vapeurs au-dessus des toits voisins, par une cheminée d'aérage suffisamment élevée.

Bouillon de bière (Distillation de) Voir **Distilleries**.

Boules au glucose caramélisé pour usage culinaire (Fabrication des).

2ᵉ classe. — Décret du 7 mai 1878.

Inconvénient. — Odeur.

PRESCRIPTIONS : 1° Couvrir les chaudières où s'opère la saccharification ;

2° Diriger les vapeurs dans une cheminée de 15 à 20 mètres de hauteur au-dessus du sol ;

3° Conduire les gaz non condensés, sur le foyer, pour les brûler ;

4° Mettre peu de carbonate de chaux à la fois dans les cuves, afin de transformer l'acide sulfurique en sulfate, dans la crainte de produire une effervescence trop vive ;

5° Neutraliser les ateliers, dans lesquels se trouvent les chaudières à évaporation, et ne jamais jeter les résidus sur la voie publique.

Bourre (Voir **Battage**).

Boutonniers et autres emboutisseurs de métaux par moyens mécaniques.

3° classe. { 14 janvier 1815.
{ 31 décembre 1866.

Inconvénient. — Bruit.

Cette industrie produit des vapeurs mercurielles nuisibles aux ouvriers doreurs de boutons.

Prescriptions : 1° Éloigner des murs mitoyens, toutes les machines faisant du bruit ou capables d'ébranler ;

2° Fermer toutes les ouvertures donnant sur la rue et du côté des voisins ;

3° Les vases, destinés à dorer par l'amalgame, doivent être disposés de manière que le mercure volatilisé soit conduit dans un long tuyau en fer, mis en rapport avec une haute cheminée ;

4° Si on fabrique des boutons avec des os, on n'emploiera que des os secs. Les eaux de macération seront enlevées avec soin, ainsi que les débris ; on ne pourra brûler dans l'atelier, aucune matière provenant des opérations.

Boyauderies (Travail des boyaux frais pour tous usages).

1re classe. { 14 janvier 1815.
{ Décret du 13 décembre 1866.

Inconvénients. — Odeur, émanations nuisibles.

PRESCRIPTIONS : 1° Isolement absolu des ateliers ;

2° Couvrir les chaudières avec des tambours, munis de portes et communiquant avec une haute cheminée ;

3° Ne déverser sur la voie publique aucune eau de lavage, mais les conduire à l'égout par un canal souterrain, après les avoir reçues dans un réservoir-dépôt, fermé par une cuvette hermétique, et situé au milieu de l'atelier dallé et cimenté à la chaux hydraulique avec pente convenable ;

4° Faire de fréquents lavages des murs à la hauteur d'un mètre avec de l'eau chlorurée ;

5° Les excréments, les déchets solides doivent être exportés, chaque jour, dans des vases hermétiquement fermé et ne seront jamais brûlés ;

6° La fonte des graisses et suifs ne doit être opérée qu'au bain-marie, si l'usine n'est pas entièrement isolée ;

7° Les cuves à fermentation doivent être placées sous un hangar, ou dans un atelier, sous une hotte en communication avec une cheminée, élevée suivant les exigences locales.

NOTA. — En faisant usage du procédé Labarraque, on peut détruire l'odeur putride des intestins, sans nuire, en aucune manière, aux différentes opérations qu'on leur fait subir ensuite, avant de les livrer au commerce. Pour cela, on emploie deux à trois seaux d'eau, contenant 1,500 grammes de chlorure de soude à 12 ou 13°, que l'on verse sur les intestins dégraissés d'une cinquantaine de bœufs ; les intestins perdent immédiatement leur odeur, la membrane muqueuse s'en sépare facilement et l'insufflation peut se faire alors, sans inconvénient pour les ouvriers.

Boyaux et pieds d'animaux abattus (Dépôts de) Voir **Chairs et débris**.

Boyaux salés destinés au commerce de la charcuterie (Dépôt de).

2ᵉ classe. — Décret du 7 mai 1878.

Inconvénient. — Odeur.

PRESCRIPTIONS : Ventiler énergiquement le dépôt par de larges cheminées d'aération ; laver le sol fréquemment avec de l'eau chlorurée ou phéniquée ; ne recevoir dans le magasin, que des boyaux lavés préalablement à l'abattoir et débarrassés de toutes matières fécales ou autres ; rendre le sol du magasin imperméable par un bon dallage en pierres dures rejointoyées au ciment hydraulique ; recouvrir d'une bonne couche de ciment, les parois inférieures des murs, jusqu'à un mètre de hauteur.

Brasseries.

3ᵉ classe. — Décret du 31 décembre 1866.

Inconvénient. — Odeur.

Les inconvénients que présentent les brasseries sont assez sérieux pour que l'autorité ait cru devoir, quelquefois, refuser l'autorisation d'établir de semblables usines dans le centre des villes, lorsque, par suite de la disposition des lieux, il était impossible aux pétionnaires d'exécuter les dispositions, propres à mettre le voisinage à l'abri des incommodités qu'elles produisent.

Les principales mesures et les dispositions, proposées en 1864 par le Conseil central, comme des plus propres à faire cesser ces inconvénients et ces dangers, ont été adoptées par M. le Préfet et reprises dans son arrêté du 5 décembre 1864, ainsi conçu :

Nous, Préfet du département du Nord, Grand-Officier de l'Ordre impérial de la Légion d'Honneur, Commandeur de l'Ordre de Léopold de Belgique,

Vu les plaintes qui se sont élevées contre les inconvénients, produits par l'épaisse fumée, que répandent les cheminées des brasseries établies dans la ville de Lille et par l'écoulement de leurs eaux et résidus ;

Vu les lettres de M. le Maire de Lille, des 23 juin et 24 novembre dernier :

Vu le rapport du conseil central d'hygiène et de salubrité publiques du département, du 25 juillet précédent ;

Vu les lois des 14-22 décembre 1789 et 16-24 août 1790 ;

Vu le décret du 15 octobre 1810 et l'ordonnance du 14 janvier 1815 ;

Considérant que les brasseries de Lille ne sont généralement pourvues que de cheminées ordinaires, desquelles s'échappe une fumée noire, épaisse et abondante, qui retombe, en parcelles de suie, dans les habitations voisines et dans les rues et promenades publiques ;

Que souvent même ces cheminées, d'une hauteur insuffisante, projettent des flammes et des parcelles de suie incandescentes ;

Qu'en outre, les brasseries répandent au dehors, des buées d'une odeur pénétrante et incommode, et font écouler dans les cours d'eau et sur la voie publique, des eaux et des résidus chargés des matières végétales, qui se décomposent au contact de l'air et produisent des émanations malsaines ;

Qu'il résulte de ces faits de graves inconvénients pour la salubrité publique et des dangers sérieux d'incendie ;

Considérant qu'il importent de prendre des mesures pour faire cesser ces inconvénients et ces dangers,

Arrêtons :

Article premier. — Les brasseries en exploitation dans la ville de Lille et dans les territoires qui en dépendent, devront, ainsi que celles qui pourront y être établies à l'avenir, se conformer aux dispositions suivantes :

1° Les foyers de toutes les chaudières seront mis en communication par des carneaux horizontaux, avec une grande cheminée en maçonnerie de 30 mètres de hauteur et de 1 mètre 20 cent. de diamètre, qui servira d'issue unique à la base inférieure, à la fumée de tout l'établissement ;

Le carneau horizontal établissant la communication entre la cheminée et le foyer le plus proche de celle-ci, ne pourra avoir moins de 10 mètres de longueur ; dans le cas où cette distance ne pourra pas être observée, on suppléera à cette condition par la construction d'une chambre close, de cinq mètres cubes de capacité au moins, placée entre le foyer et la cheminée établissant la communication entre eux et dans laquelle passeront les fumées, avant de s'engager dans la cheminée ;

2° L'atelier des chaudières contenant l'eau et la bière en ébullition, n'aura point d'ouverture dans les murs latéraux, il se terminera supérieurement par une cheminée d'appel, qui donnera seule issue aux buées provenant de l'ébullition. Cette cheminée s'élèvera de deux mètres au moins, au-dessus des toits voisins dans un rayon de cinquante mètres ;

3° La chambre contenant la touraille, n'aura point d'ouverture dans les murs latéraux, elle se terminera supérieurement par une cheminée d'appel, qui donnera seule issue aux gaz et vapeurs provenant de la touraille ; cette cheminée d'appel dominera de deux mètres les toits voisins dans un rayon de cinquante mètres ;

4° Les eaux provenant du mouillage des grains, du lavage des chaudières, tonneaux, ustensiles et ateliers, seront reçues dans un bassin en maçonnerie, bien cimenté et étanche, de dix mètres cubes de capacité au moins, elles y seront brassées avec deux kilogrammes de chaux vive amenée à l'état de lait, par mètre cube de liquide et abandonnées au repos, jusqu'à ce que les matières insolubles se soient séparées par précipitation ; dans un des murs du bassin, on établira une ouverture verticale de 0 m, 20 c. de large, qui sera fermée par un madrier de chêne fixe, ce madrier sera percé, de 10 en 10 cent. d'ouvertures circulaires, qui seront fermées par des chevilles de bois, c'est par ces orifices successivement ouverts du haut en bas, au-dessus du dépôt, que les eaux clarifiées seront décantées et versées, non sur la voie publique, mais dans des aqueducs communiquant avec des égouts publics. Les matières déposées seront enlevées fréquemment et charriées dans la campagne, les drêches seront enlevées chaque jour ;

5° Les murs mitoyens seront protégés par des contre-murs, contre le voisinage des chaudières, bacs, carneaux, foyers et cheminées, de manière à les préserver de toute atteinte incommode provenant de la chaleur ou de l'humidité ;

6° Le pavage des divers ateliers sera fait en pierres dures, rejointoyées au ciment hydraulique avec pente convenable pour l'écoulement des eaux.

Art. 2. M. le Maire de Lille est chargé de l'exécution du

présent arrêté, qui sera publié, affiché et notifié par ses soins aux intéressés. Expédition en sera également adressée à M. l'Inspecteur de la salubrité.

Fait à Lille, le 5 décembre 1864.

Signé : VALLON.

Pour ampliation conforme :
Le Conseiller de Préfecture faisant fonction
de Secrétaire-Général,
V. BALSON.

Aux conditions qui précèdent, il serait utile d'ajouter, pour les brasseries, dans lesquelles on a l'habitude de poser des planches sur les chaudières, l'obligation de les fixer solidement, pour éviter la chute des ouvriers et les malheurs, qui en sont trop souvent la conséquence.

Briqueteries avec fours non fumivores.

2e classe. { 14 janvier 1845.
Décret du 31 décembre 1866

Inconvénients. — Fumée abondante au commencement de la fournée (quand les briques sont cuites dans des fours). Pour les briqueteries en plein air, l'action de la chaleur et des gaz sur la végétation est préjudiciable ; — La vue du feu peut effrayer les chevaux.

Un arrêté préfectoral, en date du 22 juin 1812, interdit de cuire les briques à moins de cinquante mètres des routes et voies de communication, à partir de la crête extérieure des fossés bordant ces routes.

Il serait logique d'exiger semblable distance des propriétés voisines. Mais l'extrême division de la propriété a souvent nécessité des dérogations à ce principe.

Les prescriptions, habituellement indiquées, en vue de remédier aux graves inconvénients de ces opérations, consistent à n'autoriser la mise des feux, qu'après l'enlèvement des récoltes en céréales dans un rayon de cinquante mètres, quand la pièce de terre, sur laquelle le four doit être érigé est exiguë ; à protéger par des toiles ou des paillassons tendus près du four, les arbres et les haies vives des voisins, à conserver au terrain d'où on extrait l'argile, une pente suffisante et exécuter les travaux nécessaires pour assurer l'écoulement des eaux et le desséchement des terrains.

Mais, il faut bien le reconnaître, si ces moyens employés souvent avec beaucoup de négligence, parviennent quelquefois à empêcher le grillage et la destruction des feuilles, ils sont insuffisants pour assurer le succès de la floraison, et les arbres fruitiers, les houblonnières, etc., se trouvent, suivant la direction des vents, frappés de stérilité dans un rayon assez étendu.

Ces considérations, justifiées par les difficultés sans cesse renouvelées entre les ayants-cause, toute les fois que les fours ne se trouvent pas à une très grande distance (100 mètres) des champs voisins, ont amené la nécessité d'interdire les fours à moins de cent mètres des habitations et la mise des feux pendant le mois de juin, époque de la floraison des blés.

Briquettes ou agglomérés de houille (Voir **Agglomérés**)

Brûleries des galons et tissus d'or ou d'argent (Voir **Galons**).

Buanderies

2ᵉ classe. — 5 novembre 1826.
3ᵉ classe. — Décret du 31 décembre 1866.

Inconvénient. — Altération des eaux.

Les buées des lavoirs et chaudières pénètrent et s'infiltrent dans les murs mitoyens, les dégradent et y entretiennent une humidité, qui rend les habitations voisines insalubres.

Ces vapeurs ne doivent jamais s'échapper du côté de la voie publique.

Prescriptions : 1° Pour éviter ces inconvénients, on surmontera les cuviers à lessives, de hottes communiquant avec la cheminée principale, qui s'élèvera à trois mètres au moins au-dessus du toit de l'atelier ; on isolera les cuviers, des murs mitoyens que l'on enduira, jusqu'à une hauteur d'un mètre, d'une couche de ciment romain de cinq centimètres d'épaisseur ;

2° Le sol sera pavé en pierres dures rejointoyées à la cendrée hydralique, avec pente convenable pour l'écoulement des eaux savonneuses dans l'égout le plus voisin, ou bien dans une citerne étanche d'où elles seront extraites, pour être transportées au dehors, dans des tonneaux hermétiquement fermés ;

3° Dans aucun cas, elles ne pourront séjourner sur la voie publique, ni dans les fossés voisins de l'établissement ;

4° Les châssis de la buanderie seront mobiles sur les côtés opposés à la voie publique et aux habitations, afin de pouvoir établir, au besoin, une bonne ventilation.

Café (Torréfaction en grand du).

3ᵉ classe. { Arrêté ministériel du 11 février 1882.
Décret du 31 décembre 1866.

Inconvénient. — Odeur et fumée.

Prescriptions : 1° Clore par des châssis dormants toutes les ouvertures de l'atelier, autres que la porte, qui devra être disposée de manière à se fermer d'elle-même par un contrepoids ;

2° Construire dans ledit atelier, au-dessus du fourneau, une hotte le débordant de trente centimètres à sa base et se raccordant à la cheminée du foyer, afin de donner une issue facile aux vapeurs s'échappant des brûloirs ;

3° Pratiquer des carneaux à la partie inférieure des murs, pour faciliter la ventilation.

Caillettes et Caillons pour la confection des fromages (Voir **Chairs et débris**, etc.

Cailloux (Fours pour la calcination des).

3ᵉ classe. — Décret du 31 décembre 1866.

Inconvénient. — Fumée.

PRESCRIPTION : La cheminée doit avoir une élévation de cinq mètres au moins, au-dessus des toits environnants dans un rayon de cent mètres.

Calcination des cailloux (Voir **Cailloux**).

Caoutchouc (Travail du) avec emploi d'huiles essentielles ou de sulfure de carbone.

2ᵉ classe. — Décret du 31 décembre 1866.

Inconvénients. — Odeur, danger d'incendie.

Le caoutchouc sert à fabriquer des rouleaux pour l'imprimerie, des tubes, des instruments de chirurgie. Il est surtout employé pour être appliqué sur la toile et constituer un tissu imperméable. Pour ce dernier emploi, on fait dissoudre des lames de caoutchouc dans deux ou trois fois leur poids d'essence de térébenthine rectifiée.

Le danger d'incendie résulte de la présence des essences, qu'on est obligé d'emmagasiner et de manier constamment, et de la fusion du soufre que l'on mélange avec le caoutchouc ; quelquefois, il y a danger pour les ouvriers, si les vapeurs d'essence de térébenthine ne sont pas convenablement chassées en dehors par une bonne ventilation.

CONDITIONS : 1° Construire un fourneau en briques pour la fonte du soufre et du caoutchouc et adapter à la chaudière un couvercle à charnières, pouvant s'abaisser pour arrêter la combustion du soufre, s'il venait à s'enflammer;

2° Surmonter la chaudière d'une hotte communiquant avec une cheminée haute de 10 à 25 mètres, suivant l'isolement des ateliers ou leur situation au centre d'une agglomération d'habitations;

3° Construction d'un magasin isolé avec des matériaux incombustibles, pour y déposer les essences nécessaires à la fabrication.

Caoutchouc (Application des enduits du).

2° classe. — Décret du 31 décembre 1866.

Inconvénients. — Danger d'incendie.

PRESCRIPTIONS : 1° Construire l'atelier où se fera la fonte du caoutchouc et la préparation du vernis en matériaux incombustibles;

2° Placer l'ouverture du foyer en dehors de l'atelier, surmonter celui-ci d'une hotte d'une section de un mètre à sa base et s'élevant à deux mètres au-dessus des toits voisins, dans un rayon de cinquante mètres;

3° Appliquer les solutions à froid;

4° Isoler le magasin destiné à contenir les essences et les matières fabriquées et ne point y pénétrer avec de la lumière.

Carbonisation du bois à l'air libre dans les établissements et autre part qu'en forêt.

2° classe. { 20 septembre 1825.
Décret du 31 décembre 1866.

Inconvénients. — Odeur et fumée.

Il est difficile d'exiger, dans cette opération, autre chose qu'un éloignement suffisant des habitations et l'apposition de toiles ou paillassons dans la direction des vents.

Carbonisation du bois en vases clos avec dégagement dans l'air, des produits gazeux de la distillation.

2ᵉ classe. — Décret du 31 décembre 1866.

Inconvénients. — Odeur et fumée.

Prescriptions : 1° Le four à calcination sera recouvert d'une hotte et surmonté d'une cheminée haute de quinze à trente mètres, suivant les localités (ville ou campagne) et l'importance de la fabrication ;

2° Le four sera, autant que possible, séparé de toute habitation.

Carbonisation du bois en vases clos avec combustion des produits gazeux de la distillation.

3ᵉ classe. — Décret du 31 décembre 1866.

Inconvénients. — Odeur et fumée.

La seule précaution à exiger de l'industriel, c'est que les gaz, ayant les émissions, au dehors du four, soient dirigés sur un foyer toujours incandescent.

Carbonisation des matières animales en général.

1ʳᵉ classe. — Décret du 31 décembre 1866.

Inconvénient. — Odeur.

Prescriptions : Ces établissements devront être éloignés des agglomérations d'habitations et la fumée produite par cette calcination, devra se rendre dans une cheminée ayant au moins 30 mètres d'élévation, afin de disséminer les odeurs dans l'air ambiant.

(Voir pour la carbonisation des *os*, *Noir animal*).

Cartonniers.

2ᵉ classe. — 14 janvier 1815,
3ᵉ classe. — Décret du 31 décembre 1866.

Inconvénient. — Odeur.

Le odeurs qui forment le principal inconvénient de cet atelier, résultent de la macération des débris de papiers et de chiffons, dont on fait usage pour la fabrication de cartons.

1° PRESCRIPTIONS : Les séchoirs doivent être murés et plafonnés pour éviter les incendies. L'ouverture du foyer sera située en dehors de la pièce. Le lieu où son placés les cuves à détremper et les presses, doit être pavé en dur et rejointoyé à la chaux hydraulique :

2° Les eaux doivent être reçues dans une citerne étanche, pour être exportées en vase clos ou conduites aux égouts par un aqueduc muni, à l'orifice, d'une grille serrée, sans pouvoir jamais s'écouler sur la voie publique.

Celluloïde et produits nitrés analogues (Fabrication du).

1re classe. — Décret du 26 février 1881.

Id. (Ateliers, de façonnage du).

2e classe. — Décret du 26 février 1881.

Inconvénients. — Vapeurs nuisibles, danger d'incendie.

PRESCRIPTIONS : 1° Diriger les vapeurs dans l'air, au moyen d'une cheminée d'appel :

2° Établir des carneaux à la partie inférieure des murs, recevoir les eaux dans une citerne étanche, et ne les laisser écouler au dehors, qu'après neutralisation et clarification ;

3° Prendre toutes précautions pour éviter les incendies.

Cendres d'orfèvres (Traitement des).

1re classe. — 14 janvier 1815.
3e classe. — Décret du 31 décembre 1866.

Inconvénient. — Fumées métalliques.

PRESCRIPTIONS : 1° Les émanations nuisibles proviennent de la dissémination de l'oxide de plomb. On affaiblira leur action sur les ouvriers, en surmontant d'une hotte, mise en communication avec la cheminée, le fourneau à coupellation ;

Ralentir le tirage en abaissant la température, est donc le but à atteindre, comme dans la révivification des cendres de plomb.

2° Suivant la proximité des habitations, on doit limiter les dimensions du fourneau ainsi : hauteur 1 mètre, section intérieure vers la base 20 cent. Avec ces dimensions le fourneau débouche dans un chenal en maçonnerie de 30 cent. de largeur, 1 m. 20 de hauteur, sur une longueur de 4 mètres ;

3° Ce chenal se continue à l'autre extrémité dans la partie inférieure, avec une cheminée en poterie ou maçonnerie, s'élevant au-dessus des toits voisins, et en tous cas à 8 mètres au moins du sol ;

4° En outre, le travail ne doit être effectué que la nuit, si l'usine n'est pas parfaitement isolée ;

5° On recommandera aux ouvriers toutes les précautions hygiéniques, nécessaires pour les soustraire à l'action nuisible du plomb.

Cendres gravelées avec dégagement de la fumée en dehors.

1re classe. { 14 janvier 1815.
{ Décret du 31 décembre 1866.

Inconvénients. — Fumée et odeur.

Ainsi que nous le dirons pour la fabrication de la potasse provenant des mélasses, il est convenable de faire arriver la fumée provenant de la calcination, sous la grille d'un foyer en ignition et dans un grand état de division.

Dans le cas contraire prévu par la présente classification, un isolement absolu et une grande hauteur de cheminée doivent être indiqués (30 mètres au moins).

Cendres gravelées avec combustion ou condensation des fumées.

2ᵉ classe. { 14 janvier 1815.
Décret du 31 décembre 1873.

Inconvénients. — Fumée et odeur.

En faisant arriver les gaz très divisés sur la grille d'un foyer en activité, l'odeur est à peine sensible dans le voisinage, pourvu que la cheminée ait une certaine élévation, vingt-cinq à trente mètres.

Céruse au blanc de plomb (Fabrication de la).

2ᵉ classe. — 14 janvier 1815.
3ᵉ classe. — Décret du 31 décembre 1866.

Inconvénient. — Émanations nuisibles.

PRESCRIPTIONS : 1° L'atelier destiné à renfermer la chaudière à fondre le plomb aura une élévation de quatre mètres au moins. Cette chaudière sera recouverte d'un tambour circulaire, ayant une porte montée sur coulisse : elle sera mise en communication avec une cheminée de vingt-cinq mètres de hauteur au moins ;

2° Les impétrants ne pourront, sans aucun prétexte, se livrer à la revivification du plomb ;

3° Les lames de plomb recouvertes de céruse, seront épluchées par des ouvriers munis de gants ; cette opération sera faite dans un local bien ventilé ;

4° Le plomb carbonaté sera séparé des lames non entièrement attaquées, au moyen d'un appareil à cylindres cannelés, employé dans les principales usines de Lille, et non par le battage, comme cela s'exécute encore dans quelques fabriques ;

L'atelier où se fera cette opération, sera muni de fenêtres à bascules, établies sur deux côtés opposés, afin d'obtenir toujours une ventilation suffisante, pour enlever rapidement les molécules les plus tenues de céruse, qui pourraient se répandre dans l'atmosphère ;

5° Les meules à broyer le blanc de plomb, seront placées dans un atelier vaste et bien aéré ; les ouvriers chargés de déposer la céruse sous lesdites meules, prendront les plus grandes précautions pour éviter de produire de la poussière. Le broyage se fera à l'eau, et les ouvriers seront munis de gants pendant le travail.

Il en sera de même pour ceux qui seront employés à empoter la céruse avant l'étuvage et à la dépoter après cette opération ; la mise en poudre de ces pains aura lieu à l'aide d'un moulin à cannelures ;

6° Le blutage se fera dans un atelier isolé des autres. Les blutoirs seront entourés d'un bâtis en bois ou d'une caisse hermétiquement fermée, de façon que la poudre la plus tenue ne puisse s'échapper et se répandre dans l'air.

Les ouvriers employés à ces opérations diverses, devront également porter des gants ;

Ils ne feront aucun repas dans les ateliers ; ils se laveront les mains, les bras et la figure avec de l'eau et du savon ; Ils prendront, de temps en temps, un bain sulfureux ;

Comme préservatif accessoire, on leur conseillera d'être sobres et d'éviter l'usage de l'alcool.

Chairs, débris et issues (Dépôts de) provenant de l'abattage des animaux.

1re classe. { 9 février 1825. Décret du 31 décembre 1866.

Inconvénient. — Odeur.

PRESCRIPTIONS : L'isolement est commandé par le classement.

Les touraîlles à dessécher les cuves à macération, placées sous des hangars, doivent recevoir une ventilation complète.

Les eaux de macération doivent être exportées pour

engrais et reçues provisoirement dans des citernes étanches et fermées.

Les os, crins, cornes, doivent être disposés sous des hangars secs.

Les graisses, peaux, chairs fraîches, seront enlevées de l'usine avant toute fermentation putride.

Toutes les parties de l'usine doivent être pavées en pierres dures rejointoyées à la chaux hydraulique, avec pente convenable vers une rigole conduisant aux citernes.

Les murs de l'atelier de travail seront en outre garnis de dalles cimentées à la chaux hydraulique jusqu'à la hauteur d'un mètre et lavés au moins une fois par semaine avec de l'eau chlorurée.

Les ouvriers employés dans l'usine devront prendre toutes les précautions indiquées à l'article *équarrissage*.

De hautes plantations autour de l'usine faciliteront la dissémination des gaz fétides

Chamoiseries.

2º classe. { 14 janvier 1815.
Décret du 31 décembre 1866.

Inconvénient. — Odeur.

PRESCRIPTIONS : L'atelier sera pavé en pierres dures, rejointoyées à la chaux hydraulique ;

L'ouverture des foyers et cendriers sera en dehors de l'atelier des chaudières. Celles-ci seront surmontées d'un manteau communiquant avec la cheminée, qui s'élèvera à deux mètres au-dessus des toits voisins ;

Aucune ouverture donnant sur la voie publique ne sera tolérée dans ledit atelier ;

Aucun déchet ne sera brûlé ;

Aucune tonne à l'huile de dégras ne séjournera dans la rue ;

Aucune peau à sécher ne sera exposée sur la voie publique ;

Les eaux de macération et de rinçage ne pourront s'écouler dans les fossés ou cours d'eau voisins, qu'après avoir été traitées par la chaux et avoir filtré à travers une couche de tannée.

Chandelles (Fabrication des).

2e classe. — 14 janvier 1812.
3e classe. — Décret du 31 décembre 1866.

Inconvénients. — Odeur, danger d'incendie.

PRESCRIPTIONS : La fabrication exclusive des chandelles doit se faire avec du suif épuré. On ne recevra, sous aucun prétexte, du suif en branche dans l'établissement, qui ne devra pas non plus posséder de presse à cretons ;

La chaudière doit être recouverte d'un manteau conduisant les vapeurs dans une cheminée surmontant de deux mètres le faîte des habitations les plus élevées, comprises dans un rayon de cinquante mètres ;

L'ouverture du foyer et celle du cendrier doivent être pratiquées dans un lieu séparé de la chambre de fusion et du dépôt des matières grasses ;

Dans l'atelier de fusion, les pièces de bois apparentes doivent être recouvertes d'une couche de mortier, et les ouvertures du côté de la voie publique garnies de châssis dormants pour éviter l'expansion au dehors des odeurs de suif fondu.

Chantiers de bois à brûler dans les villes,

3e classe. { 4 février 1825.
                Décret du 31 décembre 1866.

Inconvénients. — Émanations nuisibles, danger d'incendie.

PRESCRIPTIONS : Ces dépôts doivent être séparés du foyer

par des murs de toute espèce. On ne doit employer, pour l'éclairage, que des lampes de sûreté.

Chanvre (Teillage et rouissage du) en grand. Voir aux mots **Teillage et rouissage**.

Chanvre imperméable. Voir **Feutre goudronné**.

Chapeaux de feutre (Fabrication de).

2e classe. — 14 janvier 1815.
3e classe. — Décret du 31 décembre 1866

Inconvénients. — Odeur et poussière.

PRESCRIPTIONS : La chaudière de teinture doit être surmontée d'une hotte en communication avec la cheminée : celle-ci doit être élevée de deux mètres au-dessus des toits voisins dans un rayon de 50 mètres ;

Pendant le battage, toutes les ouvertures sur la voie publique doivent être closes, la ventilation devant se faire sur la propriété même au moyen d'une cheminée d'appel ;

Aucun écoulement de liquides ne peut avoir lieu sur la voie publique, leur projection à l'égoût ne doit être faite qu'après dépôt des matières en suspension opéré dans l'établissement.

Chapeaux de soie ou autres préparés au moyen d'un vernis (Fabrication de).

2e classe. { 27 janvier 1837.
Décret du 31 décembre 1866.

Inconvénient. — Danger d'incendie.

PRESCRIPTIONS : Les vernis ne seront pas préparés dans l'établissement sans une autorisation spéciale et après enquête exigée pour les industries de seconde classe ;

Les ateliers où l'on applique les vernis, ou l'on emploie les résines à l'aide du fer chaud, devront être munis d'une cheminée d'aérage dépassant de trois mètres au moins les toits les plus élevés des habitations comprises dans un rayon de cinquante mètres ;

Des ouvertures pratiquées à la partie inférieure des ateliers assureront le renouvellement de l'air ;

Les jours sur la voie publique ou sur le voisinage devront être munis de châssis dormants, et les portes s'ouvrir intérieurement ;

La teinture de soie se fera sous une hotte ;

Les chapeaux seront séchés dans une étuve spéciale ;

Les vernis seront renfermés dans une pièce ou magasin séparé de l'étuve et du fourneau ;

Une certaine quantité de sable fin sera en réserve pour le cas d'incendie.

Charbons agglomérés (Voir **Agglomérés**).

Charbon animal (Fabrication ou révivification du). Voir **Carbonisation des matières animales.**

1re classe. — 31 décembre 1866.

Charbons de bois dans les villes (Dépôts ou magasins de).

2e classe. — 5 juillet 1834.
3e classe. — 31 décembre 1866.

Inconvénient. — Danger d'incendie.

Ces sortes de dépôts ou magasins présentent des dangers d'incendie, surtout quand les charbons ont été préparés à vases clos, attendu qu'ils peuvent prendre feu spontanément.

PRESCRIPTIONS.: Le magasin ne sera surmonté d'aucun étage, il sera couvert en dur. Le charbon dit *braisette* ne sera déposé que dans une cave ayant une entrée particulière ;

Les magasins ne seront éclairés qu'avec des lampes de sûreté, placés derrière des châssis dormants ;

Il sera nécessaire d'éloigner ces dépôts de tout foyer, et

de les en séparer par un mur. Les charbons seront divisés par petits tas, espacés entre eux.

Charbons de terre. Voir **Houille et coke**.

Chaudières à vapeur.

Circulaire préfectorale à MM. les Sous-Préfets et Maires des arrondissements de Douai, Dunkerque et Hazebrouck, et à MM. les Maires de l'arrondissement de Lille.

Exécution du décret du 25 janvier 1865. — Renseignements statistique.

Lille, le 6 septembre 1878.

Messieurs, aux termes de l'article 10 du décret du 25 janvier 1865, inséré au Recueil des Actes de la Préfecture. N° 9 du volume de 1865, les chaudières à vapeur destinées à être employées à demeure ne peuvent être établies qu'après une déclaration au Préfet du département.

Cette déclaration a pour but de faire connaître au service des Mines les générateurs sur lesquels sa surveillance doit s'exercer.

Je suis informé qu'un certain nombre d'industriels ne déclarent pas leurs appareils, de sorte que le service des Mines se trouve souvent dans l'impossibilité absolue de surveiller des chaudières dont il ne connaît même pas l'existence.

Je vous prie de vouloir bien rappeler à ces industriels que l'article 29 du décret du 25 janvier 1865 porte « que les » contraventions au présent règlement sont constatées, » poursuivies et réprimées conformément à la loi du 21 » juillet 1856, sans préjudice de la responsabilité civile que » les contrevenants peuvent encourir aux termes des arti- » cles 1832 et suivants du Code civil. »

Les industriels qui n'ont pas déclaré leurs chaudières à vapeur devront donc se hâter de se mettre en règle, sinon des contraventions seront constatées à leur charge.

Il importe, en outre, que les renseignements statistiques relatifs à ces usines soient fournis à l'Administration supérieure avec l'exactitude désirable. Dans ce but, M. l'Ingénieur du sous-arrondissement minéralogique de Lille vient de dresser un état destiné à recevoir tous les renseignements utiles.

Je vous serai obligé, Messieurs, de vouloir bien recueillir, en ce qui concerne vos communes respectives, les indications portées sur cet état. Ces indications pourraient vous être fournies soit par les Commissaires de police pour les villes, soit par les gardes-champêtres pour les communes rurales.

Dès que cet état aura été rempli, vous voudrez bien le faire parvenir à la Préfecture, pour l'arrondissement de Lille, et à chacune des Sous-Préfectures pour les autres arrondissements. Pour les communes où il n'existerait pas de chaudières à vapeur, MM. les Maires auront l'obligeance de renvoyer l'état avec le mot *néant*.

Je compte, Messieurs, sur tous vos soins pour que les renseignements donnés soient exacts et aussi complets que possible, et je vous renouvelle l'assurance de ma considération très distinguée.

Pour le Préfet du Nord en congé :

Le Secrétaire-Général délégué,

DE PISTOYE.

Chaudronnerie et Serrurie (Atelier de) employant des marteaux à la main, dans les villes et centres de population de 2,000 âmes et au-dessus ayant plus de dix enclumes ou plus de vingt ouvriers.

2ᵉ classe. — Décret du 7 mai 1878.

Idem ayant de quatre à dix étaux ou enclumes et de huit à vingt ouvriers.

3ᵉ classe. — Décret du 7 mai 1878

Inconvénient. — Bruit.

PRESCRIPTIONS : On établira dans la toiture de l'atelier des ouvertures pour l'évacuation de la fumée ;

On fermera par des châssis dormants les ouvertures donnant sur la voie publique ;

La cheminée des fourneaux s'élèvera à 3 mètres au minimum au-dessus des toits des maisons voisines.

Chaudronnerie. Voir **Forges de grosses œuvres.**

Chaux (Fours à) permanents.

2ᵉ classe. — Décret du 31 décembre 1866.

1ʳᵉ classe. { 20 juillet 1818.
{ Décret du 31 décembre 1866.

Inconvénients. — Fumée, poussière,

Par arrêté préfectoral du Nord, en date du 12 juin 1812, que nous citons ci dessous, les fours à chaux ne peuvent être établis qu'à cinquante mètres de la crête extérieure des fossés bordant les voies de communication, lorsque le four n'est pas masqué par une muraille de deux mètres de hauteur. — Cette même distance devrait être observée pour les habitations. — Les accidents nombreux d'asphyxie, arrivés par l'incurie des passants qui viennent se réchauffer près des goblets, ont nécessité la prescription d'une clôture en palissade fermant à clef, hors le temps de service ;

La sole de déchargement sera placée au niveau du sol environnant de façon à éviter tout encaissement afin que les gaz ne puissent former une couche asphixiante pour les hommes qui s'y arrêteraient ;

Le puits d'extraction des pierres doit être fermé, chaque jour, à la fin du travail par une claie chargée de pierres ;

Les carrières d'extraction des pierres calcaires, lorsqu'elles seront à ciel-ouvert et situées en dehors de l'enclos du four, seront entourées d'une banquette de terre de 80 centimètres de hauteur.

Extrait de l'arrêté préfectoral, en date du 12 juin 1812 (section septième).

....

Article 59. — Il ne pourra être construit aucun four à chaux et à briques, à une distance moindre de 50 mètres des crêtes extérieures des fossés qui bordent les chemins publics, sous peine de démolition, à moins que ce soit dans un terrain particulier, clos de murs de plus de deux mètres de hauteur ; dans tous les cas, la demande en autorisation de former de semblables établissements sera adressée au Sous-Préfet, pour y être statué dans les formes prescrites par le décret impérial du 18 février 1812.

Les fours à chaux et à briques existant maintenant à une distance moindre que celles ci-dessus des chemins, ne pourront être réparés.

Chaux (Fours à) ne travaillant pas plus d'un mois par an.

3ᵉ classe. { 14 janvier 1815. Décret du 31 décembre 1866.

Inconvénients. — Fumée, poussière.

Voir l'article précédent.

Chiens (Infirmerie de).

3ᵉ classe. — 31 décembre 1866.

Inconvénients. — Bruit et odeur.

PRESCRIPTIONS : 1° Paver les cours et les étables à chiens en pierres dures rejointoyées à la cendrée hydraulique, avec pente convenable vers une citerne étanche destinée à recevoir les urines et les eaux de lavage ;

2° Ne jamais introduire dans l'établissement ou y conserver des viandes corrompues ;

3° Renouveler fréquemment la paille des chiens ;

4° Enlever le fumier tous les jours ;

5° Prendre toutes les mesures de précautions pour empêcher les chiens de troubler le voisinage par leurs cris et leurs aboiements.

Chiffons (Traitement des) par la vapeur de l'acide chlorhydrique quand l'acide n'est pas condensé.

1ʳᵉ classe. — Décret du 7 mai 1878.

Inconvénient. — Émanations nuisibles.

Idem, 2° quand l'acide est condensé.

1ʳᵉ classe. — Décret du 7 mai 1878.

Inconvénient. — Émanations accidentelles.

Si l'acide n'est pas condensé, isoler l'atelier de toute habitation ; l'appareil à désinfecter sera recouvert d'une hotte mise en communication avec une cheminée ayant au moins 30 mètres d'élévation au-dessus du sol ;

L'atelier sera muni d'ouvertures à sa partie supérieure et la ventilation sera activée par des carneaux placés à la partie inférieure des murs ; le sol de l'atelier sera pavé en pierres dures rejointoyées au ciment hydraulique avec caniveau conduisant les eaux dans une citerne où elles seront neutralisées par un lait de chaux ; en aucun cas elles ne pourront s'écouler sur la voie publique.

Pour la condensation de l'acide chlorhydrique, on se servira de bombonnes avec circulation d'eau inverse de la production du gaz.

Chiffons (Dépôts de).

2ᵉ classe. — 14 janvier 1815.
3ᵉ classe. — Décret du 26 décembre 1866.

Inconvénient. — Odeur.

La malpropreté de ces matières exige, dans le lieu de dépôt, une ventilation assurée par une cheminée d'appel partant du plafond, et par des ouvertures pratiquées dans le bas de la pièce et du côté de la cour de l'industriel, les communications avec la voie publique étant interceptées.

Chlore (Fabrication du).

2ᵉ classe. { 9 février 1825.
Décret du 31 décembre 1866.

Inconvénient. — Odeur.

PRESCRIPTIONS : 1º Disposer les appareils sous de larges manteaux de cheminée portant les gaz à une grande hauteur. — Ventiler convenablement les ateliers ;

2º Les résidus des opérations seront reçus dans une citerne fermée, pour être emportés ultérieurement de l'usine, sans qu'aucune quantité soit déversée dans la rivière ou sur la voie publique.

Chlorure de chaux (Fabrication du) en grand.

1re classe. — 21 mai 1833.
2e classe. — Décret du 31 décembre 1866.

Inconvénient. — Odeur.

PRESCRIPTIONS : Isolement complet. — Les chambres où les tourilles dans lesquelles on dépose la chaux éteinte, de manière à multiplier les surfaces, doivent se terminer par un appareil propre à dissoudre dans l'eau le gaz surabondant ;

Le sol des ateliers doit être pavé en pierres dures rejointoyées au ciment hydraulique. Les magasins et le laboratoire doivent être ventilés convenablement ;

L'écoulement sur la voie publique ou dans les cours d'eau des résidus solides ou liquides est formellement interdit ;

Les dépôts de chaux non dissoute et de chlorure de manganèse résidu de la fabrication du chlore, doivent être transportés au dehors de l'établissement au fur et à mesure de leur production

Chlorure de chaux (Fabrication du) dans les ateliers fabriquant au plus 300 kilogrammes par jour.

2e classe. — 31 mai 1833.
3e classe. — Décret du 31 décembre 1866.

Inconvénient. — Odeur.

PRESCRIPTION : Mettre les appareils en communication avec une haute cheminée.

Chlorures alcalins, eau de Javelle (Fabrication des).

1re classe. — 9 février 1825.
2e classe. — Décret du 31 décembre 1866.

Inconvénient. — Odeurs.

PRESCRIPTIONS : Les établissements isolés n'auront aucune ouverture directe sur la voie publique ou sur les propriétés voisines. L'atelier de travail sera surmonté d'une hotte partant de la partie supérieure et s'élevant à vingt-cinq mètres au moins au dessus du sol ; des ouvreaux pratiqués à la partie inférieure de l'atelier alimenteront le tirage de cette cheminée ;

Les résidus solides seront exportés ;

Les liquides ne pourront jamais être jetés sur la voie publique, mais ils seront amenés aux égouts par un aqueduc souterrain (1).

Un dallage en pierres dures permettra de maintenir constamment les ateliers dans un état de propreté convenable.

Chlorures de soufre (Fabrication des).

1re classe. — Décret du 26 février 1881.

Inconvénient. — Vapeurs nuisibles.

PRESCRIPTIONS : On établira une bonne ventilation dans les ateliers, et les appareils seront mis en communication avec la cheminée de l'usine au moyen de hottes ;

Les résidus solides seront exportés et les liquides ne pourront s'écouler directement sur la voie publique, mais bien dans l'égout au moyen d'un aqueduc.

Chromate de potasse (Fabrication du).

2e classe. — 31 mai 1833.
3e classe. — Décret du 31 décembre 1866.

Inconvénient. — Odeur.

Pour obtenir le chromate de potasse, on prend le chromate de fer naturel qui contient, en outre, de l'alumine, du manganèse. On le mélange avec une certaine quantité de nitrate

---

(1) Ces résidus de la fabrication peuvent être utilement appliqués à la purification du gaz d'éclairage qu'ils dépouillent des produits sulfurés.

Ces résidus préservent en outre de la putréfaction le sang qu'ils coagulent et conservent, de sorte que, desséché, on en obtient un engrais précieux.

de potasse ; on chauffe le tout dans un creuset jusqu'au rouge. Le gaz qui se dégage de l'opération doit être conduit dans un vase contenant de l'eau où l'acide nitreux se dissout;

Tout l'appareil doit être placé sous le manteau d'une cheminée s'élevant à vingt-cinq mètres au moins au-dessus du sol.

Chrysalides (Ateliers pour l'extraction des parties soyeuses des).

2º classe. — 28 septembre 1820
1ʳᵉ classe. — Décret du 31 décembre 1868.

Inconvénient. — Odeur.

PRESCRIPTIONS : La pièce, tenue parfaitement sèche, sera munie, à la partie supérieure du plafond, d'une cheminée s'élevant au-dessus des toits ;

Aucune ouverture ne doit communiquer avec la voie publique ou les habitations voisines.

Ciment (Fours à) permanents.

2ᵉ classe. { 5 novembre 1826.
Décret du 31 décembre 1872.

Inconvénients. — Fumée, poussière.

Ciment (Fours à) non permanents.

3ᵉ classe. — Décret du 31 janvier 1872.

Inconvénients. — Fumée, poussière.

Le ciment est fabriqué avec des marnes argileuses et des marnes calcaires réunies de manière à former une combinaison dans des proportions déterminées de carbonate de chaux, de silice, d'alumine et de peroxide de fer, suivant la puissance hydraulique que l'on veut donner aux produits ;

Considérés comme four à chaux, ils ne peuvent être autorisés dans les villes.

Lorsque les fours sont surmontés d'une cheminée conique en bonne maçonnerie, ils offrent peu d'inconvénients ;

La porte du four en fer et double ne doit être accessible qu'aux ouvriers ;

Si le four est situé sous un hangar, celui-ci devra être exactement fermé et surmonté d'une cheminée d'appel d'une section d'un mètre à sa base et à soixante centimètres à son sommet, et ayant une hauteur de 15 mètres au-dessus du sol.

Cire à cacheter (Fabrication de la).

2ᵉ classe. — 14 janvier 1815.
3ᵉ classe. — Décret du 31 décembre 1866.

Inconvénient. — Danger d'incendie.

PRESCRIPTIONS : Éloigner les matières premières ou fabriquées de tout foyer ;

Placer en dehors des ateliers où s'opère la fonte des résines, l'ouverture des foyers et cendriers, chasser les odeurs au moyen d'une cheminée d'appel dépassant de trois mètres le faîte des toits des maisons les plus élevées comprises dans un rayon de cinquante mètres.

Cochenille ammoniacale (Fabrication de la).

3ᵉ classe. — Décret du 31 décembre 1866.

Inconvénient. — Odeur.

Cette opération, qui consiste à chauffer au bain-marie de la cochenille avec de l'ammoniaque, donne lieu à un abondant dégagement de gaz ammoniac, dont la dispersion au dehors incommode le voisinage.

PRESCRIPTIONS : Isoler complètement l'atelier de fabrication, et, dans le cas contraire, établir au-dessus de la chaudière une large hotte communiquant avec une cheminée s'élevant à vingt-cinq mètres au-dessus du sol.

Cocons (Traitement de frisons de).

2ᵉ classe. — Décret du 31 décembre 1866.

Inconvénient. — Altération des eaux.

Une sorte de bourre ou de frison garnissent la surface des cocons, on traite ceux-ci par l'eau bouillante, afin de faire dissoudre la gomme qui lie les fils entr'eux et de pouvoir procéder au dévidage. Cette opération donne lieu à des odeurs désagréables provenant de la macération dans l'eau de la matière animale putrescible.

PRESCRIPTION : Ne jamais laisser écouler sur la voie publique les eaux de macération ou d'immersion, ni les jeter dans un cours d'eau avant leur épuration par la chaux.

Cocons (Traitements de) Voir **Filature**.

Coke (Fabrication du) en plein air ou en fours non fumivores.

1ʳᵉ classe. — Décret du 31 décembre 1866.

Inconvénients. — Fumée et poussière.

PRESCRIPTIONS : N'autoriser l'établissement de ces fours que loin des habitations et près du carreau du menu de charbon où la décomposition de la houille ne nuira à personne, quelque grand que soit le nombre des fours ;

Il sera utile de demander pour la cheminée, construite entièrement en maçonnerie, une hauteur d'au moins vingt-cinq mètres au-dessus du sol.

Coke (Fabrication du) en fours fulmivores.

2ᵉ classe. { 15 janvier 1815.
Décret du 31 décembre 1866.

Inconvénient. — Poussière.

PRESCRIPTION : Brûler la fumée en réunissant celle d'un certain nombre de fours dans un carneau commun débouchant dans une cheminée centrale ayant vingt-cinq mètres de hauteur, ou par tout autre moyen qu'il conviendra à l'industriel d'employer.

Colle forte (Fabrication de la).

1re classe. { 14 janvier 1815.
{ Décret du 31 décembre 1866.

Inconvénients. — Odeur, altération des eaux.

PRESCRIPTIONS : Si l'usine n'est pas très éloignée des habitations, la fabrication n'aura lieu qu'à l'aide de déchets de tanneries (déchets de peaux de bœufs, veaux, moutons), préalablement desséchés et passés à la chaux (les dépôts de ces matières sont à peu près inodores); mais l'industriel ne peut, sous aucun prétexte, recevoir de matières animales vertes, ni d'os, même à l'état de siccité ;

Un manteau établi sur la chaudière sera mis en communication avec la cheminée, dont la hauteur sera proportionnée à l'éloignement des habitations (vingt mètres); on fera macérer les cuirs dans des pleins, d'ordinaire en maçonnerie, parfaitement étanches et pouvant se vider entièrement; un pavement en pierres dures, cimentées à la chaux hydraulique, sera établi dans l'atelier de travail. On fera écouler les eaux, rendues parfaitement claires, jusqu'aux égoûts ou rivières, à l'aide d'un aqueduc muni d'une grille à son orifice dans l'usine, et jamais sur la voie publique ;

On opérera l'enlèvement quotidien des résidus solides qu'on ne brûlera en aucun cas ;

Ces moyens paraissent faciles et suffisants pour prévenir toute gêne pour les voisins.

Si l'industriel veut recevoir des os ou des matières animales vertes, l'isolement devra être plus complet, car les rats peuvent être attirés par le dépôt des matières, et leur odeur est toujours désagréable. Les cuirs et autres matières peuvent être plongés dans un bain de chaux dès leur entrée ;

les os peuvent être placés dans des magasins aérés par des cheminées d'appel, comme les dépôts d'os.

(Voyez ce *mot*).

Collodion (Fabriques de).

1re classe. { Arrêté ministériel du 21 janvier 1874.
Décret du 7 mai 1808.

Circulaire de M. le Préfet à MM. les Sous-Préfets et Maires du département

Lille, le 2 mars 1874.

J'ai l'honneur de vous informer que, par arrêté en date du 21 janvier 1874, M. le Ministre de l'Agriculture et du Commerce a décidé que les fabriques spéciales de collodion seront désormais rangées dans la 1re classe des établissements insalubres.

Cette décision ne s'applique qu'aux fabriques spéciales de collodion; la fabrication de cette substance dans un établissement autorisé à emmagasiner des éthers, continue à n'être pas soumise au classement.

Il conviendra à l'avenir d'instruire, d'après les règles de la première classe, les demandes qui se produiraient pour la création de fabriques spéciales de collodion.

PRESCRIPTIONS ; 1° *Pour la préparation du coton azotique :*

Surveiller l'opération pour qu'aucune portion du coton ne dépasse au-dessus du liquide, dans la crainte que celui-ci, en s'échauffant par la réaction même, et son peu de conductibilité, ne donne lieu à d'abondantes émanations de vapeurs délétères de gaz acide hypoazotique ;

Soumettre le produit à l'arrosage et à des lavages énergiques jusqu'à cessation d'acidité ;

Dans le cas où le produit n'est pas conservé sous l'eau, le dessécher par des courants d'air froid et ensuite le renfermer dans des vases solides et non fragiles, n'opérer que sur de petites quantités à la fois, et toujours dans un local ventilé et non surmonté.

2° Pour la fabrication du collodion.

PRESCRIPTIONS : Interdiction du travail des enfants dans ces fabriques ;

Ne pas fabriquer plus d'un kilogramme à la fois ;

Recouvrir les appareils de hottes communiquant avec la cheminée de l'usine et conduisant les vapeurs nitreuses au dehors de l'atelier ;

Établir des carneaux à la partie inférieure des murs de l'atelier pour faciliter la ventilation ;

Conserver les produits fabriqués dans un bâtiment isolé et éclairé dans lequel on ne pourra pénétrer, le soir, qu'avec des lampes de sûreté ;

Avoir dans le dépôt 1 mètre cube de sable en cas d'incendie.

Combustions des plantes marines dans les établissements permanents.

1re classe. { 27 mai 1837. Décret du 31 décembre 1866.

Inconvénients. — Odeur et fumée.

Il y a peut-être quelque exagération dans cette énumération des inconvénients en ce qui a trait à la végétation. Cependant l'intensité de la chaleur peut être dommageable aux récoltes. Aussi la mise des feux ne doit-elle être autorisée qu'après l'enlèvement des produits de la culture. si la combustion ne se fait pas dans un lieu clos de murailles élevées de 3 mètres au moins au-dessus des tas de plantes comburées ; et dans ce cas, des toiles ou paillassons doivent s'opposer à l'action des vents du côté de la végétation ; aux termes de la classification, l'établissement doit être porté loin des habitations.

Conserves alimentaires (Fabrication de boîtes de) Voir **Substances alimentaires**.

A MM. les Sous-Préfets et Maires du département.

Salubrité. — Interdiction de l'emploi des sels et des vases de cuivre dans la préparation des conserves alimentaires.

Lille, le 24 août 1877.

Messieurs, un arrêté en date du 7 janvier 1861, inséré au recueil des Actes administratifs de la même année, page 12, interdit aux fabricants et commerçants d'employer des vases et des sels de cuivre dans la préparation des conserves de fruits et légumes destinés à l'alimentation.

Il importe au plus haut point, dans l'intérêt de la santé publique, que ces prescriptions ne soient pas perdues de vue.

Je vous prie, Messieurs, de vouloir bien les rappeler aux fabricants de conserves, en les prévenant qu'ils s'exposeraient à des poursuites s'ils livraient à la consommation des produits alimentaires reverdis à l'aide de sels de cuivre.

Agréez, Messieurs, l'assurance de ma considération la plus distinguée.

Le Conseiller d'État, Préfet du Nord,
WELCHE.

Construction (Ateliers de) Voir **Machines et wagons**.

Cordes à instruments en boyaux (Fabrication de).

1re classe. { 14 janvier 1815.
Décret du 31 décembre 1866.

Voir **Boyauderies**.

Cordes (Broyage des), étoupes et autres matières à faire le papier. Voir **Broyage**.

Corroieries.

2° classe. { 14 janvier 1815.
Décret du 31 décembre 1866.

Inconvénient. — Odeur.

PRESCRIPTIONS : Les conditions à imposer pour les corroiries, sont en rapport avec l'importance des ateliers.

Pour les grandes courroies on ordonnera :

1° De paver l'atelier de trempage en pierres dures rejointoyées à la chaux hydraulique, avec pente convenable vers le milieu où sera établi un caniveau ;

2° De revêtir les murs par des pierres de Soignies jusqu'à une hauteur de 1 m. 50, mesurée à 20 centimètres en dessous du pavement ;

3° De disposer à la partie supérieure de l'atelier où l'on passe les cuirs au dégras, un large manteau communiquant avec la cheminée dont l'élévation sera proportionnée à la distance des habitations, et de pratiquer à la partie inférieure des murs, des ouvertures en nombre suffisant pour faciliter la direction des odeurs dans la cheminée d'appel ;

4° De tenir fermées les portes et les fenêtres pendant le travail ;

5° De ne fabriquer, en aucun temps, le dégras, ni se livrer à aucune opération de tannerie ou de mégisserie. On ne pourra non plus exposer les peaux sur la voie publique pour les faire sécher, ni brûler les déchets de cuirs ;

6° Tout dépôt de cuirs verts, de dégras ou de tonneaux ayant servi à en contenir sera formellement interdit. Il en sera de même pour l'écoulement des eaux de macération et des eaux sales sur la voie publique, celles-ci ne pourront se rendre dans l'égout le plus voisin qu'au moyen d'un aqueduc souterrain, muni du côté de l'atelier, d'une grille dont les barreaux ne seront espacés que d'un centimètre, et dans le cas où il n'existerait pas d'égout, elles seront recueillies dans une citerne étanche pour être transportées sur les champs dans des tonneaux hermétiquement fermés.

Coton et coton gras (Blanchisserie des déchets de)

3e classe. — Décret du 31 décembre 1866.

Inconvénient. — Altération des eaux.

PRESCRIPTIONS : 1° La chaudière sera munie d'un couvercle à charnières ;

2° Elle sera surmontée d'une large hotte qui recueillera toutes les buées pour les conduire dans une cheminée dépassant de quelques mètres le faîte du bâtiment ;

3° Les eaux de lavage seront reçues dans une citerne étanche pour être transportées au dehors ou bien dirigées dans un cours d'eau après dépuration ;

A cet effet, le pétitionnaire fera construire un bassin carré de 4 mètres de côté sur 1 mètre 50 centimètres de profondeur pour y recevoir lesdites eaux, qu'il traitera par un lait de chaux dans la proportion de deux kilogrammes par mètre cube ;

Dans la partie supérieure du mur d'aval de ce bassin, on pratiquera une ouverture verticale fermée par un madrier de chêne et percé de 0,15 en 0,15 centimètres de trous bouchés par des chevilles en bois qu'on retirera successivement pour l'écoulement du liquide épuré.

Cretons (Fabrication de).

1re classe. { 14 janvier 1815.
Décret du 31 décembre 1866.

Inconvénients. — Odeur et danger d'incendie.

PRESCRIPTIONS : L'isolement de ces usines est une première indication.

Les autres sont :

Le pavage en pierres dures de l'atelier et des cours de service ;

L'ouverture des foyers et cendriers, complètement séparée par un mur des chaudières de fusion et des magasins ;

L'atelier, rendu incombustible par application de tôle ou de mortier sur toutes les parties de la charpente, surmonté d'une large cheminée s'ouvrant inférieurement à la partie supérieure de l'atelier, et s'élevant à 25 mètres au-dessus du sol.

L'interdiction de conserver dans l'usine aucune matière en putréfaction.

Crins (Teintures de) Voir **Teintureries**.

3e classe.

Crins et soies de porcs (Préparation des) sans fermentation.

2e classe. — Décret du 31 décembre 1866.

Inconvénients. — Odeur et poussière.

Voir aussi **Soies de porc** par fermentation.

PRESCRIPTIONS : Toute macération ou fermentation de matières animales étant écartée, la poussière, produite pendant le battage du crin, doit être dirigée vers une cour, ou vers une cheminée d'appel, l'atelier où se fait cette opération restant clos sur toutes les faces qui pourraient en laisser échapper chez les voisins ou sur la rue. Des carneaux seront pratiqués à la partie inférieure des murs du côté de la cour pour activer la ventilation :

Les buées de la teinture seront également conduites dans la cheminée à l'aide d'un chapeau qui surmontera la chaudière et sera terminée par un tuyau de communication avec cette cheminée ;

L'écoulement des eaux se fera facilement et avec certaines précautions.

Cristaux (Fabrication de) Voir **Verreries**, etc.

Cuirs vernis (Fabrication de).

A MM. les Sous-Préfets du département.

Établissements insalubres. — Application à froid du vernis sur les cuirs. — Classement.

Lille, le 27 décembre 1878.

Messieurs, j'ai l'honneur de vous adresser ci-après, copie de la circulaire de M. le Ministre de l'Agriculture et du Commerce, en date du 20 de ce mois, relative au classement de la fabrication des cuirs vernis parmi les établissements dangereux, incommodes et insalubres.

Je vous prie de vouloir bien donner connaissance de cette circulaire à MM. les membres du Conseil d'hygiène et de salubrité de votre arrondissement.

Agréez, Messieurs, l'assurance de ma considération la plus distinguée.

Pour le Préfet du Nord en tournée :
Le Secrétaire Général délégué,
F. DANICAN PHILIDOR.

MINISTÈRE DE L'AGRICULTURE ET DU COMMERCE.

Paris, le 20 décembre 1878.

Monsieur le Préfet, la nomenclature de 1866 range à la 1re classe la fabrication des cuirs vernis. Or, la question du classement à appliquer aux ateliers où l'on étend à froid sur les cuirs le vernis préparé dans un autre établissement, a soulevé quelques difficultés dans ces derniers temps. J'ai soumis la question au Comité consultatif des arts et manufactures.

Le Comité pense que la situation des ateliers dont il s'agit est, de tous points, identique à celle des ateliers où l'on applique un vernis imperméable sur les bâches, et que la nomenclature de 1866 indique dès lors la marche à suivre. En effet, si, dans l'endroit même où l'on enduit les bâches d'un vernis, on prépare ce vernis, l'usine est de 1re classe ; si, au contraire, la préparation du vernis a lieu dans un autre endroit que celui où on l'applique sur les bâches, l'usine est de 2e classe.

L'application du vernis sur les cuirs étant une industrie tout à fait similaire, le Comité estime, en conséquence, que les ateliers où l'on applique à froid sur les cuirs le vernis fabriqué dans un autre établissement doivent être soumis aux règles de la 2ᵉ classe, et que la fabrication des cuirs vernis avec cuisson des huiles pour vernis doit seule être maintenue à la 1ʳᵉ classe.

J'ai adopté cet avis.

En attendant que la nomenclature des établissements insalubres puisse être complétée dans le sens ci-dessus indiqué, vous voudrez bien, au cas où vous auriez à vous prononcer sur une demande en autorisation d'ateliers où l'on applique à froid les vernis sur les cuirs, vous conformer à la manière de voir du Comité. J'ajoute que, dans les demandes que vous pourriez avoir à examiner, il y aura lieu de se préoccuper du système de chauffage des étuves et d'exiger, comme cela se pratique pour un certain nombre d'industries, la construction d'étuves à circulation d'air chaud ou bien à chauffage extérieur, mode de procédé qui évite toute cause d'incendie.

Je vous prie de vouloir bien m'accuser réception de cette circulaire.

Recevez, Monsieur le Préfet, l'assurance de ma considération la plus distinguée.

Le Ministre de l'Agriculture et du Commerce,

Teisserenc de Bort.

1ʳᵉ classe. { 14 janvier 1815.
Décret du 31 décembre 1866.

Inconvénients. — Odeur et danger d'incendie.

Les fabriques de cuirs vernis préparent, le plus souvent, l'enduit qui est appliqué sur les cuirs. L'autorité a dû prendre des précautions pour éviter l'incendie, elle prescrit, dans ce but, les conditions suivantes :

L'isolement de l'usine. — La chaudière destinée à fondre les matières, doit être munie d'un couvercle métallique à charnières, destiné à la fermer solidement, dans le cas où son contenu viendrait à s'enflammer. — Placer l'ouverture du foyer en dehors du local de la chaudière, et construire l'atelier en matériaux incombustibles ;

Il faut isoler le séchoir des autres bâtiments et le surmonter d'une haute cheminée d'appel d'un mètre au moins de section, proportionnée au rapprochement des habitations ; des ouvertures seront pratiquées dans le bas du séchoir ;

Il faut aussi placer, dans cet atelier un grillage à mailles de quatre à trente centimètres de côté autour du tuyau de conduite de la chaleur, afin d'éviter tout contact accidentel avec les produits fabriqués.

Cuirs verts et peaux fraîches (Dépôts de).

2º classe. { 14 janvier 1815.
27 janvier 1837.
Décret du 31 décembre 1866.

Inconvénient. — Odeur.

En ce qui concerne le dépôt des cuirs verts, les *prescriptions* seront les suivantes :

1º Le local destiné à recevoir les peaux fraîches sera vaste, sec et suffisamment aéré ;

2º Il devra être pavé en pierres dures posées sur une forme de béton fait au mortier de chaux hydraulique ;

3º Une citerne, parfaitement étanche, avec cuvette hermétique, sera construite au centre de cette pièce pour recevoir, par des caniveaux convenablement ménagés, les liquides provenant du suintement des peaux fraîches. Ces eaux seront enlevées aussi souvent que la contenance de la citerne l'exigera et ne seront, en aucun cas, déversées sur la voie publique ni dans la rivière ;

4º Les cuirs verts ne pourront, en aucun temps et sous quelque prétexte que ce soit, séjourner dans l'établissement plus de quarante-huit heures ; ils ne pourront jamais être déposés sur la voie publique ;

5º La pavé de l'atelier consacré au dépôt des cuirs, sera lavé une fois par semaine avec du lait de chaux ;

6° La partie inférieure des portes sera garnie avec des plaques métalliques, et toutes les ouvertures seront fermées avec des grillages de fer à mailles serrées, afin de s'opposer à l'invasion des rats.

Cuivre (Dérochage du) par les acides.

2e classe. — 20 septembre 1828.
3e classe. — Décret du 31 décembre 1866.

Inconvénients. — Odeur, émanations nuisibles.

PRESCRIPTIONS : Les gaz qui se dégagent de l'opération, doivent être condensés par la chaux ou dissous dans un lavoir ;

Les eaux cuivrées ne doivent jamais être jetées sur la voie publique ; il est de l'intérêt des industriels d'en retirer tout le cuivre, comme ils peuvent aussi tirer parti des calcaires qui ont servi à condenser les gaz nitreux.

Cuivre (Fonte du) Voir **Fonderies**, etc.

Cyanure de potassium et bleu de Prusse (Fabrication de).

1° Par la calcination directe des matières animales avec la potasse.

1re classe. — Décret du 31 décembre 1866.

Inconvénient. — Odeur.

PRESCRIPTIONS : Il y a nécessité : 1° d'exiger un isolement complet de l'usine ;

2° De faire construire une cheminée très élevée (trente mètres) dans laquelle se rendront les gaz résultant de la calcination et de la saturation, après avoir traversé un foyer incandescent ;

3° De défendre l'accumulation des os humides en tas plus ou moins considérables, à moins qu'ils ne soient recouverts d'une couche suffisante de charbon de bois pour détruire toute odeur.

2° Par l'emploi de matières préalablement calcinées en vases clos.

2° classe. — Décret du 31 décembre 1866.

Inconvénient. — Odeur.

PRESCRIPTION : Conduire les gaz formés pendant l'opération sur un foyer incandescent avant de les faire arriver dans la cheminée de l'usine qui aura vingt-cinq mètres d'élévation.

Cyanure rouge de potassium ou prussiate rouge de potasse.

3° classe. — Décret du 31 décembre 1866.

Inconvénient. — Émanations nuisibles.

PRESCRIPTIONS : Les mêmes que pour les articles précédents ; toutefois, on donnera aux eaux de lavage un écoulement facile dans l'égoût le plus voisin ou dans un cours d'eau.

Quel que soit le genre de fabrication que l'on adopte pour produire le cyanure de potassium, on devra paver l'atelier en pierres dures rejointoyées au ciment hydraulique, afin de prévenir les infiltrations dans le sol, et élever la cheminée de l'usine à vingt-cinq mètres au moins au-dessus du sol.

Débris d'animaux (Dépôts de).

1re classe. { 9 février 1815.
Décret du 31 décembre 1866.

Voir **Chairs**, etc.

Déchets des filatures de lin, de chanvre et jute (Lavage et et séchage en grand des).

Décision ministérielle les assimilant au battage et lavage des laines. — 3° classe. — 12 avril 1833.
3° classe. — Décret du 31 décembre 1866.
2° classe. — Décret du 31 janvier 1872.

Inconvénients. — Odeur, altération des eaux.

Prescriptions : 1° Les magasins renfermant les déchets, seront construits en maçonnerie, les pièces de bois apparentes seront recouvertes d'une couche de mortier. Il sera interdit d'y pénétrer avec aucune espèce de lumière ;

2° Dans aucun cas les déchets ne pourront être déposés sur la voie publique ni sous la porte cochère ;

3° Le bassin de lavage des déchets sera fermé, du côté de l'écoulement des eaux, par un madrier en chêne fixé à la maçonnerie et percé de 15 en 15 centimètres de trous fermés par des chevilles en bois que l'on retirera successivement, de haut en bas, pour l'écoulement du liquide épuré ;

4° Les eaux de lavage seront traitées par un lait de chaux dans la proportion de 2 kilogrammes de chaux vive par mètre cube de liquide. Après douze heures de repos, on décantera les eaux clarifiées, qui, seules, pourront se rendre dans les cours d'eau ;

5° Le dépôt boueux sera extrait pour être transporté dans la campagne ;

6° Le tissu filamenteux sera étendu sur des cordes pour être promptement desséché.

Déchets de matières filamenteuses (Dépôts de) en grand dans les villes.

2° classe. — 22 février 1866 (décision ministérielle).
3° classe. — Décret du 31 décembre 1866.

Inconvénient. — Danger d'incendie.

Prescriptions : Les nombreux sinistres survenus dans ces dépôts depuis qu'ils ont pris un grand accroissement dans les villes, réclament les conditions suivantes :

1° Les magasins seront construits entièrement en maçonnerie ;

2° Il existera, au sommet de chaque pièce contenant les déchets, une cheminée d'appel, de forme pyramidale, ayant à sa base un mètre de côté et s'élevant à trois mètres au-dessus des toits voisins, dans un rayon de 50 mètres ;

3° Des carneaux seront pratiqués à la partie inférieure des murs, afin de ménager une bonne ventilation ;

4° Les fenêtres desdits magasins ne pourront s'ouvrir que du côté de la cour, et jamais du côté des voisins ; pour cela, les fenêtres seront pourvues de châssis dormants ;

5° Tout travail de nuit sera interdit, et, sous aucun prétexte, on ne pourra pénétrer, le soir, dans lesdits magasins avec une lumière, pas même avec une lampe de sûreté.

Les demandeurs ne pourront mettre en activité leurs magasins avant d'avoir fait constater par le Commissaire de police que toutes les prescriptions sont fidèlement exécutées.

Déchets de laine (Dégraissage des). Voir **Peaux**.

Dégras ou huile épaisse à l'usage des chamoiseurs et corroyeurs (Fabrication de).

1re classe. — Décret du 31 décembre 1866.

Inconvénients. — Odeur, danger d'incendie.

PRESCRIPTIONS : Malgré l'isolement de l'usine, qui est indispensable, la fonte des corps gras dans les huiles doit s'opérer sous de larges manteaux de cheminée, dont l'élévation sera portée à 5 mètres au-dessus des toits, s'il en existe dans un rayon de 50 mètres, et, en tout cas, à 15 mètres au moins au-dessus du sol ;

Aucune ouverture ne doit être tolérée sur la voie publique pendant le travail ;

La charpente de l'atelier doit être rendue incombustible, et le sol pavé en pierres dures, bien rejointoyées au moyen d'une épaisse couche de mortier au ciment hydraulique ;

Aucune eau industrielle ne peut s'écouler sur la voie publique ou dans les fossés voisins et doit être retenue dans des citernes étanches ;

Les ouvertures des foyers et cendriers doivent être situées en dehors de l'atelier et des locaux servant de magasin aux matières inflammables ;

Aucune tonne, aucune matière servant à la fabrication ne doit être déposée sur la voie publique ;

La fonte des suifs en branche et la fabrication des huiles de poisson et de foie de morue, ne peuvent être tolérées sans une autorisation spéciale.

Dégraissage des tissus et déchets de laine par les huiles de pétrole et autres hydrocarbures.

1re classe. — Décret du 31 décembre 1866.

Inconvénient. — Danger d'incendie.

PRESCRIPTIONS ; 1° Isoler les ateliers le plus possible des habitations ;

2° Opérer à l'aide d'un fourneau dont le foyer et le cendrier seront placés au dehors et n'auront aucune communication avec l'intérieur ;

3° Surmonter la chaudière d'une hotte à large section afin de porter les odeurs dans une cheminée dont la hauteur sera déterminée en raison de la proximité des habitations.

Dérochage du cuivre.

2e classe. — 20 septembre 1826.
3e classe. — Décret du 31 décembre 1866.

(Voir **Cuivre**).

Dépôt de pulpes de betteraves humides ayant un caractère commercial bien défini.

3e classe. — Décret du 29 avril 1879.

Inconvénient. — Odeur.

PRESCRIPTION : Recouvrir les silos renfermant la pulpe d'une couche de terre de 0,40^c à 0,50^c ;

Lorsqu'on vide le silos enlever pour être répandus sur des terres arables, la surface de la pulpe altérée par l'humidité et en partie corrompue ;

Répandre de la chaux en poudre sur la paroi inférieure du silos quand on doit le laisser ouvert pour un nouvel usage

Distilleries en général, eau-de-vie, genièvre, kirsch, absinthe et autres liqueurs alcooliques.

3e classe. — Décret du 31 décembre 1866.

Inconvénient. — Danger d'incendie.

Voir distilleries de grains, de jus de betteraves.

PRESCRIPTIONS : Les petits établissements de distillateurs pour la préparation des liqueurs (absinthe, kirsch, etc.), seront soumis aux conditions suivantes :

1° Isoler les laboratoires des magasins dans lesquels sont déposés soit des liqueurs préparées, soit des alcools destinés à leur préparation ;

2° Recouvrir toutes les pièces de bois apparentes d'une couche épaisse de mortier ou d'un feuillet de zinc ;

3° Tenir en réserve un mètre cube de sable destiné à éteindre un commencement d'incendie ;

4° Placer en dehors du laboratoire les ouvertures des fourneaux et les cendriers ;

5° Daller l'atelier de distillation en pierres dures rejointoyées au ciment hydraulique avec pente vers un raverdoir pour l'écoulement des eaux ;

6° Placer les lampes destinées à l'éclairage en dehors des ateliers, et les séparer de l'intérieur par des châssis dormants.

Dorure et argenture sur métaux.

3e classe. { 14 janvier 1815.
Décret du 31 décembre 1866.

Inconvénient. — Émanations nuisibles.

PRESCRIPTIONS. — La galvanoplastie a rendu à cette industrie un service immense qui lui enlèvera tout danger ;

Le travail opéré sous un manteau de cheminée, dans un atelier bien ventilé, est le meilleur moyen de diminuer les dangers de l'ancienne industrie en y joignant les moyens de propreté personnelle.

Cependant, pour le procédé au moyen de l'amalgame d'or et de mercure, il sera bon d'exiger, en outre, que le manteau surmontant le fourneau, soit garni d'un châssis mobile pouvant s'abaisser jusqu'à un centimètre environ de la plate forme du fourneau, afin de mettre les ouvriers à l'abri des vapeurs de mercure.

Dynamite (Dépôts de).

Loi du 8 mars 1875.
1re classe. — Décret du 24 août 1875.

Ieconvénient. — Danger d'explosion.

LOI RELATIVE A LA POUDRE DYNAMITE
DU 8 MARS 1875,

Promulguée au *Journal Officiel du* 8 avril 1875.

L'Assemblée Nationale a adopté la loi dont la teneur suit :

Art. 1er. Par dérogation à la loi du 13 fructidor an V, la dynamite et les explosifs à base de nitro-glycérine pourront être fabriqués dans des établissements particuliers, moyennant le paiement d'un impôt.

La perception de cet impôt sera assurée au moyen de l'exercice par les employés des contributions indirectes.

Les frais de cet exercice seront supportés par le fabricant et réglés annuellement par le Ministre des Finances.

Art. 2. Le droit à percevoir ne pourra être supérieur à deux francs (2 fr.) par kilogramme de dynamite, quelles que soient la nature et la proportion des absorbants employés dans la composition.

Art. 3. Aucune fabrique de dynamite ou d'explosifs à base de nitro-glycérine ne pourra s'établir sans l'autorisation du Gouvernement. L'autorisation spécifiera l'emplacement de l'usine et les conditions de toute nature auxquelles devront être soumises sa construction et son exploitation ;

Les fabriques de dynamite seront d'ailleurs assujetties aux lois et règlements qui régissent les établissements dangereux et insalubres de première classe ;

Tout fabricant de dynamite devra déposer entre les mains de l'État, avant de commencer son exploitation, un cautionnement de cinquante mille francs (50,000 fr.), qui sera productif d'intérêt à trois pour cent (3 p. %) ou pourra être fourni en rentes sur l'État ;

Si le même fabricant établit dans un autre lieu une nouvelle exploitation, il devra, pour chaque nouvel établissement, verser un nouveau cautionnement de cinquante mille francs (50,000 fr.) ;

Art. 4. Tous fabricants ou débitants de dynamyte seront assimilés aux débitants de poudre. Les mêmes règlements leur seront applicables. Le Gouvernement pourra, en outre, soumettre la conservation, la vente et le transport de la dynamite à tels règlements nouveaux qui paraîtraient nécessités par les besoins de la sûreté générale ;

Art. 5. L'importation des poudres dynamites ne pourra être effectuée qu'avec l'autorisation du Gouvernement ;

Elles supporteront, à leur introduction en France, un droit de deux francs cinquante centimes (2 fr. 50 c.) et seront soumises aux mêmes formalités que les dynamites fabriquées à l'intérieur ;

Les poudres dynamites fabriquées en France et destinées à l'exportation seront déchargées de l'impôt fixé à l'article 2 ;

Art. 6. Le Gouvernement autorisera, dans le cas où il le jugera convenable, la fabrication de la nitro-glycérine sur le lieu d'emploi ;

Les industriels qui voudront profiter de cette autorisation devront indiquer, dans leur demande, la nature et l'importances des travaux qu'ils comptent effectuer au moyen de la nitro-glycérine.

Le réglement de la redevance à payer sera établi, à l'expiration de chaque trimestre, d'après les quantités de nitro-glycérine employées aux travaux réellement effectués, à raison de quatre francs (4 fr.) par kilogramme de nitro-glycérine.

Art. 7. Des autorisations pourront également être accordées, après avis du Conseil supérieur des arts et manufactures, pour la fabrication et l'emploi aux travaux des mines, de composés chimiques explosibles nouveaux.

Les demandes d'autorisation devront être adressées au Ministre de l'Agriculture et du Commerce.

L'impôt auquel ces composés seront soumis, sera fixé par une loi.

Art. 8. Tout contrevenant aux dispositions de la présente loi et aux réglements rendus pour son exécution, sera passible d'un emprisonnement d'un mois à un an, et d'une amende de cent francs à dix mille francs (100 à 10,000 fr.), sous la réserve des effets de l'article 463 du Code pénal, en ce qui touche la peine de l'emprisonnement.

Tout individu qui se sera soustrait, par une fausse déclaration, aux réglements fixant les conditions du transport et de l'emmagasinement de ces produits, sera passible des mêmes peines.

Art. 9. Dans le cas où, pour des motifs de sécurité publique, le Gouvernement jugerait nécessaire d'interdire, d'une manière définitive ou temporaire, la fabrication, dans une ou plusieurs usines, ou de supprimer des dépôts ou des débits de dynamite, ces interdictions et suppressions pourront être prononcées, sur un avis rendu par le Conseil d'État, après avoir entendu les parties, sans que les fabricants, dépositaires ou débitants aient le droit de demander aucune indemnité pour les dommages directs ou indirects que ces mesures pourront leur causer.

Délibéré en séances publiques, à Versailles, le 8 novembre 1873, 5 février et 8 mars 1875.

Le Président :
(Signé) : AUDREN DE KERDREL.

Les Secrétaires :
(Signé) : Félix VOISIN, T. DUCHATEL, Étienne LAMY, E. de CAZENOVE DE PRADINE.

Le Président de la République Française promulgue la présente loi.

(Signé) : M^{al} DE MAC-MAHON, DUC DE MAGENTA.

Le Ministre des Finances,
(Signé) MATHIEU-BODET.

DÉCRET.

Portant règlement d'administration publique pour l'exécution de la loi du 8 mars 1875, relative à la poudre dynamite,

DU 24 AOUT 1875

(Promulgué au *Journal Officiel* du 25 août 1875).

Le Président de la République Française,

Sur les rapports des Ministres de l'Agriculture et du Commerce, des Finances, de l'Intérieur, des Travaux publics et de la Guerre.

Vu le décret du 15 octobre 1810 (1) ;

(1) IVe série, bull. 328, N° 6059.

Vu les ordonnances des 14 janvier 1815 (1), 25 juin 1823 (2) et 30 octobre 1836 (3) ;

Vu le décret du 25 mars 1852 (4) ;

Vu la loi du 24 mai 1834 ;

Vu la loi du 8 mars 1875 et spécialement l'article 8 ;

Le Conseil d'État entendu,

Décrète :

Art. 1er. La demande en autorisation d'établir, en vertu de l'art 1er de la loi de 8 mars 1875, une fabrique de dynamite ou de tout autre explosif à base de nitro-glycérine, est adressée au Préfet du département.

Elle est adressée au Préfet de police pour le ressort de sa préfecture.

Art. 2. La demande est accompagnée d'un plan des lieux à l'échelle d'un cinq millième, indiquant :

1° La position exacte de l'emplacement où la fabrique doit être établie, par rapport aux habitations, routes et chemins, dans un rayon de deux kilomètres ;

2° La position des bâtiments et ateliers les uns par rapport aux autres ;

3° Le détail des distributions intérieures de chaque local ;

4° Les levées en terre, murs, plantations et autres moyens de défense destinés à protéger les ouvriers contre les accidents provenant des explosions des matières.

Le pétitionnaire doit faire connaître dans sa demande :

La nature des matières et le maximum des quantités qui seront exposées ou simultanément manipulées dans la fabrique ;

(1) V^e série, bull. 76, N° 668.
(2) VIIe série, bull. 616, N° 15122.
(3) IXe série, bull. 468, N° 6581.
(4) X^e série, bull. 505, N° 881.

Le nombre maximum d'ouvriers qui peuvent y être employés ;

La nature, le nombre et la contenance des appareils servant à la fabrication ;

Le régime de la fabrique en ce qui concerne les jours et heures de travail.

Art. 3. Après la clôture de l'instruction, qui est faite conformément aux lois et réglements sur les établissements dangereux, insalubres et incommodes de première classe, le Préfet transmet le dossier, avec son avis motivé, au Ministre de l'Agriculture et du Commerce.

Art. 4. Le Ministre de l'Agriculture et du Commerce prend l'avis des Ministres de l'Intérieur, des Finances et de la Guerre.

Le dossier est soumis ensuite au Comité des arts et manufactures, qui donne son avis.

Enfin, il est statué par décret du Président de la République, sur le rapport de tous les Ministres qui sont intervenus dans l'instruction.

Le décret d'autorisation fixe les mesures spéciales à observer et les conditions particulières à remplir.

Une ampliation de ce décret est adressée par le Ministre de l'Agriculture et du Commerce aux Ministres de l'Intérieur, des Finances et de la Guerre.

Art. 5. Une ampliation du même décret est livrée par le Préfet au permissionnaire sur la production du récépissé constatant la réalisation de son cautionnement.

Dans le cas où, pour quelque cause que ce soit, le cautionnement réalisé vient à être réduit ou absorbé, les opérations de la fabrique doivent être immédiatement suspendues et ne peuvent être reprises que lorsque le cautionnement a été reconstitué.

Art. 6. Lorsque la fabrique est construite et avant qu'elle

puisse fonctionner, le Préfet, sur l'avis qui lui est donné par le permissionnaire, fait procéder, par un Ingénieur des mines ou des ponts et chaussées, que désigne le Ministre des Travaux publics, à la vérification contradictoire de toutes les parties de la construction, à l'effet de constater si elles sont conformes aux conditions du décret d'autorisation.

Procès-verbal est dressé de l'opération.

Sur le vu de ce procès-verbal, le Préfet autorise, s'il y a lieu, la mise en activité de la fabrication.

Art. 7. Les produits de la fabrication sont, au fur et à mesure de leur achèvement, placés dans des magasins spéciaux entièrement séparés des ateliers.

Art. 8. Le fabricant est tenu de justifier à toute réquisition du Préfet, de ses délégués et des agents de l'Administration des contributions indirectes, de l'emploi donné aux produits de la fabrication; à cet effet, il tient un registre coté et paraphé par le maire, sur lequel sont inscrites jour par jour, de suite et sans aucun blanc, les quantités fabriquées et les quantités sorties, avec les noms, qualités et demeures des personnes auxquelles elles ont été livrées.

Art. 9. Les employés des Contributions indirectes procèdent périodiquement à des inventaires des restes en magasin.

Le fabricant est tenu de fournir la main-d'œuvre, ainsi que les balances, poids et ustensiles nécessaires aux vérifications;

Le règlement de l'impôt dû pour les quantités livrées à l'intérieur ou manquantes s'opère aux époques fixées par l'Administration des Contributions, et le montant du décompte est immédiatement exigible.

Art. 10. Dans aucun cas, sauf l'exception stipulée à l'article 11, le transport de la dynamite ne peut s'opérer qu'en vertu d'acquits à caution, délivrés par le service des Contributions indirectes et contenant l'engagement de payer par kilogramme de dynamite, une amende dont le taux est réglé par le Ministre des Finances, sans pouvoir excéder deux francs, en cas de non-rapport de l'expédition dûment déchargée dans les délais réglementaires.

Outre la soumission, l'expéditeur doit fournir au buraliste, pour être mises à la souche de l'acquit, et suivant le cas, les pièces ci-après, savoir :

Lorsque les livraisons sont destinées à des marchands de dynamite dûment autorisés, une demande rédigée par le destinataire et revêtue du visa du Directeur ou du Sous-Directeur des Contributions indirectes de la circonscription.

Lorsque les livraisons sont destinées à des consommateurs de l'intérieur, les demandes de ces consommateurs, sont revêtues du certificat de l'autorité locale ;

Lorsque la dynamite est destinée à l'exportation, une déclaration de l'exportateur indiquant notamment le pays de destination ; cette déclaration est soumise au visa du Commissaire de la marine du port d'embarquement, si l'exportation a eu lieu par mer, ou le Préfet du département où réside l'exportateur, si l'exportation a eu lieu par terre.

Art. 11. La circulation des quantités inférieures à deux kilogrammes, qui sont prises dans les débits par les consommateurs, est régularisée au moyen de simples factures que le débitant délivre lui-même en les détachant d'un registre timbré fourni par la régie ; il est fait, dans ce cas, application des réglements en vigueur pour les livraisons de poudres de mine par les débitants au moyen de factures.

Art. 12. Lorsque l'Administration juge nécessaire d'organiser une surveillance permanente dans les fabriques, les fabricants sont tenus, sur sa demande, de fournir, dans les dépendances de l'usine ou tout à proximité, un local convenable pour le logement d'au moins deux employés.

Dans le même cas, les fabricants doivent fournir aux

agents de la régie, à l'intérieur des usines, un local propre à servir de bureau ;

Ce local, d'au moins vingt mètres carrés, doit être pourvu de tables, de chaises, d'un poêle ou d'une cheminée et d'une armoire fermant à clef ;

En toute hypothèse, le fabricant doit, au commencement de chaque année, souscrire l'engagement de rembourser tous les frais de surveillance;

Ces frais, qui représentent la dépense réellement effectuée par la régie, sont réglés, à la fin de chaque année, par le Ministre des finances. Ils deviennent exigibles à l'expiration du mois, à dater de la notification qui est faite au fabricant de la décision du Ministre.

Art. 13. Il est interdit à tous fabricants ou marchands de mettre en vente des produits qui, par suite de la nature ou de la proportion des matières employées, seraient susceptibles de détoner spontanément ;

Il est également interdit de mettre en vente des dynamites présentant extérieurement des traces quelconques d'altération ou de décomposition. Chaque cartouche de dynamite porte sur son enveloppe une marque de fabrique et l'indication de l'année et du mois de sa fabrication ;

Les Préfets peuvent désigner des Ingénieurs ou autres hommes de l'art pour s'assurer de l'état des matières dans les fabriques, les dépôts et les débits, et pour faire procéder, s'il y a lieu, à leur destruction, aux frais des détenteurs, sans que les fabricants ou les marchands puissent, de ce chef, réclamer aucune indemnité.

Art. 14. La dynamite ne peut circuler ou être mise en vente que renfermée dans des cartouches recouvertes de papier ou de parchemin, non amorcées et dépourvues de tout moyen d'ignition. Ces cartouches doivent être emballées dans une première enveloppe bien étanche de carton, de bois, de zinc ou de caoutchouc, à parois non résistantes.

Les vides sont exactement remplis au moyen de sable fin ou de sciure de bois. Le tout est renfermé dans une caisse ou dans un baril en bois consolidé exclusivement au moyen de cerceaux et de chevilles en bois, et pourvu de poignées non métalliques ;

Chaque caisse ou baril ne peut renfermer un poids net de dynamite excédant vingt cinq kilogrammes;

Les emballages porteront sur toutes leurs faces, en caractères très lisibles, les mots : *Dynamite, matière explosible ;*

Chaque cartouche sera revêtue d'une étiquette semblable.

Art. 15. Indépendamment des mesures prescrites par le précédent article, le transport de la dynamite sur les chemins de fer ne peut avoir lieu que conformément aux règlements spéciaux arrêtés par le Ministre des Travaux publics;

Le transport de la dynamite sur les rivières, les canaux, et les routes de terre s'opère conformément aux règlements en vigueur pour le transport des poudres et des matières dangereuses.

Art. 16. Les dépôts et débits de dynamite sont distingués en trois catégories, suivant la quantité qu'ils sont destinés à recevoir, ainsi qu'il suit :

La première catégorie comprend ceux qui contiennent plus de cinquante kilogrammes de dynamite ;

La seconde, ceux qui en contiennent de cinq à cinquante kilogrammes ;

La troisième, ceux qui en contiennent moins de cinq kilogrammes;

La conservation de toute quantité de dynamite est assimilée à un dépôt ;

Toute demande en autorisation de dépôt ou de débit de dynamite est soumise aux formalités d'instruction prescrites par les règlements pour les établissements dangereux, insalubres et incommodes de première, de deuxième ou de troisième classe, suivant la catégorie à laquelle le dépôt ou le débit doit appartenir.

Il est statué sur la demande dans les formes et suivant les conditions réglées par les articles 1 à 5 ci-dessus pour les fabriques de dynamite.

Toutefois, dans le plan des lieux qu'aux termes du premier paragraphe de l'article 2 ci-dessus, il doit joindre à sa demande, le pétitionnaire pourra se borner à indiquer la position de l'emplacement où les dépôts et débits de dynamite doivent être établis par rapport aux habitations, routes et chemins, s'il s'agit de dépôts ou de débits compris dans la deuxième catégorie, et de deux cents mètres, s'il s'agit de dépôts ou de débits rentrant dans la troisième catégorie ;

Le décret d'autorisation fixera les mesures spéciales à observer et les conditions à remplir pour l'installation et l'exploitation des dépôts ou débits.

Art. 17. Les débitants de toute catégorie doivent, comme les fabricants, tenir un registre d'entrée et de sortie des matières existantes dans leurs magasins ou vendues ; ce registre doit contenir toutes les indications prescrites à l'article 8 ci-dessus ;

Les débitants peuvent vendre des cartouches au détail, mais il leur est interdit de les ouvrir et de les fractionner ;

Ils peuvent vendre également les amorces et autres moyens d'inflammation des cartouches, mais ils doivent les tenir renfermés dans des locaux entièrement séparés de ceux où les cartouches sont déposées.

Art. 18. Les demandes en autorisation d'importer de la dynamite, sont adressées au Préfet du département dans lequel réside le destinataire, et au Préfet de police, pour le ressort de sa préfecture.

Elles font connaitre :

1° Les nom, prénoms et domicile de l'expéditeur ;

2° Le lieu de provenance de la dynamite ;

3° La quantité à importer ;

4° Le point ou les points de la frontière par lesquels l'importation aura lieu ;

5° Le lieu de destination et les nom, prénoms, domicile et profession du destinataire.

La demande est instruite et il est statué dans les mêmes termes et suivant les mêmes règles que pour les dépôts ou débits de dynamite;

Le décret qui autorise, s'il y a lieu, l'importation, désigne les points par lesquels elle doit s'opérer et les bureaux de de douane chargés de la vérification ;

La dynamite importée est soumise, dans tous les cas, aux mêmes conditions que la dynamite fabriquée à l'intérieur;

Les frais de toute nature que peuvent occasionner à l'État l'introduction en France et le transport de la dynamite, tels que les frais d'escorte, de vérification et tous autres relatifs au contrôle et à la surveillance, sont à la charge de l'expéditeur, du transporteur ou du destinataire pour le compte duquel ils auront été effectués. Il seront réglés, dans chaque cas, par le Ministre des Finances.

Art. 19. La dynamite importée ne peut circuler à l'intérieur, que sous le plomb et en vertu d'un acquit-à-caution de la Douane, après acquittement préalable des droits fixés par la loi ; elle ne peut être cédée ou vendue à des tiers par le destinataire que si celui-ci est régulièrement autorisé en qualité de débitant.

Art. 20. Les fabricants, débitants et dépositaires de dynamite sont tenus de donner, en tout temps, le libre accès de leurs fabriques, débits et dépôts, aux agents des Contributions indirectes et à tous autres fonctionnaires ou agents désignés par le Préfet.

Art. 21. La fabrication de la nitro-glycérine, dans les cas

prévus par l'article 6 de la loi du 8 mars 1875, ne peut avoir lieu qu'en vertu d'une autorisation délivrée dans les mêmes termes et après les mêmes formalités d'instruction que pour les fabriques de dynamite, telles qu'elles sont réglées par le présent décret ;

Le décret d'autorisation stipule le délai à l'expiration duquel la fabrication doit cesser ; il règle, en outre, les conditions à observer par le permissionnaire pour la constatation et la perception de l'impôt par les agents des Contributions indirectes, ainsi qu'à la nature du contrôle à exercer par les Ingénieurs de l'État pour la reconnaissance des travaux à effectuer.

Art. 22. Les Ministres de l'Agriculture et du Commerce, des Finances, des Travaux publics, de la Guerre et de l'Intérieur, sont chargés, chacun en ce qui le concerne, de l'exécution du présent décret, qui sera inséré au Bulletin des Lois.

Fait à Paris, le 24 août 1875.

(Signé) M^{al} DE MAC-MAHON.

Le Ministre des Finances,

(Signé) LÉON SAY.

MINISTÈRE DES TRAVAUX PULICS.

Note sur les précautions relatives à l'emmagasinement et à l'emploi de la dynamite.

(*Annexée à la circulaire de M. le Ministre des Travaux publics, du 9 août 1880.*

EMMAGASINEMENT.

Le dépôt où est emmagasinée la dynamite doit être construit de manière que les cartouches soient, autant que possible, à l'abri de la gelée en même temps que de l'humidité.

En aucun cas, les capsules amorces ne seront conservées dans le même local que la dynamite,

Les cartouches ne doivent être remises aux ouvriers que dans un état parfaitement normal et n'ayant, autant qu'il se pourra, que moins de dix-huit mois d'emballage. Il est particulièrement interdit de délivrer de la dynamite gelée. La remise de la dynamite ne devra, d'ailleurs, être faite que par petites quantités, au fur et à mesure des besoins.

Dans les travaux à ciel ouvert, il conviendra que les cartouches soient enveloppées de substances non conductrices, afin de ne pas être exposées à geler en attendant leur emploi.

EMPLOI.

Les cartouches seront tenues, par les ouvriers auxquels elles auront été délivrées, à l'abri de la gelée, de l'humidité et de tout danger de feu par le voisinage de lampes, etc. Elles seront séparées de tout approvisionnement d'amorces, lesquelles devront être placées à un intervalle de cinq mètres, au moins;

Lorsqu'elles seront en certaine quantité, elles devront êtres conservées dans des boîtes en bois, munies d'un couvercle maintenu fermé par son propre poids, et fixées, autant que possible, contre cadres de boisage des galeries dans les ouvrages souterrains; elles devront être tenues, tout au moins, à l'abri des chocs directs de l'air, dans tous les cas, à l'abri des éboulements et particulièrement, de ceux qui pourraient résulter de l'explosion des coups de mines.

Il doit être formellement interdit :

1° D'employer des cartouches gelées ou incomplètement dégelées;

2° De chercher à ramollir des cartouches durcies par le froid, en les exposant directement au feu, en les plaçant devant des cheminées, sur des poêles, sur des cendres chaudes, etc., en les mettant dans l'eau, à cause de la détérioration dangereuse qui peut en résulter pour la matière qui les compose.

Les cartouches suspectes doivent être remises aux surveillants, qui feront procéder aux opérations de dégel au bain-marie dans des vases spéciaux;

3° De chercher à briser ou à couper des cartouches ainsi gelées totalement ou partiellement;

4° D'amorcer plus de cartouches qu'on ne doit en utiliser immédiatement et de conserver des cartouches amorcées.

(Toute cartouche amorcée et non utilisée doit être séparée

de son amorce et mise en lieu sûr. Si une cartouche amorcée est gelée, elle ne devra être désamorcée qu'après avoir été dégelée avec les précautions voulues);

5° D'employer des bourroirs en fer ou en métal pour le chargement des coups de mines et de procéder par chocs au bourrage;

6° D'introduire dans la charge, d'autre cartouche amorcée que la cartouche amorce proprement dite, laquelle doit être placée au-dessus de cette charge avec un soin particulier;

7° De revenir sur une mine ratée, qu'elle soit isolée ou fasse partie d'une série de coups, sans avoir laissé écouler un délai d'une heure au moins, et, dans tous les cas, de chercher à débourrer un coup raté pour en retirer les cartouches.

Les trous faits en remplacement des coups ratés doivent être placés à une distance des premiers telle qu'il existe au moins vingt centimètres d'intervalle dans tous les sens, entre l'ancienne charge et la nouvelle, cette distance devant être augmentée s'il y avait lieu de craindre que la nitro-glycérine ne se fût répandue dans la roche, à travers des fissures.

On devra se défier de l'emploi de la poudre dans les trous de mines pour faire détoner la dynamite, dont l'explosion peut ainsi n'être pas déterminée d'une manière franche et complète.

En cas de tirage à l'électricité, la manivelle des machines électriques statiques sera toujours entre les mains du chef de poste préposé au tirage, qui ne la mettra en place qu'au moment d'allumer les coups.

Les dépôts d'explosifs seront séparés des locaux où sont placés les générateurs d'électricité.

A MM. les Sous-Préfets, Maires et Commandant de Gendarmerie du département.

DYNAMITE. — TRANSPORT.

Lille, le 9 septembre 1882.

Messieurs, j'ai l'honneur de vous adresser, ci-après, copie de la circulaire, en date du 31 août dernier, par laquelle M. le Ministre de l'Intérieur a décidé que, désormais, tout convoi de dynamite de l'industrie privée réexpédié par voie de terre, de la gare d'arrivée au lieu de destination, serait accompagné par une escorte, et déterminé le mode à employer pour la réquisition de ladite escorte.

Je vous prie de vouloir bien vous conformer, jusqu'à nouvel ordre, aux instructions contenues dans cette circulaire.

Agréez, Messieurs, l'assurance de ma considération la plus distinguée.

Pour le Préfet du Nord :

Le Secrétaire Général délégué,

BOUFFET.

MINISTÈRE DE L'INTÉRIEUR.

Lille, le 31 août 1882.

Monsieur le Préfet, mon attention a été appelée sur la nécessité qui s'impose, au point de vue de la sécurité publique, de faire dorénavant escorter jusqu'au terme de leur parcours, les convois de dynamite de l'industrie privée, qui, après avoir quitté les railways, voyagent par la voie de terre.

En effet, les convoyeurs civils recrutés jusqu'à présent, pour l'escorte des dynamites, ne provenant point des Manufactures de l'État, ont été seulement organisés pour la surveillance des transports, entre la fabrique et la gare du départ, et il n'existe pas, en réalité, de service de même nature, pour les réexpéditions faites de la gare d'arrivée sur la localité destinataire.

Dans le but de remédier à cet état de choses, qui ne saurait se prolonger sans faire naître de légitimes inquiétudes, j'ai, de concert avec mes collègues des Travaux publics et de la Guerre, décidé que désormais, tout convoi de dynamite réexpédié par voie de terre, de la gare d'arrivée au lieu de destination, serait accompagné par une escorte.

Ce point établi, il reste à déterminer le mode à employer pour la réquisition de ladite escorte. Or, comme un simple industriel, tel qu'un fabricant de dynamite, ne saurait être admis à exercer *le droit de réquisition*, j'ai également décidé, conformément à l'avis de M. le Ministre de la Guerre, que le Maire de la commune où est située la gare d'arrivée, sera investi de ce droit, et autorisé, sur la demande du chef de ladite gare, à requérir la gendarmerie locale ; si cette commune ne possède pas de soldats de cette arme, ce magistrat municipal devra faire parvenir la réquisition au Commandant de la brigade la plus voisine.

Je vous prie de vouloir bien faire porter les instructions qui précèdent à la connaissance des Maires de votre département, et les inviter à s'y conformer jusqu'à nouvel ordre.

Recevez, Monsieur le Préfet, l'assurance de ma considération très distinguée.

Pour le Ministre :
Le Sous-Secrétaire d'État,
DEVELLE.

A MM. les Sous-Préfets et Maires du département.

Conservation, vente et transport de la dynamite.
Décret du 28 octobre 1882.

Lille, le 2 novembre 1882.

Messieurs, vous trouverez imprimé ci-après un décret en date du 28 octobre 1882, portant règlement sur la conser-servation, la vente et le transport de la dynamite.

J'invite MM. les maires à faire publier ce décret suivant la forme ordinaire.

J'appelle, Messieurs, votre attention sur les dispositions de ce règlement, à l'exécution desquelles vous êtes appelés à concourir. Comme vous le remarquerez, toute personne qui voudra faire usage de dynamite ou de tout explosif à base de nitro-glycérine, dans ce département, devra m'en faire la déclaration écrite. Cette déclaration, visée par le maire de la commune, indiquera :

1° Ses noms, prénoms, domicile et profession ;

2° La quantité de dynamite qu'il désire acheter ;

3° L'usage qu'il se propose de faire de la dynamite, ainsi que le lieu précis où elle doit être employée et la date de cet emploi ;

4° L'endroit où il la déposera jusqu'au moment de l'emploi ;

5° La voie qui sera suivie pour le transport au dépôt provisoire, ainsi que le délai dans lequel ce transport sera effectué;

Les débitants autorisés ne délivreront de la dynamite, quelle que soit la quantité, que sur la production du récépissé de la déclaration à la préfecture. Ce récépissé sera visé par le débitant et renvoyé par lui, dans les vingt-quatre heures de la livraison, à la préfecture ;

Le signataire de la déclaration prescrite ci-dessus est tenu de rendre compte de l'emploi qu'il aura fait de la dynamite, huit jours au plus après la réception. Le bulletin qu'il m'adressera à cet effet, mentionnera la date et le lieu de l'emploi;

Les personnes qui auront importé de la dynamite, seront tenues, outre les formalités auxquelles elles sont actuellement soumises, de me faire une déclaration lors de la réception, et de remplir toutes les obligations du décret ci-après;

Aux termes de l'article 12 de ce décret, les contraventions aux dispositions qu'il prescrit, seront constatées par des procès-verbaux, déférées aux tribunaux compétents, et punies des peines portées par l'article 8 de la loi du 8 mars 1875. Sera puni des mêmes peines, tout individu porteur ou détenteur de dynamite en dehors des conditions prévues audit décret.

L'article 8 de la loi du 8 mars 1875 contient les prescriptions suivantes : « Tout contrevenant aux dispositions de
» la présente loi et aux règlements rendus pour son exé-
» cution, sera passible d'un emprisonnement d'un mois à un
» an et d'une amende de cent à dix mille francs (100 fr. à
» 10,000 francs), sous la réserve des effets de l'article 463
» du Code pénal en ce qui touche la peine de l'emprison-
» nement. »

L'article 14 du décret du 28 octobre 1882 stipule que dans la huitaine de la promulgation dudit décret, « tout
» détenteur non débitant de dynamite ou de matières
» explosibles à base nitro-glycérine sera tenu d'en faire la
» déclaration au préfet du département de sa résidence,
» sous les peines indiquées à l'article 12. »

Je vous recommande, Messieurs, de vous conformer exactement aux prescriptions du règlement, ainsi qu'aux instructions qui précèdent, et faire dresser des procès-verbeaux contre les contrevenants, en me donnant immédiatement avis des mesures prises à cet égard.

Agréez, Messieurs, l'assurance de ma considération la plus distinguée.

Le Préfet du Nord,
Jules Cambon.

DÉCRET.

Le Président de la République française,

Vu la loi du 8 mars 1875, et le décret règlementaire du 24 août suivant, sur la dynamite ;
Considérant qu'il y a lieu, dans l'intérêt de la sécurité publique, de compléter les mesures prescrites par la loi et le règlement susvisés concernant la conservation, la vente et le transport de la dynamite,

Décrète :

Article 1er. Toute personne qui voudra faire usage de dynamite ou de tout explosif à base de nitroglycérine devra, au préalable, adresser au préfet du département où se trouve le dépôt, une déclaration écrite, visée par le maire de sa commune ou, à Paris, par le commissaire de police de son quartier.

Article 2. L'intéressé indiquera dans cette déclaration :

1° Ses nom, prénoms, domicile et profession ;
2° La quantité de dynamite qu'il désire acheter ;
3° L'usage qu'il se propose de faire de la dynamite, ainsi que le lieu précis où elle doit être employée et la date de cet emploi ;
4° L'endroit où il la déposera jusqu'au moment de l'emploi ;
5° La voie qui sera suivie pour le transport au dépôt provisoire, ainsi que le délai dans lequel ce transport sera effectué.

Article 3. Récépissé de cette déclaration sera notifié à l'intéressé. Avis en sera donné, sans délai, à l'ingénieur en chef des mines, chargé du service des mines, ou à défaut, à l'ingénieur en chef du service ordinaire des ponts et chaussées du département.

Dans le cas où la dynamite devrait être transportée dans un département autre que celui où la déclaration aura été reçue, l'avis sera transmis au préfet de ce département.

Article 4. Les débitants autorisés ne délivreront de la dynamite, quelle que soit la quantité, que sur la production du récépissé de la déclaration à la préfecture. Ce récépissé sera visé par le débitant et renvoyé par lui, dans les vingt-quatre heures de la livraison, au préfet.

Article 5. La dynamite détenue par un particulier ne peut être conservée, en attendant son emploi, que pendant huit jours au plus, à dater de sa réception, à moins d'une autorisation accordée dans les formes prévues par le décret du 24 août 1875 (art. 16).

Article 6. En cas d'autorisation, la dynamite sera emmagasinée dans un local fermé à clef. Les entrées et les sorties de dynamite seront inscrites sur un carnet. Les chiffres des entrées seront la reproduction exacte des acquits-à-caution.

Article 7. Les dépôts ne devront jamais contenir, en même temps que la dynamite, des poudres fulminantes, c'est-à-dire susceptibles de provoquer, par choc ou inflammation directe, une explosion.

Article 8. Le signataire de la déclaration prescrite par l'article 1er ci-dessus est tenu de rendre compte de l'emploi qu'il aura fait de la dynamite, huit jours au plus après la réception.

Le bulletin qu'il adressera, à cet effet, au préfet, mentionnera la date et le lieu de l'emploi.

L'administration pourra toujours contrôler sur place les opérations.

Article 9. Les cartouches amorces seront, dans les chantiers où il est fait usage de dynamite, confiées à la garde d'un contre-maitre qui ne les remettra aux ouvriers qu'au moment de l'emploi.

Article 10. Un exemplaire du présent décret sera remis à chaque déclarant, en même temps que le récépissé officiel de sa déclaration.

Article 11. Les personnes qui auront importé de la dynamite seront tenues, outre les formalités auxquelles elles sont actuellement soumises, de faire une déclaration au préfet du département lors de la réception, et de remplir toutes les obligations du présent décret.

Article 12. Les contraventions aux dispositions qui précèdent seront constatées par des procès-verbaux, déférées aux tribunaux compétents et punies des peines portées par l'article 8 de la loi du 8 mars 1875.

Article 13. Sera puni des mêmes peines tout individu porteur ou détenteur de dynamite, en dehors des conditions prévues au présent décret.

Article 14. Dans la huitaine de la promulgation du présent décret, tout détenteur non débitant de dynamite ou de matières explosibles à base de nitroglycérine sera tenu d'en faire la déclaration au préfet du département de sa résidence, sous les peines indiquées à l'article 12.

Article 15. Les ministres de l'intérieur et des cultes, des finances, des travaux publics et du commerce, sont chargés, chacun en ce qui le concerne, de l'exécution du présent décret.

Fait à Paris, le 28 octobre 1882.

JULES GRÉVY.

Par le Président de la République :

Le Ministre de l'Intérieur et des Cultes,

A. FALLIÈRES.

Le Ministre des Finances,

P. TIRARD.

Le Ministre des Travaux publics,

CH. HÉRISSON.

Le Ministre du Commerce,

PIERRE LEGRAND.

Eau de Javelle (Fabrication de l').

1re et 2e classe. — 9 février 1823, 31 mai 1838
2e classe. — 31 décembre 1866.

(Voir **Chlorures alcalins**).

Eau-de-vie.

    2ᵉ classe. — 14 février 1815.
    3ᵉ classe. — Décret du 31 décembre 1866.

(Voir **Distilleries**).

Eau-forte.

    1ʳᵉ et 2ᵉ classe. — 14 janvier 1815, 9 février 1825.
    3ᵉ classe. — 31 décembre 1866.

(Voir **Acide nitrique**).

Eaux grasses (Extraction pour la fabrication du savon et autres usages, des huiles contenues dans les) en vases ouverts.

    2ᵉ classe. — 20 septembre 1828.
    1ʳᵉ classe. — Décret du 31 décembre 1866.

Inconvénients. — Odeur, danger d'incendie.

PRESCRIPTIONS. — Le traitement à froid des eaux savonneuses a remplacé presque partout la manipulation à chaud. Cependant l'agitation produite afin d'opérer un mélange complet de l'acide, donne encore lieu à un dégagement d'odeurs désagréables.

Cette odeur est très fétide au moment où l'on décante lentement les cuves en donnant issue aux eaux vannes.

Aussi est-il convenable que les cuves soient situées dans un atelier fermé et surmonté d'une haute cheminée d'aérage, que les eaux acides, avant leur expulsion, soient reçues dans un bassin de dépôt, établi suivant les dispositions indiquées aux *eaux insalubres*; comme ces eaux acides, si elles rencontrent dans leur course des matières décomposables, en activent la putréfaction, il est important de les traiter par la chaux en quantité suffisante pour les éclaircir.

A ce point de vue, il est préférable de substituer l'acide chlorhydrique à l'acide sulfurique.

L'atelier des presses et des autres opérations doit être

pavé en pierre dures, cimentées à la chaux hydraulique, avec pente vers un réservoir étanche.

Cet atelier, sans autre ouverture que la porte ou des ouvraux près du sol, sera surmonté d'uue haute cheminée d'appel.

Eaux grasses (Extraction pour la fabrication du savon et autres usages des huiles contenues dans les) en vases clos.

2⁰ classe. { 20 septembre 1828.
Décret du 31 décembre 1866.

Inconvénient₀. — Odeur.

Dans l'espèce, le traitement des eaux par l'acide se fera en vases clos, de manière à éviter les odeurs pendant son mélange avec les eaux savonneuses.

Quant aux autres conditions, elles sont les mêmes que lorsqu'on opère en vases ouverts.

Eaux savonneuses des fabriques.

2⁰ classe. — 20 septembre 1828.
1ʳᵉ classe. — Décret du 31 décembre 1866.

(Voir **Huiles extraites des débris d'animaux**).

Échaudoirs pour la préparation industrielle des débris d'animaux.

1ʳᵉ classe. { 14 janvier 1815.
31 mars 1833.
Décret du 31 décembre 1866.

Inconvénient. — Odeur.

PRESCRIPTIONS. — Réléguées dans les abattoirs publics, lorsque cela est possible, ces manipulations néanmoins peuvent être moins incommodes, par la présence des hottes établies sur les chaudières avec tuyau d'appel communiquant avec la cheminée, dont la hauteur sera proportionnée à celle des habitations voisines.

Aucune eau de lavage ou d'ébullition ne doit s'écouler sur la rue. Elles seront reçues dans des citernes étanches, pour être exportées au dehors dans des tonneaux hermétiquement fermés.

Les ateliers seront pavés en pierres dures rejointoyées au ciment hydraulique. Ils seront lavés fréquemment.

Échaudoirs pour la préparation des parties d'animaux, propres à l'alimentation.

3e classe. { 31 mai 1833.
Décret du 31 décembre 1866.

Inconvénient. — Odeur.

On peut voir ce qui est relatif aux équarrissages pour le pavage de l'atelier, la conservation et l'enlèvement des liquides, la conduite des buées de la chaudière à la cheminée.

Email (Application de l') sur les métaux.

1re classe. — 14 janvier 1815.
3e classe. — Décret du 31 décembre 1866.

Inconvénient. — Fumée.

PRESCRIPTIONS. — Cette industrie a pour objet de recouvrir d'une couche vitrifiée le fer très oxydable des ustensiles de ménage, de manière à ne laisser à découvert aucun point du métal.

On prévient les inconvénients de ces ateliers en établissant au-dessus des fourneaux, soit de fusion, soit de recuite, des hottes communiquant avec des cheminées élevées à une hauteur déterminée suivant les circonstances locales.

Emaux (Fabrication d') avec fours non fumivores.

3e classe — Décret du 31 décembre 1866.

Inconvénient. — Fumée.

Les prescriptions à imposer sont les mêmes que pour l'article précédent.

Encre d'imprimerie (Fabrique d').

1re classe. { 14 janvier 1815.
Décret du 31 décembre 1866.

Inconvénients. — Odeur, danger d'incendie.

PRESCRIPTIONS. — Par le fait, ces opérations s'exécutent, sans autorisation, au sein des villes et ne paraissent en rien gêner le voisinage. Si des plaintes s'élevaient, il y aurait lieu d'exiger que le vase servant à la fabrication, fût muni d'un tambour avec porte mobile et communiquant avec la cheminée s'élevant à deux mètres au-dessus des toits voisins. Les ouvertures des foyers, cendriers, pourraient être (par surcroit de précaution) séparés par un mur, de l'atelier de chauffage.

La chaudière sera recouverte pendant l'ébullition de l'huile de lin, afin d'éviter l'incendie.

L'atelier sera largement ventilé.

Engrais (Fabrique d') au moyen de matières animales.

1re classe. — Décret du 31 décembre 1866.

Inconvénient. — Odeur.

Ces établissements où l'on traite, pour les convertir en engrais, les matières déjà en voie de décomposition ou susceptibles de se décomposer facilement, telles que les débris de viande de toute espèce, les liquides provenant des boyauderies répandent au loin des exhalaisons insalubres.

PRESCRIPTIONS : 1° Les matières à convertir en engrais seront transportées dans l'usine dans des vases hermétiquement fermés ;

2° Les manipulations relatives à l'engrais auront lieu dans des ateliers, dont les ouvertures seront munies de châssis dormants et dont les portes se fermeront d'elles-mêmes au moyen d'un ressort.

2° Les matières destinées à la fabrication seront désinfectées aussitôt leur arrivée ;

4° Le sol de l'atelier sera tenu dans un état constant de propreté, on n'y laissera séjourner ni eau ni résidu liquide ;

5° La fabrique sera clôturée et entourée d'arbres ;

6° Les engrais fabriqués seront recouverts avant leur enlèvement d'une couche épaisse de terreau ;

7° Ces ateliers seront éloignés des habitations et des routes fréquentées.

Engrais (Dépôts d') au moyen des matières provenant des vidanges ou de débris d'animaux, non préparés ou en magasins non couverts.

1re classe. { 9 février 1825. 31 décembre 1866.

Inconvénient. — Odeur.

PRESCRIPTIONS : Les citernes à engrais liquides, comme on les établit dans le Nord, sont des annexes de toute exploitation un peu importante, elles n'ont pas plus d'inconvénients que des fosses d'aisance, dont on opérerait souvent la vidange. Aussi, serait-il à désirer, dans l'intérêt de l'agriculture, que ces réservoirs fussent rangés dans une classe exigeant des formalités moins onéreuses.

Il est important que la porte en soit solidement établie, en chêne et cadenassée avec soin, hors le temps de service.

Les contre-ouvertures, pratiquées ordinairement au nord, doivent être fermées par un grillage solidement scellé pour éviter les accidents.

La citerne doit être assez éloignée des chemins, pour que la circulation des voitures de chargement ou de déchargement ait lieu sur la propriété, sans embarrasser les routes (6 mètres environ). Une distance convenable doit aussi les écarter des habitations.

Pour ce qui est des débris d'animaux, les dépôts devront être éloignés des habitations et des routes fréquentées.

Ils seront entourés d'un mur élevé si les distances ne sont pas suffisantes pour prévenir tout inconvénient.

On prescrira le transport des matières dans des tonneaux hermétiquement fermés et leur désinfection à leur arrivée dans l'établissement.

Engrais (Dépôts d') au moyen des matières provenant de vidanges ou de débris d'animaux desséchés ou désinfectés et en magasin couvert, quand la quantité excède 25,000 k.

2º classe. — Décret du 31 décembre 1866.

Inconvénient. — Odeur.

PRESCRIPTIONS : Les dépôts de cette espèce, où on ne reçoit que des engrais confectionnés, ont moins d'inconvénients que les fabriques d'engrais, cependant ils peuvent donner lieu à des odeurs pénétrantes, quand les matières accumulées ne sont pas entièrement desséchées. Aussi, le Conseil a-t-il demandé que le hangar dans lequel les marchandises seront déposées, fût convenablement ventilé et tenu avec tous les soins de propreté nécessaires.

Ces dépôts seront éloignés des habitations et distants de 50 mètres des routes et entourés d'un mur de trois mètres de hauteur fermé de toutes parts.

Sous aucun prétexte, on n'y pratiquera pas d'opérations d'équarrissage.

Par un arrêté du 8 septembre 1850, aussi utile que moral, M. le Préfet du Nord prescrit les dispositions suivantes pour assurer la loyauté du commerce des engrais.

Voici l'arrêté :

Nous, Préfet du département du Nord, Grand-Officier de l'Ordre Impérial de la Légion-d'Honneur, Grand-Officier de l'Ordre de Léopold de Belgique, Commandeur de l'Ordre de Charles III d'Espagne ;

Vu les lois des 22 décembre 1789 et 28 pluviôse an VIII,

qui chargent les Préfets de l'administration générale des départements ;

Vu les lois des 14 décembre 1789, 16 et 24 août 1790, sur la police municipale ; la loi du 18 juillet 1837, et les articles 423, 471 et suivants du Code pénal ;

Vu la délibération du Conseil général du département, concernant les mesures à adopter pour la repression des fraudes auxquelles donne lieu le commerce des engrais, et votant une allocation à cet effet ;

Considérant qu'il est du devoir de l'administration d'empêcher qu'une substance soit vendue sous le nom d'une autre substance ; que c'est surtout dans le commerce des engrais, qui touche à un intérêt public si considérable, qu'on doit s'efforcer d'atteindre ce but ;

Considérant qu'il appartient au Préfet de faire directement des règlements sur les objets de police municipale, lorsqu'il s'agit de mesures générales d'un égal intérêt pour toutes les communes du département,

ARRÊTONS :

Article premier. — Tout commerçant, vendant des matières désignées comme propres à fertiliser la terre, devra placer à la porte de chacun de ses magasins et sur chaque tas de la substance mise en vente, un écriteau indiquant le nom de l'engrais qu'il débite.

Art. 2. — L'écriteau devra, en outre, indiquer les principaux éléments actifs de l'engrais, exprimés en termes qui rendent possible la vérification chimique. Ainsi, les matières organiques, s'il en existe, seront désignées par l'azote qu'elles contiennent.

Art. 3. — Les noms déjà connus dans le commerce ne pourront être donnés qu'aux matières qu'elles désignent habituellement et qui ne seront pas mélangées avec des substances étrangères à leur composition.

Si la substance mise en vente n'a pas un nom spécial consacré par l'usage, le marchand pourra lui donner le nom qui lui paraîtra convenable, pourvu qu'il ne se prête ni à erreur ni à équivoque.

Art. 4. — Le nom de l'engrais ainsi que la richesse déclarée par le marchand seront écrits sur les enseignes extérieures et intérieures, sans abréviation, en lettres d'une grandeur uniforme de dix centimètres au moins de hauteur.

Art. 5. — Il ne pourra être vendu plusieurs espèces d'engrais de qualités diverses dans le même magasin, qu'autant que les différentes qualités seront parfaitement séparées les unes des autres et que des écriteaux indiquant l'espèce et la richesse de chaque engrais seront placés, non-seulement sur le tas de substance, mais aussi à la porte du magasin, de manière qu'aucune erreur ne soit possible pour l'acheteur.

Art. 6. — Dans le mois qui suivra la publication du présent arrêté, tous les marchands d'engrais devront faire à la mairie du lieu où sont établis leurs dépôts la déclaration du nom de leurs engrais et devront établir les enseignes et écriteaux disposés comme il est dit ci-dessus.

Art. 7. — A l'avenir, aucun marchand d'engrais ne pourra commencer ce commerce ou mettre en vente une substance fertilisante autre que celle qu'il aurait précédemment annoncée, avant d'avoir fait la déclaration prescrite par l'article précédent et avant d'avoir établi les écriteaux et enseignes dans les conditions ci dessus indiquées.

Art. 8. — Les déclarations seront inscrites sur un registre ouvert à la mairie et qui indiquera :

1° La date de la déclaration ;
2° Les nom, profession et demeure du déclarant ;
3° La situation du local où le dépôt est effectué ;
4° Le nom de chacune des substances fertilisantes qui doivent y être mises en vente.

Copie de ce registre nous sera adressée à l'expiration du délai fixé par l'article 6.

Des extraits nous en seront également transmis au fur et à mesure des déclarations nouvelles.

Art. 9. — MM. les Maires et Commissaires de police visiteront fréquemment les dépôts des marchands d'engrais, surtout pendant le temps habituel des ventes, afin de s'assurer si toutes les dispositions prescrites par le présent arrêté sont exactement observées, et de dresser, s'il y a lieu, procès-verbal pour constater les contraventions.

Ils pourront, dans leurs visites, et toutes les fois qu'ils le jugeront nécessaire, exiger du marchand un échantillon de l'engrais du poids de 200 à 250 grammes. Cet échantillon sera clos, cacheté et étiqueté en présence du marchand. L'étiquette mentionnera textuellement le contenu de l'inscription placée sur le tas d'engrais ; elle devra être signée par le marchand ; s'il refuse de signer, le fonctionnaire-requérant dressera procès-verbal de l'opération et de ses circonstances.

Art. 10. — Les échantillons ainsi fermés nous seront adressés dans le plus bref délai, pour être par nous transmis au chimiste chargé de la vérification. Le marchand d'engrais sera prévenu à l'avance des lieu, jour et heure où sera faite l'analyse de son échantillon. En sa présence, s'il s'est rendu à l'invitation reçue, ou en son absence, s'il ne s'est pas présenté, le cachet sera rompu, l'analyse sera faite immédiatement et le résultat en sera constaté par un procès-verbal du chimiste vérificateur.

Art. 11. — Si le résultat de l'analyse constate que l'engrais mis en vente ne doit pas porter la désignation qui lui a été donnée par le marchand ou qu'il n'a pas la richesse qu'il avait annoncée, les pièces seront transmises à M. le Procureur impérial pour la poursuite du délit.

Art. 12. — Tout acheteur pourra requérir le marchand de prélever sur la quantité à lui vendue un paquet de 200 grammes environ, cacheté et signé par le marchand ou ses représentants, et rappelant l'inscription portée sur l'écriteau. Cet échantillon devra être déposé à la mairie. Si ultérieurement, d'après les résultats produits, l'acheteur a lieu de supposer que l'engrais n'avait pas les qualités qui lui étaient attribuées, il pourra requérir l'analyse de l'échantillon, en s'engageant à payer les frais de l'opération si la matière est reconnue conforme à l'inscription. L'échantillon nous sera transmis.

Si le marchand refuse de cacheter et signer le paquet contenant l'échantillon, l'acheteur pourra requérir le Maire ou le Commissaire de police, qui procèdera comme il est dit à l'article 9.

Art. 13. — Un exemplaire en placard du présent arrêté sera et demeurera affiché dans chaque magasin d'engrais.

Art. 14. — Les contraventions aux dispositions qui précèdent seront constatées et poursuivies conformément aux lois.

Art. — MM. les Sous-Préfets, Maires et Commissaires de police sont chargés de l'exécution du présent arrêté, qui sera inséré dans le Recueil des Actes administratifs et recevra la plus grande publicité.

Fait à Lille, le 8 septembre 1856.

(Signé) BESSON.

Engrais (Dépôts d') au moyen de matières provenant de vidanges ou de débris d'animaux desséchés ou désinfectés et en magasin couvert, quand la quantité est inférieure à 25,000 kilogrammes.

3e classe. — Décret du 31 décembre 1866.

Inconvénient. — Odeur.

Mêmes conditions que ci-dessus.

Engraissement des volailles dans les villes (Établissements pour l').

3e classe. — Décret du 31 décembre 1866.

Inconvénient. — Odeur.

A la propreté des locaux occupés par ces animaux doit se joindre une surveillance continue, pour prévenir leurs dégâts sur les propriétés voisines.

Éponges (Lavage et séchage des).

2e classe. — 27 janvier 1837.
3e classe. — Décret du 31 décembre 1866.

Inconvénients. — Odeur et altération des eaux.

PRESCRIPTIONS : Le commerce des éponges, dans les préparations qu'il leur fait subir pour les livrer à l'usage, peut prévenir l'incommodité qui résulte pour les voisins de la fermentation des matières animales gélatineuses qu'elles contiennent, en mêlant à la macération un peu de chlorure de chaux et en portant directement aux égoûts ces eaux infectes.

Les dissolutions d'acide sulfureux obtiendraient peut-être le même succès, comme dans le blanchîment des soies et laines.

Équarrissage des animaux.

1re classe. — Décret du 31 décembre 1866.

Inconvénients. — Odeur et émanations nuisibles.

PRESCRIPTIONS : Clore le chantier par un mur de 2 mètres 50 centimètres de hauteur ;

Paver en dalles parfaitement rejointoyées à la cendrée hydraulique, les cours ainsi que le hangar où les chevaux seront abattus ;

Les murs de l'échaudoir où les animaux seront abattus, seront recouverts, sur une hauteur d'un mètre à partir du sol, d'un enduit de ciment hydraulique, afin d'éviter les causes d'insalubrité résultant de l'imprégnation de briques poreuses par les dissolutions de matières organiques putrescibles et de faciliter le lavage des parties qui en ont été souillées ;

Établir une citerne parfaitement étanche et voûtée pour recevoir, à l'aide de rigoles et de pentes convenables, les produits liquides, laquelle sera tenue close hors le temps de vidange ;

Nettoyer l'atelier et les cours aussitôt après l'abattage des animaux, et n'exposer aucun débris au dehors de l'établissement ;

Écouler les eaux de lvage dans une citerne spéciale, sans jamais les laisser à l'air libre, ni les diriger sur la voie publique, sous quelque prétexte que ce soit ;

Surmonter d'une hotte les chaudières à cuire et les tourailles à dessécher, afin de conduire les buées dans une cheminée de 25 mètres de hauteur, construite entièrement en maçonnerie ;

Soumettre immédiatement à la cuisson la chair des animaux abattus ;

Renfermer dans un magasin sec, bien clos et muni d'une cheminée d'appel, les dépôts d'os, de cornes, de poils, crins et peaux pour être enlevés fréquemment :

Passer au lait de chaux, avant dessication, s'ils ne sont livrés immédiatement aux divers arts qui les utilisent, les tendons et autres parties pouvant servir à la fabrication de la colle ;

Recueillir les matières animales destinées à être converties en engrais, dans des citernes particulières, recouvertes par des écoutilles, comme les ponts de bateaux, que l'on ne lèvera que pour le service d'introduction ou d'extraction ;

N'opérer l'enlèvement des engrais liquides qu'à l'aide d'une pompe et dans des tonneaux hermétiquement fermés ;

— Les engrais solides, tels que débris d'animaux, os, poils, peaux, etc., ne pourront être transportés que dans des voitures parfaitement recouvertes ;

N'effectuer le transport des animaux morts, des poissons, etc., que dans des voitures bien recouvertes et dont le fond sera doublé en zinc, afin d'empêcher l'écoulement des liquides sur la voie publique.

Indépendamment des conditions qui précèdent, nous croyons utile pour éviter autant que possible, la transmission des maladies contagieuses du cheval à l'homme, de prescrire les mesures suivantes :

Les ouvriers employés à l'équarrissage des chevaux morts et atteints pendant la vie, de *morve*, de *farcin ;* des chevaux, bœufs ou moutons, atteints de *charbon,* ou des animaux en général arrivés à *un certain degré de putréfaction*, prendront les plus grandes précautions, afin d'éviter toute blessure ou écorchure ;

L'ouvrier, qui aurait reçu quelques blessures ou écorchures aux mains, devra s'abstenir d'équarrir les animaux précités, et si des circonstances particulières l'obligeaient à continuer son travail, il faudrait, au préalable, qu'il cautérisât ses plaies, s'imprégnât les mains d'une couche d'huile et fit en sorte que le pus ou le sang des animaux atteints de maladies contagieuses ne fut pas projeté sur aucune surface de la peau, ni dans le nez, les yeux, la bouche, etc,, car, dans ce cas, la prudence lui commanderait de laver de suite la partie imprégnée de pus, qui, sans cette précaution, pourrait être absorbé par l'économie ;

Si, pendant l'opération de l'équarrissage, un ouvrier se blessait soit avec un instrument tranchant, soit avec des éclats d'os ou autrement, le propriétaire de l'établissement ou son représentant exigera la cessation immédiate du travail de cet ouvrier, et fera saigner la plaie, en exerçant au-dessus une forte pression, et la cautérisation ensuite avec un fer rouge ou du *nitrate acide de mercure ou du chlorure de zinc*, qui devront toujours se trouver dans l'établissement.

Après les diverses opérations d'équarrissage des chevaux atteints des maladies ci-dessus désignées, les ouvriers sont rigousement tenus de se laver les mains avec du savon ou dans une dissolution de chlorure de chaux, afin de faire disparaître de suite le *virus* qui pourrait s'y être attaché,

Les propriétaires d'ateliers d'équarrissage sont tenus, sous peine de révocation de la présente autorisation et même de dommages et interêts, s'il y a lieu, de faire exécuter ponctuellement le présent arrêté qui sera affiché, sous forme de placard, dans le lieu le plus apparent de l'établissement, après qu'ils en auront donné connaissance à leurs ouvriers.

Ils devront, en outre, justifier envers qui de droit et avant de se livrer à l'équarrissage, qu'ils ont scrupuleusement rempli toutes les conditions énumérées dans le présent arrêté.

A MM. les Sous-Préfets et Maires du département.

Établissements insalubres, dangereux ou incommodes. — Instruction des demandes.

Lille, le 13 avril 1874.

Messieurs, depuis longtemps il existe dans ce département un abus en matière de formation des établissements classés comme dangereux, incommodes ou insalubres. Les industriels prennent l'habitude de construire avant l'enquête obligatoire et l'autorisation de l'Administration. Cette manière de procéder constitue une infraction aux règlements de l'Autorité Administrative, dont la répression doit être poursuivie en vertu du § 15 du nouvel article 471 du Code pénal (loi du 28 avril 1832). Il en résulte, en outre, que les établissements ainsi formés ne sont pas dans des conditions conformes aux dispositions prescrites par l'Autorité, au point de vue de la salubrité et dans l'intérêt des tiers.

Il importe donc, Messieurs, de faire cesser cet abus éminemment préjudiciable aux principes de l'Administration et au bon ordre. A cet effet, il conviendra dorénavant, chaque fois qu'une demande de cette nature se produira, de faire connaître au pétitionnaire que sa demande va être immédiatement soumise aux formalités d'instruction nécessaires et de l'inviter expressément à ne commencer les travaux qu'après que la décision de l'Administration lui aura été notifiée. De cette façon, l'industriel pourra toujours se conformer d'une manière complète aux conditions de l'autorisation.

Je vous serai obligé de vouloir bien prévenir également le pétitionnaire que s'il agissait autrement, il s'exposerait nonseulement à se voir l'objet d'une contravention, que vous ne manquerez plus à l'avenir de faire constater par un procès-verbal régulier, mais encore à subir, soit des frais en pure perte pour la modification de ses constructions, soit le refus de l'autorisation et la mise en chômage de l'usine.

Il convient aussi de veiller attentivement à ce que les enquêtes locales et les avis des Conseils d'hygiène et de salubrité n'éprouvent aucun retard. La lenteur apportée généralement dans l'instruction des demandes de l'espèce n'a pas été sans influence sur l'extension de l'usage abusif dont il s'agit. Il est très désirable que ce prétexte ne soit plus offert désormais aux industriels, et, à cet égard, je me fie entièrement à votre zèle et à votre activité.

» Agréez, Messieurs, l'assurance de ma considération la plus distinguée.

Le Conseiller d'État, Préfet du Nord,

Baron LE GUAY.

Étamage des glaces.

3ᵉ classe. { 14 janvier 1815.
Décret du 31 décembre 1866.

Inconvénient. — Emanations nuisibles.

L'opération se faisant à froid, la volatilisation spontanée du mercure, bien que sur de grandes surfaces, peut être rendue inoffensive par une ventilation intelligente de l'atelier où ne doivent séjourner que les ouvriers indispensables à la surveillance des opérations.

Ce qui pourrait spécialement attirer l'attention de l'autorité, c'est l'extrême fatigue qui résulte du travail qu'on nomme polissage, travail dont la durée devrait être limitée et interrompue par des repos obligatoires dans tous les cas où les moyens mécaniques ne peuvent être employés exclusivement.

A MM. les Sous-Préfets et Maires du département.

Salubrité publique. — Étamage des ustensiles et vases métalliques destinés aux usages alimentaires.

Lille, le 18 juillet 1876.

Messieurs, un arrêté, en date du 9 juillet 1861, inséré au Recueil des Actes administratifs de la même année, page 206, a prescrit que l'*étain fin*, c'est-à-dire renfermant seulement 2 à 3 pour 100 de métaux étrangers, serait désormais le seul employé pour l'étamage des ustensiles de toute nature destinés aux usages alimentaires.

Cependant, il résulte de renseignements qui me sont parvenus que les prescriptions de cet arrêté ne sont pas partout observées.

Des ouvriers ambulants, exerçant leur industrie sur la voie publique, au lieu de se servir de l'*étain fin,* c'est-à-dire ne renfermant que 2 à 3 pour 100 de métaux étrangers, emploieraient un mélange d'étain et de plomb dans lequel ce dernier métal entrerait dans la proportion de 75 à 80 pour 100.

Cette infraction aux dispositions de l'arrêté du 19 juillet 1861 doit être réprimée comme étant de nature à compromettre sérieusement la santé publique.

Je vous prie en conséquence, Messieurs, de vouloir bien veiller à ce que les dispositions ci-dessus énoncées soient rigoureusement observées, et, s'il y a lieu, faire dresser des procès-verbaux à la charge des contrevenants.

Agréez, Messieurs, l'assurance de ma considération la plus distinguée.

Le Préfet du Nord,
Lizot.

Éther (Fabrication et dépôts d').

1re classe. { 27 janvier 1851.
Décret du 31 décembre 1866.

Inconvénients. — Danger d'incendie et d'explosion.

Prescriptions : Emploi exclusif de la vapeur d'eau pour le chauffage des appareils.

Reservoir d'eau superposé aux appareils distillatoires ; magasins voûtés, portes incombustibles, lampes de sûreté, éclairage avec lampes au dehors séparées de l'intérieur par des châssis dormants : pavage du sol de l'atelier en pierres dures rejointoyées au ciment hydraulique, ouverture dans le toit et carneaux dans la partie inférieure des murs en nombre suffisant pour établir une bonne ventilation.

Ether (Dépôts d'), si la quantité emmagasinée est, même temporairement, de 1,000 litres ou plus.

1re classe. { 27 janvier 1887.
Décret du 31 janvier 1872.

Inconvénients. — Danger d'incendie et d'explosion.

Mêmes conditions que ci-dessus.

Ether (Dépôts d'), si la quantité, supérieure à 100 litres, n'atteint pas 1,000 litres.

2e classe. — Décret du 31 janvier 1872.

Inconvénients. — Danger d'incendie et d'explosion.

Emploi des lampes de sûreté pour pénétrer le soir dans le dépôt.

Etoffes (Dégraissage des). Voir **Peaux**.

Etoupes (Fabriques d').

3º classe. — Arrêté de M. le Ministre du 27 mars 1874.

Inconvénients. — Poussière et danger d'incendie.

Circulaire de M. le Préfet en date du 10 avril à MM. les Sous-Préfets et Maires du département.

Messieurs, j'ai l'honneur de vous informer que, par arrêté du 27 mars 1874, M. le Ministre de l'Agriculture et du Commerce a décidé que la transformation en étoupes des cordages hors de service, goudronnés ou non, sera désormais rangée dans la 3º classe des établissements insalubres, dangereux ou incommodes.

Il conviendra donc d'instruire à l'avenir, d'après les règles de la 3º classe, les demandes de l'espèce qui se produiraient dans les département.

Je vous prie, Messieurs, de vouloir bien assurer l'exécution de la présente circulaire.

Le Conseiller d'État, Préfet du Nord,
Baron Le Guay.

PRESCRIPTIONS : Établir une bonne ventilation dans l'atelier au moyen d'une cheminée d'appel s'élevant au-dessus du toit et de carneaux placés à la partie inférieure des murs ;

Ne pénétrer le soir dans l'atelier qu'avec une lampe de sûreté.

Etoupilles (Fabrication d') avec matières explosibles.

1ʳᵉ classe. { 27 janvier 1837.
Décret du 31 décembre 1866.

Inconvénients. — Danger d'explosion et d'incendie.

PRESCRIPTIONS : Les ateliers, séchoirs et magasins ne doivent être surmontés d'aucun étage.

Ils doivent être construits en matériaux incombustibles et ne recevoir d'éclairage artificiel que derrière des châssis à verres dormants ou par des lanternes parfaitement fermées ;

Les foyers nécessaires anx préparations et au séchage doivent s'ouvrir en dehors des locaux précités, le séchage à l'aide de la vapeur offre plus de garantie.

Si l'on fait usage du phosphore dans les préparations, les déchets et les balayures doivent être enfouis et en aucun cas jetés sur la voie publique.

Extraction et lavage des phosphates de chaux.

3º classe. — 10 février 1874.

Par arrêté en date du 10 février 1874, M. le Ministre de l'Agriculture et du Commerce a décidé que l'industrie de l'extraction et du lavage des phosphates de chaux sera rangée désormais dans la troisième classe des établissements insalubres, par analogie avec les lavoirs à minerais.

Il conviendra à l'avenir d'instruire, d'après les règles de troisième classe, les demandes de l'espèce qui se produiraient dans ce département.

Fabriques de collodion.

1ʳᵉ classe. — Arrêté ministériel du 21 janvier 1874.

Voir **Collodion**.

Fabriques d'étoupes.

3º classe. — Arrêté ministériel du 27 mars 1874

Voir **Etoupes**.

Faïence (Fabrique de) avec fours non fumivores.

2º classe. — 31 décembre 1866

Inconvénient. — Fumée.

PRESCRIPTIONS : La chaleur considérable que subissent les

fours et la cheminée nécessite un isolement complet des murs mitoyens.

La cheminée doit, en outre, avoir une certaine élévation.

Les pièces de bois apparentes seront recouvertes d'un feuillet de tôle ou d'une couche épaisse de mortier.

Et lorsque le bois est employé comme combustible, le magasin doit être entièremeut séparé des sources de chaleur précitées.

Lorsqu'on se sert de charbon comme combustible on devra préférer le charbon maigre qui donne moins de fumée.

Faïence avec fours fumivores.

2º classe. — 14 janvier 1815.
3º classe. — Décret du 31 décembre 1866.

Inconvénient. — Fumée accidentelle.

PRESCRIPTIONS : Elever convenablement la cheminée à deux mètres au moins au-dessus des habitations les plus hautes, comprises dans un rayon de 50 mètres au moins ; éloigner du four les magasins de bois.

Fanons de baleine (Travail des).

3º classe. { 27 mai 1838.
Décret du 31 décembre 1866.

Inconvénient. — Emanations incommodes.

PRESCRIPTIONS : Les chaudières doivent être surmontées d'une cheminée en forme d'entonnoir s'élevant de plusieurs mètres au-dessus du faîte des bâtiments les plus hauts compris dans un rayon de 50 mètres ;

Les eaux doivent être portées directement et immédiatement aux égoûts, si elles n'y sont pas conduites par un aqueduc souterrain ;

Une petite quantité de chlorure de chaux peut en diminuer l'infection.

Farine (Moulins à).

3ᵉ classe. — 31 décembre 1866.

Voir **Moulins**.

Féculeries.

3ᵉ classn. { 9 février 1825.
Décret du 31 décembre 1866.

Iuconvénients. — Odeur, altération des eaux.

Prescriptions : Interdiction de déverser sur la voie publique les eaux de l'usine, sous quelque prétexte que ce soit ;

Enlèvement en vases clos des résidus solides qui ne doivent, pas plus que les précédents, séjourner dans l'usine ;

Les cuves qui ont servi au dépôt contiennent souvent de l'acide carbonique, et il est dangereux d'y descendre pour enlever les sédiments avant de s'être assuré que l'air y est pur et qu'une chandelle peut continuer à y brûler facilement.

Fer blanc (Fabrication du).

3ᵉ classe. { 14 janvier 1815.
Décret du 31 décembre 1866.

Inconvénient. — Fumée.

Prescription : Ventiler les ateliers et opérer sous des hottes qui recueilleront les vapeurs produites pour les porter au-dessus des toits des maisons les plus rapprochées.

Fer (Dérochage du)

3ᵉ classe. — Décret du 7 mai 1878.

Inconvénient. — Vapeurs nuisibles,

Prescription : Ventiler l'atelier et fermer les ouvertures donnant sur la voie publique et les propriétés voisines par des châssis dormants ; placer au-dessus du fourneau une hotte communiquant avec une cheminée qui sélèvera à 3 mètres au-dessus des toits voisins.

Fer (Galvanisation du).

3e classe. — Décret du 7 mai 1878.

Inconvénient. — Vapeurs nuisibles

Prescription : Exiger, entr'autres conditions, des hottes convenablement établies pour l'expansion dans les régions élevées de l'atmosphère des vapeurs et des gaz produits pendant les opérations ; ne laisser écouler sur la voie publique et les fossés que des eaux industrielles neutralisées.

Feutre goudronné (Fabrication du).

2e classe. { 23 mai 1831.
Décret du 31 décembre 1866.

Inconvénients. — Odeur, danger d'incendie.

Prescriptions : Aucune préparation, aucun emploi de goudron ne peut se pratiquer sans inconvénient pour le voisinage, aussi si l'isolement n'est pas complet, le travail de nuit doit être exclusivement prescrit ;

Les chaudières doivent être munies de couvercles avec tuyaux communiquant à la cheminée dont la hauteur doit surmonter de cinq mètres les toits environnants ;

Pour éviter l'incendie, l'ouverture des foyers et cendriers sera située au dehors de l'atelier et des magasins.

Feutres et visières vernis (Fabrication de).

1re classe. { 5 novembre 1826.
Décret du 31 décembre 1866.

Inconvénients. — Odeur, danger d'incendie.

Prescriptions : L'isolement est une condition absolue.

Les chaudières seront surmontées d'un large manteau

communiquant avec une cheminée de 20 mètres au moins de hauteur ;

Les ouvertures des foyers seront situées en dehors de l'atelier et des magasins ;

Le séchoir, s'il n'est pas en plein air, loin des habitations, sera surmonté d'une cheminée d'appel et chauffé à la vapeur ;

Il ne sera fabriqué que les vernis nécessaires au travail des visières, et les chaudières seront munies d'un couvercle métallique à charnières ;

Les ateliers à ce destinés seront construits en matériaux incombustibles.

Filature des cocons (Ateliers dans lesquels la) s'opère en grand, c'est-à-dire employant au moins six tours.

2ᵉ classe. — 27 mai 1838.
3ᵉ classe. — Décret du 31 décembre 186·

Inconvénients. — Odeur, altération des eaux.

PRESCRIPTIONS : Ces usines doivent plus que d'autres, peut être, jouir de moyens de ventilation continue ;

Les cheminées d'appel partant de la partie supérieure des plafonds, et alimentées par une multitude de petites ouvertures afin d'éviter les perturbations du travail, peuvent rendre de grands services ;

Des ventilateurs mécaniques sont aussi applicables à ces ateliers où l'on se saurait trop recommander la propreté ;

Les eaux de lavage des cocons ne pourront séjourner plus d'un jour dans les raverdoirs ou fosses destinés à les recevoir ;

Elles seront transportées au dehors dans des tonneaux hermétiquement fermés et ne pourront, en aucun cas, être déversées sur la voie publique.

Fonderie de cuivre, laiton et bronze

2ᵉ classe. — 14 janvier 1815.
3ᵉ classe. — Décret du 31 décembre 1866.

Inconvénient. — Fumées métalliques.

PRESCRIPTIONS : On obviera aux inconvénients que présentent les fonderies de cuivre :

1° En surmontant les fourneaux de hottes communiquant à une cheminée toute en maçonnerie dépassant de cinq mètres au moins le faîte des toits des bâtiments les plus élevés, compris dans un rayon de cinquante mètres ;

2° En séparant les fourneaux et cheminées des murs mitoyens par un espace de 35ᶜ au moins ;

3° En limitant, au besoin, la capacité des fourneaux, et en ne brûlant que du coke dans le fourneau de la fonderie ;

4° En recouvrant toutes les pièces de bois apparentes de l'atelier de fonderie et de coulée d'une plaque de tôle ou d'une couche épaisse de mortier ;

5° En éclairant et ventilant les ateliers de fusion et en établissant de préférence, les fenêtres et les ouvertures de l'atelier de fusion du côté opposé à la voie publique ;

En dallant le sol des ateliers par de bons pavés rejointoyés au ciment hydraulique.

Fonderie en deuxième fusion.

3ᵉ classe. — Décret du 31 décembre 1866.

Inconvénient. — Fumée.

PRESCRIPTIONS : La cheminée s'élèvera de deux mètres au moins au-dessus des toits voisins ;

La cheminée et le fourneau contenant les creusets seront isolés des murs mitoyens ;

Les pièces de charpentes apparentes seront rendues incombustibles, comme il est dit à l'article précédent.

Fonderie de plomb.

3ᵉ classe. — 31 décembre 1866.

Voir **Plomb**.

Fonte et laminage du plomb, du zinc et du cuivre.

2º classe. — 14 janvier 1815.
3º classe. — Décret du 31 décembre 1866.

Inconvénients. — Bruit, fumée.

PRESCRIPTIONS : 1° La chaudière à fondre le plomb devra être placée dans une pièce de 4 mètres au moins de hauteur et sera surmontée d'un tambour à porte mobile montée sur coulisse et mise en communication avec la cheminée du fourneau, dont la hauteur sera suffisante pour obtenir un fort tirage ;

2° L'atelier sera ventilé à l'aide d'une cheminée d'aérage ;

3° Les ouvriers seront tenus à se laver les mains à la sortie de l'atelier, dans un bac disposé de manière à faciliter le renouvellement de l'air.

Forges et chaudronneries de grosses œuvres employant des marteaux mécaniques.

2º classe. { 5 novembre 1826. Décret du 31 décembre 1866.

Inconvenients. — Fumée, bruit.

PRESCRIPTIONS : Des ateliers élevés avec pannes ouvertes dans la toiture ; l'isolement des fourneaux et des cheminées ; l'élévation de celles-ci à cinq mètres au-dessus des toits voisins, et la fermeture permanente des fenêtres donnant sur la voie publique diminueront les inconvénients de la fumée et les dangers d'incendie ;

On remédiera à l'ébranlement du voisinage en creusant dans le sol des tranchées d'un mètre environ de profondeur sur 50 centimètres de largeur autour des masses qui reçoivent le choc des marteaux. Aucun des moyens mécaniques destinés à mettre ceux-ci en mouvement, ne doit s'appuyer sur les murs mitoyens.

On peut aussi prescrire avec avantage le placement de

Formes en tôle pour raffineries.

2ᵉ classe. — 9 février 1825
3ᵉ classe. — Décret du 31 décembre 1866.

Voir **Tôles vernies.**

Fourneaux à charbon de bois.

2ᵉ classe. { 20 septembre 1828.
Décret du 31 décembre 1866.

Voir **Carbonisation du bois.**

Fourneaux (Hauts-).

1ʳᵉ classe. — 14 janvier 1815.
3ᵉ classe. — Décret du 31 décembre 1866.

Inconvénients. — Fumée et poussière.

L'éloignement des villes et des habitations permet ordinairement de ne prescrire aucune mesure spéciale. La hauteur des ateliers doit faciliter une ventilation complète, et la cheminée doit avoir une élévation de 25 mètres au-dessus du sol.

Fours pour la calcination des cailloux.

2ᵉ classe. — 5 novembre 1826.
2ᵉ, 3ᵉ classe — Décret du 31 décembre 1866.

Voir **Cailloux.**

Fours à plâtre et fours à chaux.

2ᵉ classe. — 29 juillet 1818.
3ᵉ classe. — Décret du 31 décembre 1866

Voir **Plâtre, Chaux.**

Fours à Plâtre et manége à broyer.

2ᵉ classe. — 1866

Inconvénients. — Fumée et poussière.

PRESCRIPTIONS : 1° La cheminée des fours sera élevée à 5 mètres au moins au-dessus des toits du voisinage ;

2° Le four et la cheminée devront être isolés des murs mitoyens ;

3° Le moulin à broyer le plâtre sera établi dans un atelier fermé et ventilé à l'aide d'une haute cheminée d'appel et d'ouvreaux pratiqués à la partie inférieure des murs.

Fromages et **Poissons salés** (Dépôts de) dans les villes.

2ᵉ classe. — 14 janvier 1815.
3° classe. — 31 décembre 1866.

Inconvénient. — Odeur.

PRESCRIPTIONS : 1° Paver la cave en pierres dures parfaitement rejointoyées au ciment hydraulique avec inclinaison pour diriger les eaux dans un caniveau ; y établir un raverdoir pour recevoir les eaux de lavage, clore les soupiraux par des châssis à verres dormants, et l'entrée par deux portes, l'une en haut, l'autre en bas de l'escalier. Ménager dans la voûte une ouverture que recouvrira une cheminée d'aérage en maçonnerie, d'une section de huit décimètres carrés, s'élevant à deux mètres au-dessus du faîte de l'établissement ;

2° N'établir de dépôt que dans cette cave ;

3° Renfermer ce qui doit être exposé pour la vente dans une ou plusieurs vitrines bien closes, pourvues chacune d'une couverture de quinze centimètres de largeur sur huit de hauteur, en communication avec la cheminée d'aérage ;

4° Ne dessaler le poisson, ne laver les fromages que dans la cave, dont les portes seront établies sur pivot à col de cygne, afin qu'elle se ferment d'elles-mêmes ;

5° Jeter, pendant la nuit, dans la bouche d'égoût la plus proche, les résidus liquides provenant de la manipulation, et, dans le cas où il n'existerait pas d'égoût, les transporter sur les champs dans des tonneaux hermétiquement fermés ;

6° Ne pas déposer, pendant l'été, de poissons salés dans le magasin du rez-de-chaussée ;

7° N'établir aucune ouverture de la cave donnant sur la rue ; s'il en existait, elles seront fermées et remplacées par châssis dormants.

Fulminate de mercure (Fabrication du).

1re classe. — Décret du 31 décembre 1866.

Inconvénients. — Danger d'explosion et d'incendie.

PRESCRIPTIONS : Isolement absolu des habitations ;

Les ateliers et magasins doivent être incombustibles et jamais surmontés d'aucun étage propre à être habité;

Les séchoirs incombustibles avec charpente métallique pour le toit peuvent être chauffés à la vapeur ; en tout état de choses l'ouverture des foyers doit en être séparé.

Galipots ou résines de pin.

1re classe. { 9 février 1825. / 31 décembre 1866.

Voir **Résines**.

Galons et tissus d'or et d'argent (Brûleries en grand des) dans les villes.

2° classe. { 14 janvier 1815. / Décret du 31 décembre 1866.

Inconvénient. — Odeur.

La combustion des matières organiques végétales ou animales à l'aide desquelles sont fixés ces métaux dans les tissus, donne lieu à des émanations qui seraient très désagréables si elles n'étaient portées dans l'atmosphère à 2 mètres au-dessus du faîtage des maisons voisines, dans un rayon de 25 à 30 mètres.

Gaz, goudrons des usines. (Voir **Goudrons**),

Gaz d'éclairage et de chauffage (Fabrication du) pour usage public.

2ᵉ classe. { Ordonnance royale du 27 janvier 1846.
Décret du 31 décembre 1866.

Inconvénients. — Odeur et danger d'incendie.

Cette industrie, réglée par l'ordonnance royale du 27 janvier 1846, ayant réalisé dans les dernières années des améliorations dans le mode de fabrication du gaz, un décret en date du 9 février 1867 est venu modifier en faveur des industriels certaines dispositions de l'ordonnance précitée.

Déjà, en 1862, l'article 6 de cette ordonnance portant interdiction de l'emploi de toute sublance animale pour la fabrication du gaz, avait été rapporté.

Le règlement nouveau supprime les articles 17 et 24 relatifs à la construction, à l'emploi des gazomètres et aux épreuves auxquelles étaient soumis les récipients portatifs, supprime également l'obligation d'avoir deux ou plusieurs gazomètres dans l'usine, de surmonter de tuyaux et cheminées toutes les ouvertures des ateliers; et réserve en dernier lieu, la faculté de traiter dans l'usine même, les eaux de condensation pour en extraire les sels ammoniacaux qu'elles peuvent contenir.

Voici le texte du décret de 1867 :

« Art. 1ᵉʳ Les usines et ateliers de la fabrication du gaz d'éclairage et de chauffage pour l'usage public, et les gazomètres qui en dépendent sont soumis aux conditions ci-après :

» Art. 2. Les usines sont fermées par un mur d'enceinte ou une clôture solide en bois de trois mètres de hauteur au moins ; les ateliers de fabrication et les gazomètres sont à la distance de 30 mètres au moins des maisons d'habitation voisines ;

» Art. 3. Les ateliers de distillation et tous les bâtiments y attenants seront construits et couverts en matériaux incombustibles ;

» Art. 4. La ventilation desdits ateliers doit être assurée par des ouvertures suffisamment larges et nombreuses ménagées dans les parois latérales et à la partie supérieure du toit ;

» Art. 5. Les appareils d'épuration sont établis en plein air ou dans des bâtiments dont la ventilation est assurée comme celle des ateliers de distillation ;

» Art. 6. Les appareils d'épuration sont placés vers le centre de l'usine, en plein air ou dans des bâtiments dont la ventilation est assurée, comme celle des ateliers de distillation et de condensation ;

» Art. 7. Les eaux ammoniacales et les goudrons produits par la distillation qu'on n'enlèverait pas immédiatement seront recueillis dans des citernes exactement closes et qui devront être parfaitement étanches ;

» Art. 8. L'épuration sera pratiquée et conduite avec les soins et précautions nécessaires pour qu'aucune odeur incommode ne se répande en dehors de l'enceinte de l'usine. La chaux ou les laits de chaux, s'il en est fait usage, seront enlevés, chaque jour, dans des vases ou tombereaux fermant hermétiquement et transportés dans une voirie ou dans un local désigné par l'autorité municipale ;

» Art. 9. Les eaux de condensation peuvent être traitées dans l'usine elle-même, pour en extraire les sels ammoniacaux qu'elles contiennent, à la condition que les ateliers soient établis vers la partie centrale de l'usine et qu'il n'en sorte aucune exhalaison nuisible ou incommode pour les habitants du voisinage et que l'écoulement des eaux perdues soit assuré sans inconvénient pour le voisinage ;

» Art. 10. Les goudrons ne pourront être brûlés dans les

cendriers et les fourneaux qu'autant qu'il n'en résultera à l'extérieur ni fumée, ni odeur ;

» Art. 11. Les bassins dans lesquels plongent les gazomètres seront complètement étanches ; ils seront construits en pierres ou briques à bain de mortier hydraulique, en tôle ou en fonte ;

» Art. 12. Les gazomètres seront établis à l'air libre ; la cloche de chacun d'eux sera maintenue entre des guides fixes, solidement établis, de manière que, dans son mouvement, son axe ne s'écarte pas de la verticale. La course ascendante en sera limitée, de telle sorte que, lorsque la cloche atteindra cette limite, son bord inférieur soit encore à un niveau inférieur de 0,30 centimètres au moins du bord du bassin ou cuve ;

» La force élastique du gaz dans l'intérieur du gazomètre sera toujours maintenue au-dessus de la pression atmosphérique. Elle sera indiquée par un manomètre très apparent ;

» Art. 13. Les usines et appareils mentionnés ci-dessus pourront, en outre, être assujettis aux mesures de précaution et dispositions qui seraient reconnues utiles dans l'intérêt de la sûreté et de la salubrité publiques et qui seront déterminées par un réglement d'administration publique ;

» Art. 14. Les usines et ateliers régis par le présent décret, seront soumis à l'inspection de l'autorité municipale, chargée de veiller à ce que les conditions prescrites soient observées. »

Gaz d'éclairage et de chauffage (Fabrication du) pour l'usage particulier.

3ᵉ classe. — Décret du 31 décembre 1866.

Inconvénient. — Odeur.

PRESCRIPTIONS : 1° Rendre incombustibles les ateliers de

distillation, et les placer à 30 mètres des propriétés voisines ;

2° Établir à la partie supérieure du toit des dits ateliers pour la sortie des gaz et des vapeurs, une ouverture surmontée d'une cheminée dépassant de 3 mètres les toits voisins dans un rayon de 50 mètres ;

3° Rendre étanche la cuve du gazomètre et le gazomètre lui-même exempt de fuite ;

4° Éteindre le coke à la sortie des cornues ;

5° Recevoir dans des vases hermétiquement fermés, les goudrons, les eaux ammoniacales et la chaux sortant des ateliers d'épuration, jusqu'au moment de leur emploi ;

6° Éclairer au moyen de lampes de sûreté les ateliers renfermant les appareils de condensation et d'épuration.

Gazomètres pour l'usage particulier, non attenant aux usines de fabrication.

3e classe. — Décret du 31 décembre 1866.

Inconvénient. — Odeur.

S'il n'y a aucun danger pour l'extérieur il peut en exister pour l'intérieur des habitations.

Il est prudent de n'établir le gazomètre que dans un lieu entièrement aéré.

Gélatine alimentaire et **gélatines** provenant des peaux blanches et de peaux fraîches non tannées (Fabrication de la).

3e classe. — Décret du 31 décembre 1866.

Inconvénient. — Odeur.

PRESCRIPTIONS : 1° N'employer que des peaux et des os frais ne répandant aucune odeur ;

2° Désinfecter les résidus, à moins qu'ils ne soient enlevés immédiatement de l'usine ;

3° N'écouler aucun liquide sur la voie publique ;

4° Ne brûler aucun résidu de fabrication ;

5° Surmonter les fourneaux d'une large hotte communiquant avec la cheminée qui s'élèvera de 3 mètres au moins au-dessus des toits voisins compris dans un rayon de 50 mètres ;

6° Daller les ateliers avec pente suffisante vers un raverdoir étanche.

Genièvre.

      2ᵉ classe. — 14 janvier 1815.
      3ᵉ classe. — 31 décembre 1866.

(Voir **Distilleries**).

Glaces (Étamage des).

    3ᵉ classe. { 14 janvier 1815.
         31 décembre 1866.

(Voir **Etamage**).

Glace. (Voir **Appareils de réfrigération**).

      3ᵈ classe. — 31 décembre 1866.

Goudrons (Usines spéciales pour l'élaboration des) d'origines diverses.

    1ʳᵉ classe. { 14 janvier 1815.
         Décret du 31 décembre 1866.

Inconvénients. — Odeur, danger d'incendie.

PRESCRIPTIONS : Toutes les opérations qui se pratiquent à l'aide du goudron, y compris la distillation de la benzine, offrent les mêmes inconvénients et les mêmes dangers.

Isoler l'usine des habitations ;

Séparer les ouvertures des foyers et cendriers des ateliers de travail et des magasins ;

Placer des manteaux au-dessus des appareils, de manière à diriger les vapeurs dans des cheminées suffisamment élevées ;

Construire des ateliers avec charpente métallique et des magasins incombustibles et bien ventilés.

Telles sont sommairement les précautions à prendre autant dans l'intérêt des ouvriers que dans l'intérêt public.

Ne laisser écouler aucun liquide sur le sol ni sur la voie publique, ni dans les cours d'eau, et pour cela daller en pierres dures et au bain de mortier cendré, l'aire des ateliers et magasins avec pente vers une citerne d'où les liquides sont exportés en vases clos;

Éclairer les ateliers et magasins à l'aide de lampes de sûreté ou par l'interposition de châssis à verres dormants.

Goudrons (Traitement des) dans les usines à gaz où ils se produisent.

1re classe. — 9 février 1826.
2e classe. — Décret du 31 décembre 1866.

Inconvénients. — Odeur et danger d'incendie.

PRESCRIPTIONS : Si les appareils sont ouverts, ils doivent être munis de couvercles métalliques à charnières ;

Les appareils de distillation, comme les précédents, doivent être situés en dehors de l'atelier ainsi que les magasins d'huiles légères;

Voici, du reste, un ensemble de prescriptions sages qui peuvent s'appliquer à cette opération et à celle qui a pour objet la benzine ;

N'opérer qu'en vases hermétiquement clos, diriger les gaz non condensés sous le foyer de l'appareil à l'aide des moyens connus aujourd'hui dans l'industrie. (Soupapes hydrauliques, toiles métalliques serrées et multipliées).

Déposer les tourries d'huiles légères dans une cave voûtée ;

Séparer les foyers de l'atelier de distillation ;

Rendre la charpente incombustible;

Pourvoir l'atelier de distillation d'ouvertures suffisantes pour éviter l'accumulation des gaz.

Goudrons et matières bitumineuses fluides (Dépôts de).

2ᵉ classe. — Décret du 31 décembre 1866.

Inconvénient. — Odeur.

PRESCRIPTIONS : Renfermer les barriques contenant goudron et les bitumes fluides dans une cave voûtée et bien fermée; ou bien déposer ces matières premières dans des citernes hermétiquement fermées et parfaitement étanches.

Goudrons et brais végétaux d'origines diverses (Élaboration des).

1ʳᵉ classe. — Décret du 31 décembre 1866.

Inconvénients. — Odeur, danger d'incendie.

Voir *Goudrons* (Usines spéciales).

Graisses à feu nu (Fonte des).

1ʳᵉ classe. { 31 mai 1833. / Décret du 31 décembre 1866.

Inconvénients. — Odeur, danger d'incendie.

PRESCRIPTIONS : Les précautions suivantes analogues à celles indiquées pour les goudrons paraissent diminuer beaucoup les inconvénients de ces usines :

Isolement des lieux habités ;

N'opérer qu'en vases fermés par un couvercle métallique à charnières et placés sous le manteau d'une cheminée qui aura trente mètres d'élévation ;

Les ouvertures des foyers et cendriers seront placées en dehors des ateliers et magasins ;

Le laboratoire où seront établies les chaudières sera voûté ou formé de matériaux incombustibles ;

Les magasins de résines, s'il en est mélangé aux graisses, et les ateliers de saponification seront séparés de l'atelier de distillation ;

Le pavage des ateliers en pierres dures, à la chaux hydraulique, sera établi avec pente dirigée vers un réservoir où seront reçus les liquides dont l'enlèvement aura lieu en vases clos et sans écoulement sur la voie publique ;

Lorsqu'à la fonte des graisses vient s'ajouter la distillation des résines, cette opération ne doit commencer qu'après neuf heures du soir;

Les gaz non condensés doivent être dirigés sous la grille du foyer, et pour empêcher la combustion de se propager dans l'appareil, on fera usage de soupapes hydrauliques, de toiles métalliques serrées ou de tout autre moyen efficace.

Graisses de cuisine (Traitement des).

1re classe. — Décret du 31 janvier 1872.

Inconvénient. — Odeur.

Cette opération, qui consiste à fondre à feu nu les graisses prises dans les cuisines particulières ou dans les établissements publics, présente des inconvénients analogues à ceux de la fonte des suifs en branches, également à feu nu.

Il importera surtout dans les prescriptions de recommander l'établissement d'un manteau au-dessus de la chaudière de fusion communiquant avec la cheminée, dont la hauteur sera proportionnée aux intérêts voisins, et de placer les foyers et les cendriers au dehors de l'atelier.

Graisses et suifs (Refonte des).

3º classe. — Décret du 31 janvier 1872.

Inconvénient. — Odeur.

Pour prévenir, lors de la refonte des graisses au bain-marie, les odeurs peu sensibles qui se produisent, il suffira d'opérer en vases clos, ou d'établir une hotte au-dessus de la chaudière et de la mettre en communication avec la cheminée de l'usine.

Graisses pour voitures (Fabrication des).

1ʳᵉ classe. — Décret du 31 décembre 1866

Inconvénients. — Odeur, danger d'incendie.

PRESCRIPTIONS : 1° N'opérer qu'en vases parfaitement clos ;

2° Diriger les gaz non condensés dans un foyer particulier ;

3° Porter les gaz qui auraient échappé à la combustion dans la cheminée, qui aura au moins 30 mètres d'élévation ;

4° Placer l'ouverture des foyers en dehors de l'atelier de distillation et de condensation ;

5° Empêcher l'inflammation des gaz de se propager dans l'intérieur de l'appareil à l'aide d'une soupape hydraulique ou de tout autre moyen efficace ;

6° Le laboratoire où seront établies les chaudières sera voûté ou formé de matériaux incombustibles ;

7° Les magasins à résine, les ateliers de saponification seront séparés de l'atelier de distillation ;

8° Le travail de la distillation ne pourra jamais commencer avant neuf heures du soir.

Grillage des minerais sulfureux.

1ʳᵉ classe. { 14 janvier 1815. / Décret du 31 décembre 1866.

Inconvénients. — Fumée, émanations nuisibles.

PRESCRIPTIONS : Isoler complètement les fours ou les lieux où se pratique le grillage ;

Si on opère à l'air libre, entourer le foyer de toiles ou paillassons ;

Si on opère dans des fours, surmonter ceux-ci d'une hotte qui communique avec une cheminée de 15 à 20 mètres d'élévation.

Guano (Dépôts de) quand l'approvisionnement excède 25,000 kilogrammes.

1re classe. — Décret du 31 décembre 1866.

Inconvénient. — Odeur.

PRESCRIPTIONS : Les lieux de dépôt doivent être exempts d'humidité, parfaitement clos. Une cheminée d'appel adaptée au plafond traversant la toiture et recouverte d'un chapeau, doit dépasser le faîte des habitations du voisinage.

De plus, des carneaux seront établis à la partie inférieure des murs pour favoriser la ventilation.

Guano (Dépôts de) pour la vente en détail.

2e classe. — 20 juillet 1855.
3e classe. — Décret du 31 décembre 1866.

Inconvénient. — Odeur.

PRESCRIPTIONS : Voir ci-dessus.

Hareng (Saurage du).

2e classe. — 14 janvier 1815.
3e classe. — 31 décembre 1866.

Inconvénient. — Odeur.

PRESCRIPTIONS : Éloigner des habitations, l'atelier de saurage, clôturer exactement cet atelier et le surmonter d'une cheminée d'appel dont la hauteur sera variable suivant la situation de l'usine, par rapport au voisinage, y placer des obturateurs mobiles pour faire varier le tirage alimenté par des ouvreaux à la partie inférieure de la pièce ;

2° Paver, daller ou bitumer l'atelier de travail, y faire des lotions fréquentes d'eau pure et chlorurée, ne faire écouler les eaux dans les égouts que le soir.

Hongroieries.

2e classe. — 14 janvier 1815.
3e classe. — Décret du 31 décembre 1866.

Inconvénient. — Odeur.

PRESCRIPTIONS : 1° L'atelier doit être surmonté d'une

cheminée d'appel s'élevant à deux mètres au-dessus des toits voisins ;

2° Il sera pavé en pierres dures avec pente vers une citerne étanche d'où les liquides seront enlevés en vases clos ;

3° Aucune ouverture ne donnera sur la voie publique pendant le travail ;

4° Il ne sera brûlé aucun déchet provenant de matières animales ;

5° Les peaux à sécher, les marchandises et les tonnes à l'huile, ne seront jamais déposées ou exposées sur la voie publique.

Houille (Agglomérés de).

2° et 3° classes. — Décret du 31 décembre 1866.

Voir **Agglomérés**.

Huiles de Bergues (Fabrique d').

1re classe. — Décret du 31 décembre 1866.

Voir **Dégras**.

Huiles de pétrole et huiles minérales.

L'introduction dans les usages domestiques de l'éclairage par les huiles minérales, ayant suscité des plaintes par l'odeur qu'elles répandent et ayant donné lieu à des accidents, par suite de l'inexpérience ou l'imprudence des personnes chargées des manipulations de ces substances essentiellement inflammables, le gouvernement réglementa, par le décret du 18 avril 1866, la fabrication et la vente de ces substances.

Voici l'instruction envoyée par le Ministre de l'Agriculture et du Commerce aux Préfets, concernant l'application de cet acte :

« Monsieur le Préfet, l'emploi des huiles minérales, dans

l'éclairage, est d'une date assez récente; mais ses avantages, au point de vue économique, sont généralement reconnus. Malheureusement, la fabrication et le commerce de ces substances ne sont pas sans de graves dangers. De plusieurs points, dans ces derniers temps, des explosions, des incendies, leur ont été attribués, et, dès lors, le devoir de l'Administration était de chercher à garantir la sécurité publique. tout en protégeant en cette matière spéciale les usages domestiques, le commerce et l'industrie.

» En ce qui concerne la ville de Paris, la préfecture de police a confié au conseil d'hygiène publique et de salubrité du département de la Seine l'étude des questions relatives à cet objet, et le rapport adopté par ce conseil a été ensuite soumis au comité consultatif des arts et manufactures, avec demande d'un projet de réglementation spéciale.

» C'est à la suite des délibérations de ce comité qu'est intervenu le décret impérial du 18 avril 1866, qui a été inséré au *Moniteur* du 22 du même mois.

» Cette publication ayant été suivie de réclamations de la part de fabricants et de chefs d'usines pour la distillation des pétroles et des huiles de schiste brutes. le comité consultatif des arts et manufactures a été appelé de nouveau à émettre son avis sur les instructions à donner aux préfectures pour la saine application du décret. C'est donc conformément aux propositions du comité que je vous adresse aujourd'hui, Monsieur le Préfet, les explications dans lesquelles je vais entrer, en suivant l'ordre des dispositions du décret :

» 1° L'article 1er indique les substances qui sont régies par le décret et les classes en deux catégories, d'après leur degré d'inflammabilité. Quelques explications sont nécessaires pour bien fixer la portée du paragraphe 1er de cet article. Il ne comprend pas seulement le pétrole brut ou épuré et les produits liquides désignés par la dénomination générale d'hydrocarbures, qui sont extraits, par distillation, du pétrole, du goudron de houille, des asphaltes, des schistes et autres minerais bitumineux, quel que soit le nom qu'on leur donne dans le commerce et l'industrie ; il comprend encore les huiles essentielles d'origine végétale, comme l'essence de térébenthine, et les liquides formés d'un mélange de ces huiles avec de l'esprit-de-vin ou des alcools ; mais il ne doit pas être étendu aux alcools eux-mêmes non dénaturés, non plus qu'à la paraffine brute ou non épurée, **aux goudrons** et autres résidus, solides ou pâteux, de la distillation du pétrole et des schistes bitumineux, et aux produits fabriqués avec les huiles *lourdes,* pour le graissage des essieux. Les dépôts de ces diverses matières et les ateliers où elles sont fabriquées ou élaborées ont été portés, quand on en a reconnu la nécessité, au nouveau tableau qui se prépare pour les établissements classés ; ceux qui n'y figurent pas pourront être exploités sans autorisation préalable de l'Autorité Administrative, et ne seront astreints à aucune réglementation particulière.

» 2° Les paragraphes 2 et 3 du même article 1er indiquent que les substances ci-dessus dénommées sont de la première ou de la seconde catégorie, selon qu'elles émettent ou non, à une température moindre que 35° du thermomètre centigrade, des vapeurs susceptibles de prendre feu au contact d'une allumette enflammée, le décret laissant naturellement aux instructions le soin d'expliquer comment les expériences doivent êtres conduites pour constater le degré d'inflammation. Le procédé est simple et à la portée de tous. Il suffit, en effet, de chauffer au bain-marie le liquide à essayer, dans une capsule en cuivre de 6 à 7 centimètres de diamètre et 2 à 3 centimètres de profondeur. Au moment où un petit thermomètre, dont le réservoir plonge dans le liquide remplissant la capsule. marque 35° centigrades, on promène une allumette enflammée à la surface du liquide ainsi échauffé ; après quoi on la plonge dans le liquide, qui est de première ou de deuxième catégorie, suivant qu'il y a ou qu'il n'y a pas inflammation de sa vapeur, ou du liquide lui-même. Il est très facile de combiner un appareil portatif pour ces épreuves, qui peuvent être confiées à toute personne quelque peu adroite et intelligente. On peut, il est vrai, objecter contre la manière de procéder ci-dessus décrite, qu'à l'instant où le thermomètre plongé dans le liquide graduellement chauffé arrive à marquer 35°, le liquide lui-même est, réellement à une température plus élevée. Si l'objection précédente était présentée par la partie intéressée, on écarterait cette cause d'erreur en chauffant tout d'abord le liquide à essayer au bain-marie, jusqu'à ce que le thermomètre marquât plus de 35° (36 ou 3°7 par exemple), laissant ensuite refroidir lentement et en procédant à l'essai par l'approche d'une allumette enflammée, au moment où le thermomètre serait redescendu exactement à 35°.

» 3° Le troisième paragraphe de l'article 3 porte que les dépôts pour la vente au détail, en quantité n'excédant pas 150 litres de substances de la première catégorie, peuvent être établis sans autorisation préalable ; que leurs propriétaires sont également tenus d'adresser au préfet une déclaration indiquant la désignation précise du local, la quantité à laquelle ils entendent limiter leur approvisionnement, et contenant l'engagement de se conformer aux mesures générales énoncées en l'article 5. Il peut arriver, Monsieur le Préfet, qu'un dépôt dont l'approvisionnement n'est habituellement que de 150 litres en contiennent momentanément, et par exception, une quantité excédant ce chiffre. Cette prévision se réaliserait, par exemple, si un marchand en détail faisait venir un baril d'huile de 150 litres avant d'avoir complètement épuisé son précédent approvisionnement.

» Évidemment, dans ce cas, il n'y aura pas lieu de considérer le propriétaire du dépôt comme coupable de contravention, et de dresser un procès verbal contre lui, pourvu que l'excédent de substances en magasin ne soit pas habituel et ne dépasse pas une limite raisonnable.

» 4° L'article 5 règle les conditions d'emplacement et les dispositions que doivent remplir les dépôts pour la vente au détail des substances de la première ou de la deuxième catégorie ; mais cet article, Monsieur le Préfet, n'a pas d'effet rétroactif. Ainsi, les dépôts aujourd'hui existants en vertu d'une permission particulière pourront être maintenus dans les conditions prescrites par les actes d'autorisation, si les exploitants les trouvent préférables à celles du décret du 18 avril dernier. D'une autre part, rien ne s'opposerait à ce que les personnes qui voudraient créer de nouveaux dépôts d'huiles minérales pour la vente au détail fissent une demande d'autorisation de deuxième classe, par application du décret du 15 octobre 1810, si, à raison de circonstances locales, dont MM. les Préfets auraient à tenir compte, ils croyaient pouvoir obtenir cette autorisation sous des conditions moins sévères que celles de l'article 5 du nouveau décret.

» Au nombre de ces dernières conditions figure, sous le N° 2, l'obligation de garnir les portes de communication des dépôts de seuils en pierre, saillant d'un décimètre au moins sur le sol dallé, de manière à retenir les liquides qui viendraient à se répandre. Mais ces seuils, ayant pour objet d'empêcher les huiles de s'écouler au dehors, pourraient sans inconvénient, être remplacés par quelque autre disposition équivalente, telle que la forme concave qui serait donnée au sol dallé, ou bien des pentes avec rigoles disposées de manière à amener les liquides répandus dans une citerne ou un réservoir intérieur.

» 5° Quant aux dépôts ouverts sans autorisation antérieurement au décret du 18 avril, et qui ne répondraient pas aux prescriptions des N°s 4 et 6 de l'article 5 de cet acte, des délais pourront leur être accordés pour régulariser leur position, et MM. les préfets auront à apprécier ce qu'ils pourront avoir à décider à cet égard, en tolérant, à titre provisoire, afin de ménager les intérêts privés, certains établissements qui, bien qu'irréguliers, ne compromettraient pas actuellement la sécurité publique et devraient toujours plus tard rentrer dans les conditions règlementaires.

» 6° Le N° 6 du même article 5 veut que les liquides soient conservés dans des vases en métal, munis d'un couvercle, ou dans des fûts solides et parfaitement étanches, dont la capacité ne doit pas dépasser cent cinquante litres, ou enfin dans des touries en verre ou en grès, revêtues d'une enveloppe en tresse de paille, osier ou autres matières de nature à mettre le vase à l'abri de la casse, la capacité de ces touries ne devant pas excéder soixante litres. Si pourtant, dans certains cas, les liquides expédiés des lieux de production étaient renfermés dans les vases d'une contenance un peu plus grande, tels que des fûts de cent soixante-dix litres ou des touries de soixante-dix litres de capacité, comme il s'en rencontre quelquefois, ces récipients pourraient être exceptionnellement admis.

» 7° L'observation des dispositions prescrites dans les N°s 7 à 12 de l'article 5 est placée sous la surveillance des autorités municipales. En vertu du dernier paragraphe du N° 12, elles ont même à indiquer et à prescrire les mesures de précaution à prendre, suivant le cas, pour prévenir les accidents dans les petits magasins de vente au détail, dont l'approvisionnement est limité à 5 litres de substances de la première et à 60 litres de substances de la deuxième catégorie. Elles ne devront pas perdre de vue que les petits établissements sont dispensés, en raison de la faible importance, des conditions générales applicables aux dépôts plus considérables ; elles doivent donc se borner à prescrire des mesures simples, d'une exécution facile, peu coûteuse, qui ne nécessiteront, en général, aucune construction spéciale, afin de n'apporter aucune gêne en dehors de ce qui est strictement nécessaire pour sauvegarder la sûreté du public, et surtout les marchands eux-mêmes. Le cas échéant, les intéressés auraient, d'ailleurs, le droit de se pourvoir devant MM. les préfets contre celles des conditions prescrites par l'autorité municipale qu'ils jugeraient excessives. Dans l'opinion du Comité consultatif des Arts et Manufactures, il pourrait y avoir lieu de donner satisfaction aux réclamations des fabricants d'huiles minérales pour l'éclairage, en tolérant, au moins dans les premiers temps, à titre d'expérience, un maximum d'approvisionnement des petits magasins dont il s'agit ici supérieur aux limites de 5 et 60 litres fixées par le décret, et qui pourrait aller jusqu'à 20 litres pour les substances de première et 300 litres pour les substances de deuxième catégorie ; sous la réserve, toutefois, que les détaillants qui useraient de cette tolérance conserveraient les liquides inflammables dans des récipients en métal ou des fûts en bois bien étanches et cerclés en fer, à l'exclusion des touries en verre ou en grès. L'envaisselage dans des récipients solides, non fragiles et parfaitement étanches, écarte en effet beaucoup de causes d'accidents, et peut ainsi atténuer considérablement le danger inhérent à la présence d'une plus grande quantité de liquides inflammables. Vous pourrez donc, Monsieur le Préfet, dans certaines circonstances, que je vous laisse le soin d'apprécier, tolérer, à titre provisoire : que les *maximum* d'approvisionnement des petits magasins de détail inscrits dans le dernier paragraphe du N° 12 de l'article 5 soient dépassés, dans les limites et sous les conditions restrictives indiquées par le comité.

» L'article 6 porte que les dépôts qui ne satisferaient pas aux conditions prescrites par les dispositions précédentes seront fermés sur l'injonction de l'autorité administrative, sans préjudice des peines encourues pour contravention aux règlements de police. Le droit ainsi donné à l'autorité de faire fermer les dépôts est une mesure d'ordre public, et non une pénalité. L'Administration n'aura recours à ce parti extrême qu'en cas d'urgence et de nécessité absolue. Les infractions commises par les propriétaires ou exploitants des dépôts seront d'ailleurs constatées, généralement, par des procès-verbaux réguliers, et leurs auteurs seront poursuivis devant les tribunaux de simple police.

» Au sujet de l'article 7, il reste à expliquer, Monsieur le Préfet, que l'intention du décret n'a pu être et n'a pas été d'interdire l'emploi des fûts de toute dimension qui sont ordinairement employés pour l'embarrillage des huiles minérales expédiées des usines de l'intérieur ou des ports de mer aux usines d'épuration et aux grands entrepôts établis à proximité de Paris, de Marseille et sur d'autres points de l'Empire. Les dispositions dudit article se rapportent seulement aux transports dirigés des usines de fabrication ou d'épuration et des grands entrepôts vers les dépôts où se fait le débit et la vente en détail, et de ces derniers établissements chez les petits revendeurs et chez les consommateurs. C'est dans ce sens restreint que l'article 7 doit être entendu et appliqué.

» Je vous prie, Monsieur le Préfet, de m'accuser réception des présentes instructions, à la suite desquelles est reproduit textuellement le décret dont elles doivent servir à diriger l'application.

Recevez, Monsieur le Préfet, l'assurance de ma considération la plus distinguée.

Le Ministre de l'Agriculture,
du Commerce et des Travaux publics,

Signé : ARMAND BÉHIC

Pour expédition :

Le Directeur.

DÉCRET.

« NAPOLÉON, par la grâce de Dieu et la volonté nationale, Empereur des Français,

» A tous présents et à venir, salut.

» Sur le rapport de notre Ministre Secrétaire d'État au département de l'Agriculture, du Commerce et des Travaux publics ;
» Vu les lois des 16-24 août 1790 et 19-22 juillet 1791 ;
» Vu le décret du 15 octobre 1810 ;
» Vu les ordonnances des 14 janvier 1815 et 9 février 1829 ;
» Notre Conseil d'État entendu,

» Avons décrété et décrétons ce qui suit :

» Article premier. Le pétrole et ses dérivés, les huiles de schiste et de goudron, les essences et autres hydrocarbures pour l'éclairage, le chauffage, la fabrication des couleurs et vernis, le dégraissage des étoffes ou pour tout autre emploi, sont distingués en deux catégories, suivant leur degré d'inflammabilité.

» La première catégorie comprend les substances très inflammables, c'est-à-dire qui émettent à une température moindre de 35 degrés du thermomètre centigrade, des vapeurs susceptibles de prendre feu au contact d'une allumette emflammée.

» La seconde catégorie comprend les substances moins inflammables, c'est-à-dire celles qui n'émettent de vapeurs susceptibles de prendre feu au contact d'une allumette enflammée qu'à une température égale ou supérieure à 35 degrés.

» Art. 2. Les usines pour la fabrication, la distillation et le travail en grand de toutes les substances comprise dans l'article premier sont rangées dans la 1re classe des établissements régis par le décret du 15 octobre 1810 et par l'ordonnance royale du 14 janvier 1815, concernant les ateliers dangereux, insalubres ou incommodes.

» Art. 3. Les dépôts de substances appartenant à la 1re catégorie sont rangés dans la 1re classe des établissements insalubres ou dangereux, s'ils contiennent, même temporairement, 1,050 litres ou plus desdites substances.

» Ils sont rangés dans la 2e classe lorsque la quantité emmagasinée, supérieure à 150 litres, n'atteint pas 1,050 litres.

» Les dépôts pour la vente au détail, en quantité n'excédant pas 150 litres, peuvent être établis sans autorisation préalable. Toutefois leurs propriétaires sont tenus d'adresser au Préfet une déclaration indiquant la désignation précise du local, la quantité à laquelle ils entendent limiter leur approvisionnement, et de se conformer aux mesures générales énoncées dans l'article 5 ci-après.

» Art. 4. Les dépôts de substances appartenant à la 2e catégorie sont rangés dans la 1re classe des établissements insalubres ou dangereux, s'ils contiennent, même temporairement, 10,500 litres ou plus desdites substances.

» Ils appartiennent à la 2e classe lorsque la quantité emmagasinée, supérieure à 1,050 litres, n'atteint pas 10,500 litres.

» Les dépôts pour la vente au détail, en quantité n'excédant pas 1,050 litres, peuvent être établis sans autorisation préalable. Toutefois, leurs propriétaires sont tenus d'adresser au Préfet une déclaration indiquant la désignation précise du local et la quantité à laquelle ils entendent limiter leur approvisionnement, et de se conformer aux mesures générales énoncées dans l'article 5 ci-après.

» Art. 5. Les dépôts pour la vente au détail de substances de la 1re catégorie, en quantité supérieure à 5 litres et n'excédant pas 150 litres, et les dépôts de substances de la 2e catégorie, en quantité supérieure à 60 litres et n'excédant pas 1,050 litres, qui, aux termes des articles 4 et 5, peuvent être établis sans autorisation préalable, sont assujettis aux conditions générales suivantes:

» 1° Le local du dépôt ne pourra être qu'une pièce au rez-de chaussée ou une cave ; il sera dallé en pierres posées et rejointoyées en mortier de chaux et sable ou ciment ;

» 2° Les portes de communication avec les autres parties de la maison et avec la voie publique seront garnies de seuils en pierres saillant d'un décimètre au moins sur le sol dallé, de manière à retenir les liquides qui viendraient à se répandre ;

» 3° Si le dépôt est établi dans une cave, celle-ci devra être bien éclairée par la lumière du jour, convenablement ventilée et sans aucune communication avec les caves voisines, dont elle sera séparée par des murs pleins, en maçonnerie solide, de trente centimètres d'épaisseur au moins ;

» 4° Si le local du dépôt est au rez-de-chaussée, il ne pourra être surmonté d'étages ; il sera largement ventilé et éclairé par la lumière du jour ; les murs seront en bonne maçonnerie, et la toiture sera sur supports en fer ;

» 5° Dans tous les cas, le local sera d'un accès facile et ne devra être en communication avec aucune pièce servant à l'emmagasinage du bois ou autres matières combustibles qui pourraient servir d'aliment à un incendie ;

» 6° Les liquides seront conservés, soit dans des vases en métal munis d'un couvercle, soit dans des fûts solides et parfaitement étanches, cerclés en fer, dont la capacité ne dépassera pas 150 litres, soit dans des touries en verre ou en grès, revêtues d'une enveloppe en tresses de paille, osier ou autres matières de nature à mettre le vase à l'abri de la casse par le choc accidentel d'un corps dur ; la capacité de ces touries ne dépassera pas 60 litres, et elles seront soigneusement bouchées ;

» 7° Les vases servant au débit courant seront fermés et munis de robinets ;

» 8° Le transvasement ou dépotage des liquides en approvisionnement ne se fera qu'à la clarté du jour, et, autant que possible, au moyen d'une pompe ;

» 9° Dans la soirée, le local sera éclairé par une ou plusieurs lanternes fixées aux murs, en des points éloignés des vases contenant les liquides inflammables, et particulièrement de ceux qui serviront au débit courant ;

» 10° Il est interdit d'y allumer du feu, d'y fumer et d'y garder des fûts vides, des planches ou toutes autres matières combustibles ;

» 11° Une quantité de sable ou de terre, proportionnée à l'importance du dépôt, sera conservée dans le local, pour servir à éteindre un commencement d'incendie, s'il venait à se déclarer ;

» 12° Le propriétaire du dépôt devra toujours avoir à sa disposition une ou plusieurs lampes de sûreté, garnies et en bon état, dont on se servirait, au besoin, pour visiter les parties du local que les lanternes fixées au mur n'éclaireraient pas suffisamment. Il est expressément interdit de circuler dans le local avec des lumières portatives découvertes, qui ne seraient pas de sûreté et pourraient communiquer le feu à un mélange d'air et de vapeurs inflammables ;

» Les marchands en détail, dont l'approvisionnement est limité à 5 litres de substances de la 1re catégorie ou à 60 litres de substances de la 2° catégorie, seront tenus d'observer les mesures de précaution qui, dans chaque cas, leur seront indiquées et prescrites par l'autorité municipale;

» Art. 6. Les dépôts qui ne satisferaient point aux conditions prescrites ci-dessus ou qui cesseraient d'y satisfaire seront fermés, sur l'injonction de l'autorité administrative, sans préjudice des peines encourues pour contraventions aux règlements de police.

» Art. 7. Le transport de toutes les substances comprises dans l'article 1er, en quantité excédant 5 litres, sera fait exclusivement, soit dans des vases en tôle, en fer-blanc ou en cuivre, bien étanches et hermétiquement clos, soit dans des fûts en bois, parfaitement étanches, cerclés en fer, dont la capacité ne dépassera pas 150 litres, soit dans des touries ou bonbonnes en verre ou en grès, de 60 litres de capacité au plus, bouchées et enveloppées de tresses en paille, osier ou autres matières de nature à mettre le vase à l'abri de la casse.

» Art. 8. Notre Ministre Secrétaire d'État au département de l'Agriculture, du Commerce et des Travaux publics est chargé de l'exécution du présent décret.

» Fait au palais des Tuileries, le 18 avril 1866.

(Signé) NAPOLÉON.

Par l'Empereur :

*Le Ministre Secrétaire d'État
au département de l'Agriculture, du Commerce
et des Travaux publics,*

Signé : Armand BEHIC.

Ces dispositions réglementaires furent modifiées par un autre décret promulgué le 27 janvier 1872.

M. le Préfet du Nord, en adressant ce document à MM. les Sous-Préfets et Maires du département, le fit précéder de la circulaire suivante :

« Messieurs, vous trouverez ci-après un décret en date du 27 janvier 1872, portant règlement sur la fabrication, l'emmagasinage et la vente en gros et en détail du pétrole et de ses dérivés, des huiles de schiste et de goudron, des essences et autres hydrocarbures liquides servant à l'éclairage ou au chauffage, à la fabrication des couleurs et vernis, au dégraissage des étoffes, ou à tout autre emploi.

» J'appelle votre attention, Messieurs, sur l'application de l'article 8 de ce décret, aux termes duquel tout débitant de ces substances est tenu d'adresser au maire de la commune où est situé son établissement, une déclaration contenant la désignation précise du local, des procédés de conservation et de livraison, des quantités de liquides inflammables auxquelles il entend limiter son approvisionnement, et de l'emplacement qui sera exclusivement affecté dans sa boutique aux récipients de ces liquides.

» Vous remarquerez également que l'article 15 dudit décret rapporte celui du 18 avril 1866 relatif aux huiles minérales et aux hydrocarbures et réforme, en ce qui concerne les entrepôts ou magasins d'hydrocarbures, celui du

31 décembre suivant, relatif au classement des établissements dangereux, insalubres ou incommodes.

» Je vous prie de vouloir bien assurer, en ce qui vous concerne, l'exécution des nouvelles mesures prescrites par ce décret et me signaler si des autorisations données en vertu des règlements antérieurs vous paraissent devoir être modifiées.

» Recevez, Monsieur le Sous-Préfet, l'assurance de ma considération la plus distinguée.

DÉCRET

« Le Président de la République Française,

» Sur le rapport de M. le Ministre de l'Agriculture et du Commerce,

» Vu les lois des 22 décembre 1789, janvier 1790 (section III, art. 2), et 16-24 août 1790 (titre XI, art. 3);

» Vu le décret du 15 octobre 1810, l'ordonnance du 14 janvier 1815 et les décrets du 18 avril et 31 décembre 1866;

» Vu les avis du comité consultatif des arts et manufactures;

» La Commission provisoire chargée de remplacer le Conseil d'État, entendue,

» Décrète :

» Art. 1er Le pétrole et ses dérivés, les huiles de schiste et de goudron, les essences et autres hydrocarbures liquides, pour l'éclairage et le chauffage, la fabrication des couleurs et vernis, le dégraissage des étoffes, ou tout autre emploi, sont distingués en deux catégories, suivant leur degré d'inflammabilité.

» La première catégorie comprend les substances très inflammables, c'est-à-dire celles qui émettent, à une température inférieure à 35 degrés du thermomètre centigrade, des vapeurs susceptibles de prendre feu au contact d'une allumette enflammée.

» La seconde catégorie comprend les substances moins inflammables, c'est-à-dire celles qui n'émettent de vapeurs susceptibles de prendre feu au contact d'une allumette enflammée, qu'à une température égale ou supérieure à 35 degrés.

» Art. 2. Les usines pour le traitement de ces substances, les entrepôts et magasins de vente en gros et les dépôts pour la vente au détail ne peuvent être établis et exploités que sous les conditions prescrites par le présent décret.

SECTION PREMIÈRE.
Des usines.

» Art. 3. Les usines pour la fabrication, la distillation et le travail en grand des substances désignées à l'article 1er demeurent rangées dans la première classe des établissements dangereux, insalubres ou incommodes, régis par le décret du 15 octobre 1810 et par l'ordonnance du 14 janvier 1815.

SECTION II.
Des entrepôts et magasins de vente en gros.

» Art. 4. Les entrepôts ou magasins de substances désignées à l'article 1er dans lesquels ces substances ne doivent subir aucune manipulation qu'un simple lavage à l'eau froide et des transvasements, sont rangés dans la première, la deuxième ou la troisième classe des établissements dangereux, insalubres ou incommodes, suivant les quantités de liquides qu'ils sont destinés à contenir, savoir ;

» Dans la première classe, s'ils doivent contenir plus de 15,000 litres de ces substances;

» Dans la deuxième classe, s'ils doivent en contenir 7,500 à 15,000 litres ;

» Dans la troisième classe, s'ils doivent en contenir moins de 7,500 litres.

» Art. 5. Les entrepôts ou magasins spécifiés à l'article précédent, qui renferment des substances de la première catégorie, soit exclusivement, soit jointes à des substances de la deuxième catégorie, sont assujettis aux règles suivantes :

» 1° Le magasin sera établi dans une enceinte close par des murs en maçonnerie de 2 m. 50 de hauteur au moins, ayant sur la voie publique une seule entrée, qui doit être garnie d'une porte pleine, solidement ferrée et fermant à clef.

» Cette porte d'entrée sera fermée depuis la chute du jour jusqu'au matin. La clef en sera déposée, durant cette intervalle, entre les mains de l'exploitant du magasin ou d'un gardien délégué par lui. Durant le jour, l'entrée et la sortie des ouvriers et charretiers seront surveillés par un préposé.

» 2º L'enceinte ne devra renfermer d'autre logement habité durant la nuit que celui d'un portier-gardien et de sa famille.

» Cette habitation elle-même aura son entrée particulière et sera isolée du reste de l'enceinte par un chemin de ronde de 2 mètres de largeur au moins, entouré d'un mur de 1 m. 20 de hauteur au moins, sans aucune ouverture.

» 3º La plus petite distance de l'enceinte renfermant le magasin aux maisons d'habitation ou bâtiments quelconques appartenant à des tiers, ne pourra être moindre de 100 mètres pour les magasins rangés dans la 1re classe, de 25 mètres pour ceux de la 2e et de 2 mètres pour ceux de la 3e.

» 4º Le sol du magasin sera dallé, carrelé ou bétonné, avec pentes et rigoles disposées de manière à amener les liquides qui seraient répandus accidentellement dans une ou plusieurs citernes étanches, ayant ensemble une capacité suffisante pour contenir la totalité des liquides emmagasinés.

» Si le sol dallé du magasin est en contre-bas du sol environnant, la cuvette ainsi formée tiendra lieu, jusqu'à concurrence de sa capacité, des citernes prescrites au paragraphe précédent. Néanmoins, il sera construit, dans le cas même où la cuvette aurait à elle seule la capacité prescrite, un puisard de trois mètres cubes au moins, où seraient amenés les liquides répandus accidentellement.

» Les citernes et puisards devront toujours être maintenus en état de service.

» 5º Le magasin pourra être à découvert, en plein air. S'il est enfermé dans un bâtiment ou hangar, ce bâtiment ou hangar sera construit en matériaux incombustibles, non surmonté d'étages, bien éclairé par la lumière du jour et largement ventilé, avec des ouvertures ménagées dans la toiture.

» 6º Les liquides emmagasinés seront contenus soit dans des récipients en métal munis de couvercles mobiles, soit dans des fûts en bois, cerclés en fer, soit dans des touries en verre et en grès, protégées par un revêtement extérieur.

» Les fûts et touries vides, ainsi que les débris d'emballage, seront placés hors du magasin proprement dit, en plein air.

» 7° Toutes les réceptions, manipulations et expéditions de liquides seront faites à la clarté du jour. Durant la nuit, l'entrée dans l'enceinte où est placé le magasin est absolument interdite.

» Il est également interdit d'y allumer ou d'y apporter du feu, des lumières ou des allumettes ou d'y fumer. Cette interdiction sera écrite en caractères très apparents sur le parement extérieur du mur d'enceinte, du côté de la porte d'entrée.

» Les préfets peuvent imposer, en outre, les conditions qui seraient exigées dans des cas spéciaux pour l'intérêt de la sécurité publique.

» Art. 6. Les Préfets et les Sous-Préfets peuvent autoriser des entrepôts ou magasins établis et exploités dans des conditions différentes de celles déterminées par l'article 5. lorsque ces conditions offrent des garanties au moins équivalentes pour la sécurité publique. Mais dans ce cas, les arrêtés d'autorisation, avant d'être délivrés aux demandeurs, doivent être soumis à l'approbation du Ministre de l'Agriculture et du Commerce, qui prend l'avis du Comité consultatif des Arts et Manufactures.

» Art. 7. Les conditions de l'établissement des entrepôts ou magasins dans lesquels les liquides inflammables ne subissent ni transvasement, ni manipulation d'aucune sorte, ou qui ne contiennent que des substances de la deuxième catégorie, sont réglées par des arrêtés d'autorisation.

SECTION III.

De la vente au détail.

» Art. 8. Tout débitant de substances désignées à l'article premier est tenu d'adresser au maire de la commune où est situé son établissement une déclaration contenant la désignation précise du local, des procédés de conservation et de livraison, des quantités des liquides inflammables auxquelles il entend limiter son approvisionnement, et de l'emplacement qui sera exclusivement affecté dans sa boutique aux récipients de ces liquides.

» Art. 9. Après cette déclaration, le débitant peut exploiter son commerce, à la charge par lui de se conformer aux prescriptions suivantes :

» 1° Les liquides pour l'éclairage seront reçus, conservés dans la boutique et livrés aux acheteurs dans des vases ou récipients en métal, dont la capacité sera de cinq litres au plus, exactement fermés au moyen de robinets ou de bouchons métalliques à vis.

» Aucun transvasement desdits liquides ne sera opéré dans l'intérieur de la boutique, ni lors de la réception, ni lors de la livraison aux acheteurs.

» 2° Chaque vase métallique portera extérieurement une inscription en caractères lisibles, incorporée ou solidement attachée au vase, indiquant sa capacité et la nature du liquide contenu (essence ou huile minérale). Il devra satisfaire à la condition de pouvoir être employé comme burette par les consommateurs.

» 3° Les hydrocarbures non destinés à l'éclairage pourront être contenus dans des bouteilles ou flacons bien bouchés et d'une capacité qui ne dépassera pas cinq litres ; mais le transvasement de ces liquides dans la boutique, soit lors de la réception, soit lors de la livraison aux acheteurs est interdit.

» 4° Les vases pleins de liquides inflammables seront rangés dans des boîtes ou casiers à rebords, dans un emplacement spécial et séparé de celui qu'occupent les autres marchandises. Le fond et les rebords de ces boîtes ou casiers seront garnis de feuilles de métal, de manière à constituer une cuvette étanche destinée à retenir les parties de liquide qui viendraient à sortir accidentellement des récipients.

» Art. 10. Il ne peut être dérogé aux règles précédentes pour la conservation et la livraison des liquides sus-désignés, qu'en vertu d'une autorisation spéciale du Préfet, qui arrête les conditions imposées au détaillant dans l'intérêt de la sécurité publique.

» La demande d'autorisation est transmise par le Maire avec ses observations au Préfet, qui statue, après avoir pris l'avis du Conseil d'hygiène et de salubrité du département.

SECTION IV.

Dispositions générales.

» Art. 11. Les entrepôts ou magasins de vente en gros et les dépôts pour la vente en détail, qui ont été précédemment autorisés ou déclarés, conformément au décret du 18 avril 1866, peuvent être maintenus dans les conditions qui ont été fixées soit par ce décret, soit par les arrêtés spéciaux d'autorisation. L'exploitant ne peut y apporter aucune modification qu'à la charge de se conformer aux prescriptions du présent décret et, suivant les cas, d'obtenir une nouvelle autorisation ou de faire une déclaration nouvelle comme il est dit à l'art. 8.

» Art. 12. En cas d'observation des conditions fixées par le présent décret ou par les arrêtés spéciaux d'autorisation, les entrepôts ou magasins de vente en gros peuvent être fermés et la vente au détail peut être interdite par décision du Préfet du département, sans préjudice des peines encourues pour contravention aux règlements de police.

» Art. 13. Le transport des substances désignées à l'article premier en quantité excédant cinq litres, doit être fait exclusivement, soit dans des vases en métal, étanches et hermétiquement clos, soit dans des fûts en bois, également étanches, cerclés en fer, soit dans des touries ou bonbonnes en verre ou en grès, protégées par un revêtement extérieur.

» Art. 14. Les attributions conférées aux Préfets des départements et aux Maires par le présent décret, sont exercées par le Préfet de police dans l'étendue de son ressort.

» Art. 15. Le décret du 18 avril 1866, relatif aux huiles minérales et autres hydrocarbures, est rapporté.

» Le décret du 31 décembre 1866, relatif au classement des établissements dangereux, insalubres ou incommodes, est réformé en ce qui concerne les entrepôts ou magasins d'hydrocarbures.

» Art. 16. Le Ministre de l'Agriculture et du Commerce est chargé de l'exécution du présent décret, qui sera inséré au *Journal Officiel* et au *Bulletin des Lois*.

» Fait à Versailles, le 27 janvier 1872.

A THIERS

Le 2 janvier 1873, M. le baron Séguier, Préfet du Nord, règlementa par l'arrêté suivant le transport du pétrole sur les voies de navigation du département.

« Nous, Préfet du département du Nord, Officier de l'Ordre de la Légion d'Honneur.

» Vu la décision en date du 26 décembre 1872, par laquelle M. le Ministre des Travaux publics nous invite à prendre un arrêté règlementaire de police concernant les transports du pétrole sur les voies de navigation de ce département, conformément aux indications libellées par le Conseil général des Ponts-et-chaussées ;

» Considérant qu'il importe d'assurer l'exécution des instructions de M. le Ministre ;

Arrêtons :

» Article 1er. Tout bateau chargé en totalité ou en partie, de pétrole et de ses dérivés, d'huile de schiste ou de goudron, d'essence ou hydrocarbures quelconques, classés comme substances très-inflammables par l'article 1er du décret du 27 janvier 1872 et circulant sur les voies navigables du département du Nord, est soumis aux prescriptions des articles qui suivent. Dans ces prescriptions, tout ce qui est dit des pétroles s'applique également aux autres matières mentionnées au paragraphe précédent.

» Art. 2. Le bateau est tenu d'arborer au haut de son mat, un pavillon noir.

» Art. 3. Lorsque les pétroles sont embarqués en France, le patron est tenu de faire connaître 24 heures par avance, le moment du départ du bateau à l'Agent de la navigation qui doit autoriser l'embarquement, ainsi qu'il est dit à l'article 7, et de lui remettre une déclaration écrite indiquant la quantité et la nature des pétroles, ainsi que l'itinéraire à suivre jusqu'à destination.

» Lorsque les pétroles sont chargés hors de France, cette déclaration est faite sans délai à l'éclusier le plus voisin de la frontière.

» Art. 4. Tout bateau portant une quantité quelconque de pétrole doit avoir à bord au moins deux mariniers et se faire héler par des chevaux marchant avec relais, en nombre voulu pour l'exercice du droit de trématage et de priorité de passage aux écluses et aux ponts mobiles.

» Art. 5. Il lui sera expressément interdit de naviguer de nuit et de séjourner dans les villes, dans les ports ou dans les biefs contenant une agglomération de bateaux.

» Art. 6. Il doit se tenir éloigné, lorsqu'il est en stationnement, de cinquante mètres au moins, de tous les autres bateaux et réciproquement il est interdit à ceux-ci de stationner à une distance moindre des bateaux portant du pétrole.

» Art. 7. Aucun chargement, ni déchargement de pétroles ne peut-être commencé sans l'autorisation écrite d'un Agent de la navigation.

» Ces opérations ne peuvent avoir lieu que le jour, et doivent être poursuivies sans désemparer, avec la plus grande célérité possible, de telle sorte qu'aucun colis ne reste sur le quai pendant la nuit.

» Un approvisionnement suffisant de sable doit d'ailleurs être déposé à proximité des emplacements où se font habituellement les chargements et les déchargements.

» Art. 8. Les essences de pétrole doivent être contenues dans des vases métalliques hermétiquement fermés.

» L'usage des bonbonnes ou touries en verre et en grès n'est autorisé, pour le transport des pétroles, qu'autant qu'elles sont protégées par un bon revêtement extérieur.

» Les pétroles renfermés dans des bonbonnes sont débarqués et embarqués séparément, avec les précautions particulières, par les Agents de la navigation.

» Art. 9. Il est interdit de faire usage de feu, de lumière et d'allumettes, ainsi que de fumer à bord des bateaux portant du pétrole.

» La même défense s'applique aux emplacements où se font le chargement ou le déchargement.

» Tout feu ou toute lumière nécessaires à la préparation des aliments ou au chauffage des mariniers doivent être placés sur les digues à au moins 50 mètres de l'extrémité du bateau.

» Art. 10. Les frais de toute nature, occasionnés spécialement par les mesures de précaution mentionnées aux articles précédents, sont acquittés solidairement par le patron ou le consignataire de la marchandise sur état dressé par un Agent de la navigation.

» Art. 11. M. Plocq, ingénieur en chef des Ports maritimes, M. Bertin, ingénieur en chef des voies navigables du

Nord et du Pas-de-Calais, M. Lermoyez, ingénieur en chef du service spécial de la navigation de la Belgique sur Paris, sont chargés, chacun en ce qui le concerne, d'assurer l'exécution du présent arrêté.

» Ledit arrêté sera inséré dans le recueil des Actes de la Préfecture.

» Fait à Lille, le 2 janvier 1873.

Le Préfet du Nord,

SÉGUIER.

Enfin, une dernière circulaire du Ministre de l'Agriculture et du Commerce, en date du 19 mai 1873, fixe définitivement la vente en gros et en détail des huiles minérales et autres hydrocarbures.

« M. le Préfet,

» Un premier décret en date du 16 avril 1866, a réglé les mesures de précaution à observer dans le commerce en gros et en détail des huiles minérales et autres hydrocarbures.

» Postérieurement à ce décret, la consommation des essences de pétrole s'est accrue par suite de la vulgarisation des lampes à éponge, dans lesquelles on utilise les liquides les plus inflammables contenus dans le pétrole brut; en même temps de graves accidents produits par l'incendie de ces mêmes liquides ont ému l'opinion publique, déjà prévenue contre le pétrole par les événements de l'année 1871, dont le souvenir est présent à tous les esprits.

» L'Administration reconnut alors la nécessité de modifier la réglementation de 1866, et un second décret fut préparé et promulgué le 27 janvier 1872.

» Ce nouveau règlement a provoqué des récriminations de la part des principaux fabricants et négociants adonnés à la vente et au commerce du pétrole : ils ont allégué que les prescriptions du décret du 27 janvier 1872 rendaient impossible l'exercice de leur industrie.

» Le Comité consultatif des Arts et Manufactures a été chargé d'entendre les réclamations et de présenter un rapport.

» Le Comité s'est acquitté de cette mission ; il a reconnu

que les réclamations étaient en partie fondées, et il a émis l'avis qu'il convenait de modifier la rédaction du décret précité. A la suite d'une étude approfondie, un nouveau projet de décret a été préparé : ce projet de décret, délibéré en Conseil d'État, a été revêtu de la sanction de M. le Président de la République ; il porte la date du 19 mai 1873 ; vous en trouverez le texte annexé à la présente circulaire.

» La pensée qui a inspiré ce nouveau décret a été de prescrire une règlementation qui, tout en sauvegardant les intérêts de la sécurité publique et tout en donnant satisfaction aux légitimes appréhensions de l'opinion, permît l'exercice du commerce en gros et de la vente au détail du pétrole..

» Je crois ajouter *quelques explications* qui vous permettront de retrouver cette pensée dans les divers articles du décret.

» Comme l'avait édicté le décret de 1872, le pétrole, ses dérivés, les huiles de schiste et de goudron, les essences et autres hydrocarbures liquides pour l'éclairage et le chauffage, la fabrication des couleurs et vernis, le dégraissage des étoffes ou tout autre emploi, sont distingués en deux catégories, suivant leur degré d'inflammabilité. La 1re catégorie comprend les substances très inflammables, c'est-à-dire celles qui émettent, à une température inférieure à 35 degrés du thermomètre centigrade, des vapeurs susceptibles de prendre feu au contact d'une allumette enflammée. La 2e catégorie comprend les substances moins inflammables, c'est-à-dire celles qui n'émettent de vapeurs susceptibles de prendre feu au contact d'une allumette enflammée, qu'à une température égale ou supérieure à 35 degrés.

» Un arrêté ministériel déterminera ultérieurement le mode d'expérience par lequel sera constaté le degré d'inflammabilité des liquides à classer dans chaque catégorie.

» En attendant que cet arrêté soit intervenu on devra se conformer dans la pratique aux indications contenues dans la circulaire du 20 octobre 1866.

» Les usines pour la fabrication, la distillation et le travail en grand des substances précitées sont rangées dans la 1re classe des établissements dangereux, insalubres ou incommodes.

» Les magasins ou entrepôts de ces substances sont rangés dans la 1re, la 2e ou la 3e classe des établissements dangereux, insalubres ou incommodes, suivant les quantités de liquides qu'ils sont destinés à contenir ; le décret de

1872 avait rangé dans la 1re classe les magasins ou entrepôts contenant plus de 15,000 litres de substances de la 1re ou de la 2e catégorie ; dans la 2e, les magasins contenant de 7,500 à 15,000 litres, et dans la 3e classe ceux contenant moins de 7,500 litres ; le nouveau décret substitue à ces chiffres ceux de 3,000, 1,500, 300 litres, qui représentent l'approvisionnement autorisé en liquides de la 1re catégorie : l'entrepositaire pourra remplacer ces quantités par des chiffres plus considérables de liquides de la 2e catégorie, en vertu d'un système nouveau inauguré par le présent décret et dont voici l'explication.

» La science et l'industrie ont été d'accord pour reconnaître que, tandis que les huiles de 2e catégorie, dites *huiles lampantes*, qui ne s'enflamment qu'à une température supérieure à 35 degrés, présentaient peu de dangers dans leur maniement et leur emploi, les huiles de la 1re catégorie, au contraire, ordinairement appelées *essences*, devaient être considérées comme très dangereuses et soumises comme telles à une rigoureuse réglementation.

» Dans cette pensée on a admis que 5 litres de liquide de la 2e catégorie seraient comptés pour un litre de la 1re (§ 5 de l'article 4).

» Cette prescription répond à l'idée que 5 litres d'*huiles lampantes* sont moins dangereux à conserver en magasin qu'un litre d'essence ; et qu'il y a lieu d'encourager la vente des huiles lampantes plutôt que celle des essences dans la proportion de 5 contre 1. Ce chiffre appelé *coëfficient* ou *équivalent* dans les rapports sur la matière, doit être appliqué ainsi qu'il suit :

» Un entrepositaire de 1re classe pourra, aux termes du décret, conserver dans son magasin 1,500 litres d'essence (1re catégorie) ; mais s'il renonce à la vente des essences, il pourra emmagasiner cinq fois autant d'huiles lampantes (2e catégorie), c'est-à-dire 7,500 litres ; s'il désire être autorisé pour un dépôt mixte, il pourra, par exemple, avoir à la fois dans son magasin 500 litres d'essences et *cinq fois* les mille litres restant ou 5.000 litres d'huiles lampantes.

» Vous remarquerez, en outre, que l'alcool, l'éther, le sulfure de carbone et autres liquides inflammables contenus dans le même magasin sont compris dans l'approvisionnement, et assimilés aux substances de 1re ou de 2e catégorie, suivant qu'ils émettent ou non des vapeurs susceptibles de prendre feu à la température de 35 degrés. Il y a là une prescription nouvelle dont l'importance ne vous échappera pas.

» Je n'insisterai pas, Monsieur le Préfet, sur les dispositions adoptées pour l'installation et la police des magasins de 1re et de 2e classe, contenues dans l'article 5 du nouveau décret; ces dispositions sont d'une application facile, elles ne demandent aucune explication. L'article 6 vous laisse d'ailleurs la faculté de les remplacer par des conditions présentant des garanties au moins équivalentes; on n'a pas voulu fermer la porte aux innovations dans le cas où la sécurité publique n'aurait pas à en souffrir. Mais vous n'oublierez pas que les autorisations ainsi accordées devront être préalablement soumises à mon approbation. Le dernier alinéa de l'article 5 vous accorde en outre le droit, dans des cas spéciaux et exceptionnels, d'ajouter aux prescriptions du décret celles qui vous paraîtraient de nature a sauvegarder la sécurité publique ; mais il ne vous échappera pas que vous ne devez faire usage de vos pouvoirs qu'avec une grande réserve et après avoir pris mon avis.

» Les entrepôts de pétrole de 3e classe sont soumis à des conditions réglées par les autorisations délivrées par les Sous-Préfets.

» Quant aux petits entrepositaires dont l'approvisionnement ne dépasse pas 300 litres de liquide de la 1re catégorie, ils sont placés à peu près dans les mêmes conditions que les marchands au détail. Ils n'ont pas besoin d'obtenir une autorisation : ils sont simplement soumis à la formalité de la déclaration préalable au Maire et au Sous-Préfet.

» Le décret spécifie diverses conditions d'aménagement et de police intérieure pour les établissements de 3e classe, mais il laisse une part à l'initiative des magistrats locaux, et, on devra, dans l'application, s'inspirer autant que possible, de l'esprit général et des prescriptions spéciales du décret. L'article 8 donne une indication des précautions à prendre dans des cas semblables.

» Cet article établit notamment, que le magasin doit être isolé dans une cour, ou tout autre emplacement découvert, le sol dudit magasin devra être en contre-bas, creusé en forme de cuvette et entouré de murs ou de terre de telle façon qu'en cas d'incendie le liquide enflammé ne puisse se répandre au dehors.

» Vous trouverez la confirmation des idées qui ont présidé à l'élaboration du nouveau décret, dans les prescriptions qui sont spécifiées pour l'envaisselage des liquides de

1.ʳᵉ catégorie, dits *essences*, en ce qui concerne la vente au détail, qui doit être l'objet d'une surveillance spéciale, puisqu'elle apporte le liquide dangereux au milieu des maisons habitées.

» Les essences ne peuvent être transportées de l'usine du producteur ou du magasin du négociant intermédiaire chez le détaillant, que dans des récipients en tôle d'une capacité de 60 litres au plus, adoptés depuis quelque temps dans le commerce parisien et portant une étiquette inscrite sur fond rouge. La couleur rouge est en effet, depuis l'invention des chemins de fer, le signal d'alarme. On espère, en l'adoptant pour les récipients destinés à contenir les essences, mettre le marchand et l'acheteur en garde contre le danger que présente le maniement de ces liquides, et habituer les uns et les autres à en considérer l'emploi comme compromettant pour leur propre sécurité et celle du public. Aux termes du nouveau décret, les essences ne peuvent être transvasées à la clarté de la lumière artificielle ; le marchand qui voudra continuer la vente, le soir, devra remplir à l'avance des bidons pour l'usage des consommateurs. Dans tous les cas, le débit des essences sera fait au moyen de bidons.

» Au contraire, la vente des huiles lampantes (2ᵉ catégorie) n'est soumise qu'à la formalité de l'envaisselage dans un récipient métallique d'une capacité de 358 litres, c'est-à-dire équivalente environ à deux fûts de 150 litres. L'usage des bidons, exigé pour ces liquides comme pour ceux de la 1ʳᵉ catégorie, dans le décret du 27 janvier 1872, cesse d'être obligatoire. On a ainsi fait droit à la réclamation des négociants en pétrole.

Ce système de l'*équivalence* exposé plus haut doit être également appliqué au commerce de détail.

» Enfin le décret a entendu proscrire le transport et la conservation des liquides des deux catégories dans des touries en grès ou en verre, la rupture de ces vases de nature fragile ayant causé de nombreux accidents.

» Je n'ai pas à insister sur les autres dispositions contenues dans le décret, leur application ne pouvant offrir aucune difficulté.

» Je vous prie, Monsieur le Préfet, de m'accuser réception des présentes instructions.

» Recevez, Monsieur le Préfet, l'assurance de ma considération très distinguée.

Le Ministre de l'Agriculture et du Commerce,
E. TEISSERENC DE BORT.

DÉCRET.

Concernant les huiles de pétrole et de schiste, essences et autres hydrocarbures.

» Le Président de la République française.

» Sur le rapport du Ministre de l'Agriculture et du Commerce ;

» Vu les lois des 22 décembre 1789, janvier 1790 (section III, art. 2) et 16-24 août 1790 (titre VI, art. 3);

» Vu le décret du 15 octobre 1810, l'ordonnance du 14 janvier 1815 et les décrets des 18 avril et 31 décembre 1866 ;

Le Conseil d'État entendu,

Décrète :

» Article premier. Le pétrole et ses dérivés, les huiles de schiste et de goudron, les essences et autres hydrocarbures liquides pour l'éclairage et le chauffage, la fabrication des couleurs et vernis, le dégraissage des étoffes, ou tout autre emploi, sont distingués en deux catégories, suivant leur degré d'inflammabilité.

» La première catégorie comprend les substances très inflammables, c'est-à-dire celles qui émettent, à une température inférieure à 25 degrés du thermomètre centigrade, des vapeurs susceptibles de prendre feu au contact d'une allumette enflammée.

» La seconde catégorie comprend les substances moins inflammables, c'est-à-dire celles qui n'émettent pas de vapeurs susceptibles de prendre feu au contact d'une allumette enflammée qu'à une température égale ou supérieure à 35 degrés.

» Un arrêté du Ministre de l'Agriculture et du Commerce déterminera, sur l'avis du Comité consultatif des arts et manufactures, le mode d'expérience par lequel sera constaté le degré d'inflammabilité des liquides à classer dans chaque catégorie.

» Art. 2. Les usines pour le traitement de ces substances, les entrepôts et magasins de vente en gros et les dépôts pour la vente au détail ne peuvent être établis et exploités, que sous les conditions prescrites par le présent décret.

SECTION PREMIÈRE.

Des usines.

» Art. 3. Les usines pour la fabrication, la distillation et le travail en grand des subtances désignées à l'article 1er demeurent rangées dans la première classe des établissements dangereux, insalubres ou incommodes, régis par le décret du 15 octobre 1819 et par l'ordonnance du 14 janvier 1815.

SECTION II.

Des Entrepôts et Magasins de vente en gros.

» Art. 4. Les entrepôts ou magasins de substances désignées à l'article 1er, dans lesquels ces substances ne doivent subir aucune autre manipulation qu'un simple lavage à l'eau froide et des transvasements, sont rangés dans la première, la deuxième ou la troisième classe des établissements dangereux, insalubres ou incommodes, suivant les quantités de liquides qu'ils sont destinés à contenir, savoir :

» Dans la première classe, s'il doivent contenir plus de 3,000 litres de liquides de la première catégorie ;

» Dans la deuxième classe, s'ils doivent en contenir de 1,500 à 3,000 litres ;

» Dans la troisième classe, s'ils doivent contenir plus de 300, mais pas plus de 1,500 litres.

» Lorsque les entrepôts ou magasins contiennent, en outre, des approvisionnements de matières combustibles, et notamment de liquides inflammables, tels que l'alcool, l'éther, le sulfure de carbone, etc., non régis par le présent décret, ces substances sont comptées dans l'approvisionnement total des substances dangereuses et assimilées à celles de la première ou de la seconde catégorie, suivant qu'elles émettent ou non, à la température de 35 degrés centigrades, des vapeurs susceptibles de prendre feu au contact d'une allumette enflammée.

» Art. 5. Les entrepôts ou magasins de la première et de la deuxième classe, qui renferment des subtances de la première catégorie, soit exclusivement, soit jointes à des substances de seconde catégorie, sont assujettis aux règles suivantes :

» 1° Le magasin sera établi dans une enceinte close par des murs en maçonnerie de 2^{m}50 de hauteur au moins, ayant sur la voie publique une seule entrée, qui doit être garnie d'une porte pleine, solidement ferrée et fermant à clef.

» Cette porte d'entrée sera fermée depuis la chute du jour jusqu'au matin. La clef en sera déposée, durant cet intervalle, entre les mains de l'exploitant du magasin ou d'un gardien délégué par lui. Durant le jour, l'entrée et la sortie des ouvriers et charretiers seront surveillées par un préposé.

» 2° L'enceinte ne devra renfermer d'autre logement habité pendant la nuit que celui qui pourra être établi pour un portier-gardien et sa famille.

» Cette habitation elle-même aura son entrée particulière et sera séparée du reste de l'enceinte par un mur de 1^{m}20 de hauteur au moins, sans aucune ouverture.

» 3° La plus petite distance de l'enceinte aux maisons d'habitation ou bâtiments quelconques appartenant à des tiers ne pourra être de moins de 50 mètres pour les magasins de première classe, et de 4 mètres pour ceux de la deuxième.

» 4° Les appareils fixes ou les réservoirs contenant les liquides auront leurs parois à une distance de 50 centimètres au moins de la face intérieure du mur d'enceinte, et seront disposés de manière à pouvoir être toujours facilement inspectés et surveillés.

» 5° Le sol du magasin sera dallé, carrelé ou bétonné, avec pentes et rigoles disposées de manière à amener les liquides, qui seraient répandus accidentellement, dans une ou plusieurs citernes étanches ayant ensemble une capacité suffisante pour contenir la totalité des liquides emmagasinés, et maintenues toujours en état de service.

» Si le sol du magasin est en contre-bas du sol environnant, ou s'il est protégé par un terrassement ou massif continu sans aucune ouverture, la cuvette ainsi formée tiendra lieu, jusqu'à concurrence de sa capacité, des citernes prescrites au paragraphe précédent.

» 6° Le magasin pourra être découvert en plein air. S'il est enfermé dans un bâtiment ou hangar, ce bâtiment ou hangar sera construit en matériaux incombustibles, non surmonté d'étages, bien éclairé par la lumière du jour et largement ventilé, avec des ouvertures ménagées dans la toiture.

» 7° Les liquides emmagasinés seront contenus soit dans des récipients en métal munis de couvercles mobiles, soit dans des fûts en bois cerclés de fer.

» Le transvasement des liquides de la première catégorie d'un récipient dans un autre, situé à un niveau plus élevé, se fera toujours au moyen d'une pompe fixe et étanche.

» Les fûts vides, ainsi que les débris d'emballage, seront placés hors du magasin.

» 8° Toutes les réceptions, manipulations et expéditions de liquides seront faites à la clarté du jour. Durant la nuit, l'entrée dans le magasin est absolument interdite.

» Il est également interdit d'y allumer ou d'y apporter du feu, des lumières ou des allumettes, et d'y fumer. Cette interdiction sera écrite en caractères très apparents sur le parement extérieur du mur, du côté de la porte d'entrée.

» 9° Une quantité de sable ou de terre, proportionnée à l'importance des approvisionnements, sera conservée à proximité du magasin pour servir à éteindre un commencement d'incendie s'il venait à se déclarer.

» Les Préfets peuvent imposer, en outre, les conditions qui seraient exigées, dans des cas spéciaux, par l'intérêt de la sécurité publique. Dans ce cas, les arrêtés d'autorisation doivent être soumis à l'approbation du Ministre de l'Agriculture et du Commerce, qui statue sur l'avis du Comité consultatif des arts en manufactures.

» Art. 6. Les Préfets peuvent autoriser des entrepôts ou magasins établis et exploités dans des conditions différentes de celles déterminées par l'article 5, lorsque ces conditions présentent des garanties au moins équivalentes pour la sécurité publique. Dans ce cas, les arrêtés d'autorisation, avant d'être délivrés aux demandeurs, doivent être soumis à l'approbation du Ministre de l'Agriculture et du Commerce qui statue sur l'avis du Comité consultatif des arts et manufactures.

» Art. 7. Les conditions d'établissement des entrepôts ou magasins rangés dans la troisième classe sont réglées par les arrêtés d'autorisation.

» Il en est de même des entrepôts ou magasins dans lesquels des liquides inflammables ne subissent ni transvasement ni manipulation d'aucune sorte, ou qui ne contiennent que des substances de la deuxième catégorie.

» Les exploitants de ces entrepôts ou magasins devront en outre se conformer aux prescriptions indiquées dans les n°s 7, 8 et 9 de l'article 5 du présent décret.

» Art. 8. Les entrepôts ou magasins dont l'approvisionnement total ne dépasse pas 300 litres de liquide de la première catégorie, ou une quantité équivalente de liquide de l'une et de l'autre catégories, peuvent être établis sans autorisation préalable.

» Toutefois, le propriétaire est tenu d'adresser au Maire de la commune où est situé son établissement et au Sous-Préfet de l'arrondissement une déclaration contenant la désignation précise du local affecté au magasin. Ce magasin sera isolé de toute maison d'habitation ou de tout bâtiment contenant des matières combustibles, parfaitement ventilé et constamment fermé à clef. Le sol sera creusé en forme de cuvette et entouré d'un bourrelet en terre ou en maçonnerie, pouvant retenir des liquides en cas de fuite.

» Après cette déclaration, l'entrepositaire peut exploiter son magasin, à la charge d'observer les prescriptions indiquées dans les n°s 7, 8 et 9 de l'article 5 du présent décret.

SECTION III.

De la vente au détail.

» Art. 9. Tout débitant de substances désignées à l'article 1er est tenu d'adresser au Maire de la commune où est situé son établissement et au Sous-Préfet de l'arrondissement une déclaration contenant la désignation précise du local, des procédés de conservation et de livraison, des quantités de liquides inflammables auxquelles il entend limiter son approvisionnement, et de l'emplacement qui sera exclusivement affecté dans sa boutique aux récipients de ces liquides.

» Après cette déclaration, le débitant peut exploiter son commerce, à la charge par lui de se conformer aux prescriptions contenues dans les articles suivants.

» Art. 10. Les liquides de la 1re catégorie sont transportés et conservés chez le détaillant, sans aucun transvasement lors de la réception, dans les récipients en forte tôle de métal, étanches et munis de 2 ouvertures au plus fermées par des robinets ou bouchons hermétiques.

» Ces récipients ont une capacité de 60 litres au plus ; ils portent, solidement fixée et en caractères très lisibles, l'inscription sur fond rouge : *Essence inflammable*.

» Ils ne peuvent, en aucun cas, être déposés dans une

cave ; ils sont solidement établis et occupent un emplacement spécial, séparé de celui des autres marchandises dans la boutique. Un vase avec goulot en forme d'entonnoir est placé sous le robinet pour recevoir le liquide qui viendrait à s'en échapper.

» Une quantité de sable ou de terre, proportionnée à l'importance du dépôt, sera conservée dans le local pour servir à éteindre un commencement d'incendie, s'il venait à se déclarer.

» Les liquides de la première catégorie ne peuvent être livrés aux consommateurs que dans des burettes ou bidons en métal étanches, munis d'un ou de deux orifices, avec robinets ou bouchons hermétiques, et portant l'inscription très lisible : *Essence inflammable*. Le remplissage des bidons doit se faire directement sous le récipient, sans interposition d'entonnoir ou d'ajutage mobile, de façon qu'aucune goutte de liquide ne soit répandue au dehors.

» Les liquides de la première catégorie ne peuvent être transvasés pour le débit qu'à la clarté du jour. La livraison au consommateur est interdite à la lumière artificielle, à moins que le détaillant ne conserve et ne débite les liquides dans des bidons ou burettes en métal, de manière à éviter tout transvasement au moment de la vente. Ces bidons, d'une capacité de 5 litres au plus, seront rangés dans des boîtes ou casiers à rebords, garnis intérieurement de feuilles de métal formant cuvette étanche.

» Art, 11. Les liquides de la seconde catégorie sont conservés chez le détaillant dans des récipients en métal étanches, soigneusement clos et solidement établis.

» Ces récipients ont une capacité de 350 litres au plus ; ils portent l'inscription sur fond blanc : *Huile minérale*.

Art. 12. L'approvisionnement du débit ne devra jamais excéder 300 litres de liquides de la première catégorie ou une quantité équivalente de liquides de l'une et de l'autre catégories.

» 5 litres de substance de la seconde catégorie sont considérés comme équivalents à un litre de substance de la première catégorie.

» Les liquides inflammables non régis par le présent décret, qui peuvent se trouver dans le local du débit, sont comptés dans l'approvisionnement total des substances dangereuses et assimilées à celles de la première catégoriee s'ils émettent à la température de 35 degrés des vapeurs susceptibles de prendre feu au contact d'une allumette enflammée.

» Art. 13. Dans le cas où le détaillant disposerait d'une cour ou de tout autre emplacement découvert, il pourra conserver les liquides dans les récipients, fûts en bois ou autres, ayant servi au transport.

» Ces récipients seront placés dans un magasin isolé de toute maison d'habitation ou de tout bâtiment contenant des matières combustibles, parfaitement ventilé et constamment fermé à clef. Le sol sera creusé en forme de cuvette et entouré d'un bourrelet en terre ou en maçonnerie, pouvant retenir les liquides en cas de fuite.

» Le détaillant sera d'ailleurs soumis aux prescriptions indiquées dans les trois derniers paragraphes de l'article 10, dans le dernier paragraphe de l'article 11 et dans l'article 12 du présent décret.

» Art. 14. Les dispositions précédentes relatives aux dépôts pour la vente au détail ne peuvent être suppléées par des dispositions équivalentes, qu'en vertu d'une autorisation spéciale, délivrée par le Préfet sur l'avis du Conseil d'hygiène et de salubrité du département, et fixant les conditions imposées au débitant dans l'intérêt de la sécurité publique.

» Il sera rendu compte au Ministre de l'Agriculture et du Commerce des autorisations données en vertu du présent article.

SECTION IV.

Dispositions générales.

» Art. 15. Les entrepôts ou magasins de vente en gros et les dépôts pour la vente au détail, qui ont été précédemment autorisés ou déclarés, conformément aux règlements en vigueur, peuvent être maintenus dans les conditions qui ont été fixées par ces règlements ou par les arrêtés spéciaux d'autorisation. L'exploitant ne peut y apporter aucune modification qu'à la charge de se conformer aux prescriptions du présent décret et, suivant les cas, d'obtenir une nouvelle autorisation ou de faire une déclaration nouvelle, comme il est dit aux articles ci-dessus.

» Art. 16. — En cas d'inobservation des conditions d'installation fixées par le présent décret, ou par les arrêtés spéciaux d'autorisation, les entrepôts ou magasins de vente en gros peuvent être fermés et la vente au détail peut être interdite, sans préjudice des peines encourues pour contravention aux règlements de police.

» Art. 17. Le transport des substances désignées à l'article 1er doit être fait exclusivement dans des vases en métal, étanches et hermétiquement clos, ou dans des fûts en bois également étanches et cerclés de fer.

» Art. 18. Les attributions conférées aux Préfets, aux Sous-Préfets et aux Maires par le présent décret sont exercées par le Préfet de police dans l'étendue de son ressort.

» Art. 19. Le décret du 27 janvier 1872 relatif aux huiles minérales et autres hydrocarbures, est rapporté.

» Le décret du 31 décembre 1866, relatif au classement des établissements dangereux, insalubres ou incommodes, est réformé en ce qui concerne les entrepôts ou magasins d'hydrocarbures.

» Art. 20. Le Ministre de l'Agriculture et du Commerce est chargé de l'exécution du présent décret, qui sera inséré au *Journal Officiel* et au *Bulletin des Lois*.

Fait à Versailles, le 19 mai 1873.

A. THIERS.

Par le Président de la République :

Le Ministre de l'Agriculture et du Commerce,

E. TEISSERENC DE BORT.

Circulaire de M. le Préfet à MM. les Sous-Préfets et Maires du département et arrêté de M. le Ministre de l'Agriculture et du Commerce, suivi de l'instruction pratique pour le maniement de l'appareil GRANIER, *destiné à la mesure du degré d'inflammabilité des pétroles.*

« Messieurs, j'ai l'honneur de vous adresser ci-après, avec une circulaire en date du 31 octobre 1873, un arrêté du 5 septembre précédent, par lequel M. le Ministre de l'Agriculture et du Commerce a déterminé le mode de constatation du degré d'inflammabilité des huiles de pétrole et autres hydrocarbures.

» Vous trouverez également à la suite de cet arrêté une instruction pratique pour le maniment de l'appareil Granier, destiné à la mesure du degré d'inflammabilité des pétroles.

» Je vous prie, Messieurs, de vouloir bien vous conformer aux instructions qui précèdent.

Agréez, Messieurs, l'assurance de ma considération la plus distinguée.

Le Préfet du Nord,

Séguier

MINISTÈRE DE L'AGRICULTURE ET DU COMMERCE.

Paris, le 31 octobre 1878.

» Monsieur le Préfet, l'article 1ᵉʳ du décret du 19 mai 1873, qui règlemente le commerce de la vente des huiles de pétrole et autres hydrocarbures, divise ces liquides en deux catégories selon leur degré d'inflammabilité.

» La première catégorie comprend les substances qui émettent, à une température inférieure à 35 degrés du thermomètre centigrade, des vapeurs susceptibles de prendre feu au contact d'une allumette enflammée; la deuxième catégorie comprend les substances moins inflammables, c'est-à-dire celles qui n'émettent de vapeurs susceptibles de prendre feu qu'à une température égale ou supérieure à 35 degrés.

» Le paragraphe 4 du même article 1ᵉʳ dispose qu'un arrêté du Ministre de l'Agriculture et du Commerce déterminera, sur l'avis du Comité consultatif des Arts et Manufactures, le mode d'expérience par lequel sera constaté le degré d'inflammabilité des liquides à classer dans chaque catégorie.

» J'ai l'honneur de vous adresser l'arrêté que j'ai pris à cet effet.

» Je le fais suivre d'une instruction pratique destinée aux agents qui seront chargés de ce service, Ils y trouveront tous les renseignements nécessaires pour le maniement de l'appareil Granier, dont j'ai décidé l'usage pour la constatation du degré d'inflammabilité des pétroles.

» Je vous prie, Monsieur le Préfet, de vouloir bien

m'accuser réception de cette circulaire, à la suite de laquelle vous trouverez mon arrêté du 5 septembre dernier ainsi que l'instruction sus-mentionnée.

» Recevez, Monsieur le Préfet, l'assurance de ma considération la plus distinguée.

Le Ministre de l'Agriculture et du Commerce,

(Signé) J. DE LA BOUILLERIE.

Pour expédition :
Le Directeur.

ARRÊTÉ.

» Le Ministre de l'Agriculture et du Commerce,
» Vu le décret du 19 mai 1873 concernant les huiles de pétrole et de schiste, essences et autres hydrocarbures ;
» Vu l'avis du Comité consultatif des Arts et Manufactures ;

Arrête :

» Article premier. Le degré d'inflammabilité des liquides à classer dans chaque catégorie sera constaté au moyen de l'appareil de M. Émile Granier.

» Art 2. Les appareils mis entre les mains des agents chargés du contrôle seront revêtus du poinçon de l'Administration.

Art. 3. L'expérience de la mesure du degré d'inflammabilité des liquides précités sera exécutée conformément à l'instruction pratique annexée au présent arrêté.

» Art. 4. Les liquides qui produiront, par l'émission de vapeurs inflammables, l'extinction de la flamme de l'appareil à la température de 35 degrés du thermomètre, seront considérés comme de première catégorie.

» Une tolérance de 2 degrés au-dessous de 35° sera accordée.

» Les liquides qui produiront la même extinction à une température inférieure à 33 degrés seront considérés comme de première cagorie.

» Art. 5. Pour les liquides qui émettront des vapeurs à une température voisine de un degré, soit au-dessus, soit au-dessous de la limite minima, c'est-à-dire de 33 degrés, et à une température minima elle-même, il sera fait trois essais dont on prendra la moyenne. Le chiffre obtenu sera adopté comme point d'inflammation de l'huile essayée.

» Art. 6. L'application au contrôle de tout appareil nouveau, soit concurremment avec l'appareil Granier, soit en remplacement de cet appareil, devra être l'objet d'une nouvelle décision prise sur l'avis du Comité consultatif des Arts et Manufactures.

» Versailles, le 5 septembre 1873.

(Signé) J. DE LA BOUILLERIE.

Instruction pratique pour le maniement de l'appareil Granier *destiné à la mesure du degré d'inflammabilité des pétroles.*

PRÉCAUTIONS PRÉLIMINAIRES.

» 1° S'assurer que l'appareil est bien propre ; sinon l'essuyer soigneusement avec un linge souple ;

» 2° Si la mèche était charbonnée, par suite d'expériences antérieures, sur une hauteur de plus d'un millimètre, il faudrait la renouveler ;

» 3° Fixer la mèche sur son mandrin métallique, l'introduire dans le cône de cuivre disposé au centre de la boîte, avec soin que la mèche et son mandrin s'appuient exactement sur le fond de la boîte ;

» 4° Prendre d'abord avec le thermomètre de l'appareil la température du pétrole que l'on veut essayer. Si cette température se trouvait supérieure à 25 degrés, il faudrait refroidir le pétrole en plongeant le vase qui le contient dans l'eau froide.

» A 25 degrés et au-dessous, le pétrole peut être essayé sans être préalablement refroidi ;

» 5° Choisir une table ou autre support, une place aussi horizontale que possible, pour y déposer l'appareil et faire l'expérience.

PREMIER ORDRE D'ESSAI.

» 1° La boîte étant ouverte, y verser le pétrole à essayer, en ayant soin de le faire couler sur la mèche ;

» 2° Remplir la boîte jusqu'au niveau du petit tube déversoir placé excentriquement ; le pétrole doit affleurer au bord supérieur de ce tube ;

» 3° Fermer la boîte, fermer aussi l'opercule placé sur l'orifice central du couvercle.

» Enfoncer le thermomètre dans la gaine qui sert à le fixer dans la boîte.

» L'opérateur doit se placer en face du thermomètre ;

» 4° Approcher du petit orifice pratiqué dans l'opercule central une allumette enflammée et l'y maintenir quelques secondes ;

» 5° *Résultat*. Si une flamme de vapeur de pétrole apparaît et se maintient au-dessus dudit orifice, *le pétrole est inflammable à la température marquée par le thermomètre*, température qu'il faut constater immédiatement.

PREMIER MODE D'ESSAI.

» Si, après avoir opéré comme il vient d'être décrit, on n'observe pas la production d'une flamme persistante de vapeur de pétrole au-dessus de l'orifice pratiqué dans le petit opercule, il faut procéder à un autre mode d'essai qui s'exécute de la manière suivante :

» 1° On rabat le petit opercule sur le couvercle, de manière à découvrir la mèche placée au centre de l'appareil ;

» 2° On allume cette mèche en divers points au moyen d'une allumette, de façon que la combustion se produise sur tout le pourtour du bec ;

3° L'opérateur, l'œil fixé sur le thermomètre qui s'élève graduellement, doit attendre le moment où une petite explosion, qui se produit dans l'ouverture annulaire du couvercle, éteint le bec. Il note immédiatement la température ;

» 4° *Résultat*. La température marquée par le thermomètre au moment de l'explosion et de l'extinction consécutive du bec, est celle à laquelle le pétrole doit être considéré comme inflammable ;

» 5° Dans le cas où le thermomètre, au moment de l'explosion, marquerait une des températures suivantes : 32°, 33° ou 34°, il faudrait recommencer l'expérience deux autres fois, en prenant *chaque fois* une nouvelle quantité du même pétrole.

» On prendra la moyenne des trois résultats obtenus, c'est-à-dire qu'on ajoutera les trois températures trouvées et l'on divisera par trois. Le quotient sera admis, comme représentant la température à laquelle s'enflamme le pétrole soumis à l'essai. »

Huiles de pétrole, de schiste et de goudron, essences et autres hydrocarbures employés pour l'éclairage, le chauffage, la fabrication des couleurs et vernis, le dégraissage des étoffes et autres usages, fabrication, distillation et travail en grand.

1re classe. — Décret du 31 décembre 1866.

Inconvénients. — Odeur et danger d'incendie.

PRESCRIPTIONS : 1° Toutes les constructions seront faites exclusivement en matériaux incombustibles ;

2° Les foyers des appareils de chauffage devront être en dehors du bâtiment de fabrication ;

3° Les magasins destinés au dépôt des matières premières et celui des produits fabriqués seront complètement indépendants des ateliers ;

4° L'éclairage artificiel des ateliers et magasins s'opérera de l'extérieur à travers des vitres fixées dans des châssis dormants, et on ne pourra pénétrer le soir dans les ateliers et magasins qu'avec des lampes garnies de toiles métalliques ;

5° Le sol de l'atelier sera parfaitement dallé et cimenté de manière à être rendu étanche, ainsi que tous les réservoirs, afin d'éviter les infiltrations dans le sous-sol ;

6° Toutes les opérations se feront en vases clos et les gaz non condensables, provenant de la distillation, seront dirigés vers le foyer, en traversant plusieurs toiles métalliques, afin de prévenir tout danger d'explosion par leur mélange avec l'air ;

7° L'atelier de distillation sera approvisionné d'une quantité suffisante de sable pour l'extinction d'un commencement d'incendie ;

8° Tout écoulement au-dehors de liquides autres que ceux provenant de la condensation des vapeurs de la machine ou des réfrigérants est formellement interdit.

Huiles de pétrole, de schiste et de goudron, essences et autres hydrocarbures employés pour l'éclairage, le chauffage, la fabrication des couleurs et vernis, les dégraissages des étoffes et autres usages (Dépôts d'), subtances très inflammables, c'est-à-dire émettant des vapeurs susceptibles de prendre feu (1) à une température de moins de 35 degrés, si la quantité emmagasinée est, même temporairement, de 1,050 litres (2) ou plus.

1re classe. — Décret du 31 décembre 1866.

Inconvénients. — Odeur et danger d'incendie.

PRESCRIPTIONS : 1° Les dépôts devront être relégués dans des quartiers éloignés du centre des villes ;

2° Les fûts de pétrole seront réunis dans des magasins isolés et n'ayant aucune communication avec les pièces voisines ; dans le cas où l'on ferait usage de grands réservoirs ou de cuves, ils seront en métal et très hermétiquement fermés ;

3° Une couche de ciment hydraulique d'une hauteur de 90 centimètres sera appliquée sur tout le pourtour de la cave ou du magasin ;

4° Les fûts pleins ou vides ne pourront séjourner sur la voie publique ;

5° Les magasins devront être suffisamment éclairés par la lumière du jour ; on ne pourra y pénétrer le soir qu'avec des lampes de sûreté ;

6° Le dépôt sera muni d'une quantité suffisante de sable pour l'extinction du feu qui pourrait se produire.

Pour les autres conditions se conformer à l'article 5 de la section deuxième du décret du 19 mai 1873.

Huiles de pétrole, de schiste et de goudron, essences et

---

(1) Au contact d'une allumette enflammée.

(2) Le fût généralement adopté par le commerce pour les pétroles est de 150 litres ; 1,050 litres représentent donc sept desdits fûts.

autres hydrocarbures employés pour l'éclairage, le chauffage, la fabrication des couleurs et vernis, le dégraissage des étoffes et autres usages (Dépôts d'), si la quantité supérieure à 150 litres n'atteint pas 1,050 litres.

2e classe. — Décret du 31 décembre 1866.

Inconvénients. — Odeur et danger d'incendie.

Mêmes prescriptions que pour le paragraphe précédent. Seulement comme les quantités emmagasinées sont moins considérables, les fûts pourront être déposés dans une **cave voûtée et ventilée** ou dans une pièce non habitée et non chauffée, mais construite en matériaux incombustibles.

Huiles de pétrole, de schiste et de goudron, essences et autres hydrocarbures employés pour l'éclairage, le chauffage, la fabrication des couleurs et vernis, le dégraissage des étoffes et autres usages (Dépôts d'), substances moins inflammables, c'est-à-dire n'émettant de vapeurs susceptibles de prendre feu (1) qu'à une température de 35 degrés et au-dessus, si la quantité emmagasinée est, même temporairement, de 10,500 litres ou plus.

1re classe. — Décret du 31 décembre 1866.

Inconvénients. — Odeur et danger d'incendie.

PRESCRIPTIONS : 1° L'huile de pétrole conservée dans des fûts en métal devra être aussi inodore que possible, ne pas s'enflammer à une température inférieure à 35° centigrade ;

2° La vidange des fûts aura lieu sur un vase en **métal** assez large et assez profond pour qu'aucune partie de la matière ne puisse se répandre sur le sol ;

3° Les exploitants de ces dépôts se conformeront en **outre** aux prescriptions indiquées dans les N°s 7, 8 et 9 de l'article 5 du décret ci-dessus rapporté.

(2) Au contact d'une allumette enflammée.

Huiles de pétrole, de schiste et de goudron, essences et autres hydrocarbures employés pour l'éclairage, le chauffage, la fabrication des couleurs et vernis, le dégraissage des étoffes et autres usages (Dépôts d'), si la quantité emmagasinée, supérieure à 1,050 litres, n'atteint pas 10,500 litres.

2ᵉ classe. — Décret du 31 décembre 1866.

Inconvénients. — Odeur et danger d'incendie.

PRESCRIPTIONS. Dispositions réclamées par les paragraphes de l'article 5 de du décret du 19 mai 1873.

A MM. les Sous-Préfets, Maires et Commissaires de police du département.

Huiles de pétrole et de schiste, essences et autres hydrocarbures. — Circulaire.

Lille, le 26 novembre 1878.

Messieurs, un décret en date du 19 mai 1873 a réglé les mesures de précaution à observer dans le commerce en gros et en détail des huiles minérales et autres hydrocarbures.

Ce décret a été inséré au Recueil des Actes administratifs de la même année, page 312, à la suite d'une circulaire préfectorale explicative des dispositions du décret.

Ces dispositions vous ont été rappelées par une circulaire en date du 10 février 1874, insérée au Nᵒ 10 des Actes de la Préfecture de la même année, qui vous a notamment invités à veiller à ce qu'aucun débit ne fût établi, sans que la déclaration voulue par l'article 9 du décret eut été préalablement faite, et à exercer une surveillance attentive sur les dépôts alors existants.

A l'approche de la saison d'hiver, où les besoins de l'éclairage vont donner à la vente du pétrole une extension plus grande, je crois devoir appeler de nouveau votre attention toute particulière sur les prescriptions édictées, dans l'intérêt de la sécurité publique, par le décret réglementaire du 19 mai 1873.

Une des dispositions les plus importantes de ce décret est celle qui prohibe, dans tout emmagasinage de pétrole, les transvasements après la chute du jour et à la lumière artificielle. Cette prescription, dont l'oubli est la cause de la plupart des accidents, s'applique à tous les dépôts, même à ceux qui, devant contenir moins de 300 litres, peuvent être établis sans autorisation préalable, et sur une simple déclaration.

Une autre prescription, non moins importante et souvent transgressée, est celle qui fait l'objet de l'article 13 du décret, aux termes duquel les détaillants de pétrole ne peuvent conserver les liquides dans les récipients, fûts en bois ou autres, ayant servi au transport, qu'à la condition expresse que ces récipients seront placés dans un magasin isolé de toute maison d'habitation, ou de tout bâtiment contenant des matières combustibles, parfaitement ventilé et constamment fermé à clef.

Je dois rappeler à cet égard l'article 16 du décret qui dispose « qu'en cas d'inobservation des conditions d'instal-
» lation fixées par le présent décret ou par les arrêtés spé-
» ciaux d'autorisation, les entrepôts ou magasins de vente
» en gros peuvent être fermés et la vente au détail peut être
» interdite, sans préjudice des peines encourues pour con-
» travention aux règlements de police. »

Je vous prie, Messieurs, de vouloir bien tenir sérieusement la main à ce que les dispositions qui précèdent, ainsi que les autres précautions imposées par le décret précité de 1873, soient rigoureusement observées. Je vous invite au surplus à me faire connaître, par des rapports spéciaux, les accidents occasionnés par la manipulation ou l'emploi du pétrole et des essences.

Agréez, Messieurs, l'assurance de ma considération la plus distinguée.

Le Préfet du Nord,

Paul Cambon.

Huile de pieds de bœuf (Fabrication d') avec emploi de matières en putréfaction.

1re classe. — **Décret du 31 décembre 1866.**

Inconvénient. — Odeur.

Prescriptions : Toute opération ayant rapport à la fonte de corps gras à feu nu doit être interdite, à moins d'autorisation spéciale,

Les cuves seront surmontées d'un large manteau qui recueillera toutes les vapeurs produites pour les porter dans la cheminée de l'usine ;

L'atelier sera pavé en pierres dures, avec pente vers une citerne étanche d'où les liquides seront emportés en vases clos ;

Les pieds de bœufs ou autres matières animales après extraction de l'huile, ne pourront être conservés dans l'usine, mais seront livrés de suite aux industries qui les utilisent ;

Le séjour ou même le dépôt de tonneaux ou de marchandises sur la voie publique doit être formellement interdit.

Huile de pieds de bœuf quand les matières employées ne sont pas putréfiées.

2º classe. — Décret du 31 décembre 1866.

Inconvénient. — Odeur.

Mêmes prescriptions que ci-dessus, sauf que les ateliers pourront être situés près des habitations.

Huiles de poisson (Fabrique d').

1ʳᵉ classe. — Décret du 31 décembre 1866.

Inconvénients. — Odeur, danger d'incendie.

PRESCRIPTIONS : Proscrire d'une manière absolue le traitement à chaud et à feu nu, à moins d'une autorisation spéciale ;

Opérer dans des chaudières placées sous des hottes mises en communication avec la cheminée de l'usine qui portera les buées dans l'atmosphère à 5 mètres au-dessus des toits voisins ;

Mettre l'ouverture des foyers et cendriers en dehors de l'atelier de fabrication ;

Paver en pierres dures rejointoyées à la chaux hydraulique, les ateliers de macération et de fabrication, avec pente vers une citerne étanche d'où les liquides seront enlevés en vases clos ;

Les murs séparant les propriétés voisines seront revêtus d'un contre-mur en pierres dures, fondé à 40 centimètres au-dessous du pavement avec lequel il formera corps, et élevé de 1 mètre 50 centimètres au-dessus de ce pavement ; il ne pourra être employé à la confection de ce contre-mur que du ciment de cendrée ;

Le pétitionnaire doit justifier qu'il peut disposer en tout temps et en toute saison, d'une quantité d'eau de puits ou de citerne, suffisante aux fréquents lavages qu'exigent les opérations et l'assainissement des lieux où elles se pratiquent ;

N'établir aucune ouverture sur la voie publique et ne brûler aucun déchet provenant des matières animales ;

Immédiatement après l'extraction de l'huile, les résidus solides et liquides, mis en barils, hermétiquement fermés, seront évacués de la fabrique sans y faire aucun séjour.

Huile épaisse ou dégras.

3ᵉ classe. — Décret du 31 décembre 1866.

Voir **Dégras**.

Huiles de résine (Fabrication des)

1ʳᵉ classe. — Décret du 31 décembre 1866.

Inconvénients. — Odeur, danger d'incendie.

PRESCRIPTIONS : 1° Isoler les ateliers, dont les toits seront construits en matériaux métalliques ;

2° Disposer tous les appareils à distillation dans un atelier dont la partie supérieure se terminera par une cheminée d'appel à fort tirage s'élevant à 25 ou 30 mètres au-dessus du sol ;

3° Daller le sol de l'usine en pierres dures rejointoyées au ciment hydraulique ;

4° Placer l'ouverture des foyers et des cendriers au dehors de l'atelier de distillation ;

5° Avoir en réserve une quantité de sable suffisante pour éteindre tout commencement d'incendie ;

6° N'éclairer les ateliers qu'à l'aide des lumières placées derrière des verres dormants.

Huilerie ou moulins à huile.

3ᵉ classe. { 14 janvier 1815. / Décret du 31 décembre 1873.

Inconvénients. — Odeur et danger d'incendie.

PRESCRIPTIONS. — Près des habitations, les presses muettes peuvent être prescrites exclusivement. Dans certains cas d'isolement complet, les presses à coin peuvent être tolérées pendant le jour seulement, mais dans ce cas les presses doivent être entièrement isolées des murs mitoyens à l'aide d'une tranchée de 1 mètre de profondeur sur 50 centimètres de largeur et de poutrelles assises sur des dés en maçonnerie ;

La cheminée doit avoir au moins 5 mètres au-dessus des bâtiments les plus élevés du voisinage, elle doit recevoir le tuyau de la hotte placée au-dessus du foyer où sont chauffées les graines ;

Les eaux de la fabrique doivent s'écouler par un aqueduc jusqu'à l'égout et jamais sur la voie publique.

Huiles (Épuration des)

3° classe. — Décret du 31 décembre 1866.

Inconvénients. — Odeur, danger d'incendie.

PRESCRIPTIONS : Le traitment à chaud des huiles végétales soit par les acides, soit par l'eau de chaux quand on saponifie les résidus de la première opération, peut être rendu supportable pour le voisinage, si les chaudières sont surmontées d'un chapeau en forme d'entonnoir, conduisant les vapeur odorantes dans la cheminée, si celle ci a une hauteur suffisante (3 mètres au moins au-dessus du faîte des bâtiments les plus élevés, compris dans un rayon de 50 mètrse);

Les eaux de lavage, de décantation et autres, ne s'écouleront jamais sur la voie publique et seront conduites à l'égoût par un acqueduc ;

Lorsque le traitement se fait à froid, comme cela se pratique le plus ordinairement, la dernière prescription subsiste seule.

Huiles essentielles ou essence de térébenthine, d'aspic et autres. Voir **Huiles de pétrole**, de schiste, etc.

Huiles et autres corps gras des débris des matières animales (Extraction des).

1re classe. — Décret du 31 décembre 1866.

Inconvénients. — Odeur, danger d'incendie.

PRESCRIPTIONS — Le traitement à froid des eaux savonneuses a remplacé presque partout la manipulation à chaud. Cependant l'agitation produite afin d'opérer un mélange complet de l'acide, donne encore lieu à un dégagement d'odeurs désagréables;

Cette odeur est très fétide au moment où l'on décante lentement les cuves en donnant issue aux eaux vannes;

Aussi est-il convenable que les cuves soient situées dans un atelier fermé et surmonté d'une haute cheminée, que les eaux avant leur expulsion, soient reçues dans un bassin de dépôt établi suivant les dispositions indiquées aux *eaux insalubres*; néanmoins ces eaux restent encore acides, et elles rencontrent dans leur course des matières décomposables, elles en activent la putréfaction ; aussi serait-il important de les traiter par la chaux avant leur sortie de l'usine ;

L'atelier des presses et des autres opérations doit être pavé en pierres dures, cimentées à la chaux hydraulique, avec pente vers un réservoir étanche ;

Cet atelier sans autre ouverture que la porte ou des ouvraux près du sol, sera surmonté d'une haute cheminée d'appel.

L'extraction des corps gras et salins contenus dans les eaux de désuintage des laines peut être assimilée à l'industrie ci-dessus mentionnée. Toutefois, ses inconvénients pour les cours d'eau sont plus grands, parce qu'on opère sur une plus grande échelle. Les lessives hors de service sur lesquelles on travaille, contiennent en dissolution des savons à base de soude et de potasse. On les décompose au moyen de la chaux, de l'acide sulfurique, ou, ce qui est préférable, à l'aide de l'acide chlorhydrique, afin de former des savons calcaires insolubles, ou bien des sels alcalins avec séparation des acides gras ;

L'acide chlorhydrique n'a pas l'inconvénient, comme l'acide sulfurique, lorsqu'il est en excès, de se décomposer par suite de l'action désoxydante ultérieure des matières organiques contenues dans les eaux, et de donner naissance à des sulfures qui deviennent bientôt une source de dégagement très incommode d'acide sulfhydrique. On obviera à cet inconvénient en prescrivant l'emploi de l'acide chlorhydrique à l'exclusion de tout autre pour opérer la décomposition des lessives. Le mélange devra se faire dans d'immenses bassins pouvant contenir les résidus liquides provenant d'au moins trois jours de travail, de 25 heures chacun, et la décantation des eaux clarifiées aura lieu par superficie au moyen de vannes fonctionnant de haut en bas de manière à prévenir l'entrainement d'aucune parcelle des boues grasses déposées dans le fond ;

Les eaux ainsi dépurées seront traitées par la chaux en excès, avant leur déversement dans les cours d'eau. Cette opération s'effectuera dans des bassins suffisamment grands pour les contenir en repos pendant 24 heures. A leur sortie de ces réservoirs, elles devront être parfaitement claires, inodores et légèrement alcalines;

Les dispositions à prendre dans l'intérieur des ateliers seront les mêmes que celles ci-dessus indiquées;

Un autre moyen proposé pour débarrasser les cours d'eau des résidus du désuintage des laines, consiste à évaporer les parties les plus liquides et à en extraire ensuite les principes salins. Cette pratique est mise en usage par MM. Maumenée et Rogelée dans leurs usines de Fourmies et de Reims;

Pour éviter les buées abondantes qui se produisent pendant la concentration des eaux, on établira une cheminée d'appel de la hauteur la plus grande possible.

Huiles extraites des schistes bitumeux. Voir **Huiles de pétrole**, de schiste, etc.

Huiles (Mélange à chaud ou cuisson des) en vases ouverts.

1re classe. — Décret du 31 décembre 1866.

Inconvénients. — Odeur, danger d'incendie.

La cuisson de l'huile a lieu pour pouvoir être employée dans l'industrie des toiles vernies, l'odeur produite est désagréable et nauséabonde, surtout quand la cuisson se fait à l'air libre.

PRESCRIPTIONS : 1° Pour la cuisson en vases ouverts, éloigner autant que possible ces ateliers de toute habitation;

2° Brûler les gaz en les faisant arriver sur un foyer incandescent, avant d'être évacués dans l'atmosphère au moyen de la cheminée très élevée de l'usine;

3° Ventiler convenablemennt l'atelier;

4° Placer l'ouverture du foyer en dehors de la chambre où se fait l'opération.

Huiles (Mélange à chaud ou cuisson des) en vases clos.

2e classe. — Décret du 31 décembre 1866.

Inconvénients. — Odeur, danger d'incendie.

PRESCRIPTIONS : Opérer en vases clos dans des chaudières en fer munies d'un couvercle en tôle à charnières ;

2° Brûler les gaz qui se produisent, de manière qu'il ne s'en échappe qu'une petite quantité ;

3° Placer la porte du foyer et du cendrier en dehors de l'atelier de fusion.

Huiles rousses (Fabrication des) par extraction des cretons et débris de graisse à haute température.

1re classe. — Décret du 31 décembre 1866.

Inconvénients. — Odeur, danger d'incendie.

PRESCRIPTIONS : Établir les chaudières sous un large manteau de cheminée s'élevant à 25 mètres au moins à partir du niveau du sol ;

Les fermer facultativement à l'aide d'un couvercle métallique à charnières ;

Ouvrir les foyers et cendriers derrière un mur qui les séparera des chaudières ;

Rendre incombustibles toutes les parties des ateliers et magasins dont le pavage en pierres dures doit s'opposer à toute infiltration dans le sol ;

Aucun dépôt de marchandises ou de tonnes ayant servi ne peut être effectué sur la voie publique.

Huiles de ressence (Fabrication des).

2e classe. — Décret du 31 janvier 1872.

Inconvénients. — Odeur et altération des eaux.

PRESCRIPTIONS : Les chaudières seront surmontées d'un chapeau en forme d'entonnoir conduisant les vapeurs odorantes dans la cheminée, si celle-ci a une hauteur suffisante au-dessus des toits voisins ; les eaux de lavage, de décantation et autres ne s'écouleront jamais sur la voie publique, mais seront conduites à l'égoût le plus voisin par un aqueduc, ou seront déversées dans les fossés après saturation ;

Lorsque le traitemsnt se fait à froid, il n'est pas nécessaire de prescrire de cheminée d'appel.

Huiles lourdes créosotées (Injection des bois à l'aide des). Ateliers opérant en grand et d'une manière permanente.

2º classe. — **Décret du 31 janvier 1872.**

Inconvénients. — Odeur, danger d'incendie.

PRESCRIPTION : Cette opération peut se faire par plusieurs procédés, soit par aspiration, soit par refoulement ou bien par le vide et l'action de la chaleur combinés ; il est nécessaire de prescrire une bonne ventilation des ateliers au moyen d'une cheminée d'appel et l'emploi de matériaux incombustibles dans les constructions, afin d'écarter les dangers d'incendie.

Impressions sur étoffes.

3º classe. — Décret du 31 décembre 1866.

Voir **Toiles peintes**.

Jouets coloriés à l'aide d'une substance toxique (Interdiction de la vente de).

A MM. les Sous-Préfets, Maires, Inspecteurs de Pharmacie et Commissaires de police du département.

Salubrité. — Interdiction de la vente de jouets coloriés à l'aide d'une substance toxique.

Lille, le 29 juillet 1878.

Messieurs, l'attention de l'Administration supérieure a été appelée sur le danger que peut présenter, pour la santé des enfants, l'usage des jouets en caoutchouc dont les couleurs auraient été obtenues à l'aide de substances toxiques ;

Le Comité consultatif d'hygiène publique de France, saisi de la question, n'a pas hésité à reconnaître qu'il y avait un grand intérêt à réglementer, en vue de la rendre inoffensive, la décoration de tous les jouets, quels qu'ils soient, qui sont destinés à être mis entre les mains des enfants ;

Conformément à son avis et aux instructions de M. le Ministre de l'Agriculture et du Commerce, j'ai pris l'arrêté ci-après, interdisant la fabrication et la vente de jouets dont la décoration serait obtenue à l'aide des substances qui s'y trouvent énumérées.

Je vous prie, Messieurs, d'assurer la stricte exécution de cet arrêté,

Agréez, Messieurs, l'assurance de ma considération la plus distinguée.

Le Préfet du Nord,

PAUL CAMBON.

Nous, Préfet du département du Nord, Chevalier de l'Ordre de la Légion d'Honneur :

Vu la loi des 16-24 août 1790 et celle du 22 juillet 1791 ;
Vu les articles 319, 320, § 15, 475, § 14, et 477 du Code pénal ;
Vu la loi du 18 juillet 1837 ;

Vu l'avis du Comité consultatif d'hygiène publique de France et les instructions de M. le Ministre de l'Agriculture et du Commerce ;

Considérant que l'usage des jouets d'enfants dont la décoration est obtenue à l'aide de substances toxiques présente de sérieux dangers.

Arrêtons :

Article 1er. Il est expressément défendu d'employer, pour colorer les jouets d'enfants, des substances toxiques, notamment les couleurs arsenicales connues sous le nom de *vert de Scheele*, de *vert de Schweinfurt*, de *vert métis* ;

Les oxydes de plomb (massicot, minium), le blanc de plomb connu sous le nom *céruse*, de *blanc d'argent*, le jaune de chrome ;

Les préparations de mercure telles que le vermillon ;

Les sels de cuivre, telles que les cendres bleues.

Art. 2. La mise en vente des jouets coloriés à l'aide des substances ci-dessus désignées sera poursuivie conformément aux lois.

Art. 3. MM. les Sous-Préfets, Maires, Inspecteurs des pharmacies et Commissaires de police du département, sont chargés, chacun en ce qui le concerne, de l'exécution du présent arrêté, qui sera publié, affiché et inséré au Recueil des Actes administratifs de la Préfecture.

Fait à Lille, le 31 juillet 1878.

Le Préfet du Nord,

PAUL CAMBOF.

Jute (Teillage du).   2e classe. — Décret du 31 décembre 1866.

Voir **Teillage**.

Kirsch.   3e classe. — Décret du 31 décembre 1866.

Voir **Distilleries**.

Laine.   3e classe. { 31 mai 1833. Décret du 31 décembre 1866.

Voir **Battage**.

Laiteries en grand dans les villes.

3ᵉ classe. — Décret du 31 décembre 1866.

Inconvénient. — Odeur.

PRESCRIPTIONS : Les murs mitoyens attenants aux étables doivent être revêtus de dalles en pierre dure scellées à la chaux hydraulique sur une hauteur de 1 mètre 50 cent. La citerne aux urines parfaitement étanche doit être placée à distance des murs. Dans le cas où elle serait contiguë à des habitations, il conviendra de construire un contre-mur le long du mur mitoyen; il en sera de même pour le trou au fumier. Des cheminées d'aérage ayant 24 centimètres en tous sens élèveront les vapeurs de l'étable au-dessus des toits voisins ;

Les liquides renfermés dans la citerne seront enlevés à l'aide d'une pompe dans des tonneaux parfaitement clos ; les fumiers seront transportés dans la campagne au moins une fois par semaine ;

Dans l'intérêt de la santé des vaches, on pourra dans les villes où l'air se renouvelle difficilement, prescrire pour les étables 3 mètres d'élévation du sol au plafond, et un nombre de baies avec châssis mobiles déterminé, proportionné à l'étendue de l'étable.

Lard (Atelier à enfumer le).

2ᵉ classe. — 14 janvier 1815.
3ᵉ classe. — Décret du 31 décembre 1866.

Inconvénients. — Odeur et fumée.

Dans le Nord ce n'est point une industrie spéciale et chaque ménage de la campage enfume ses provisions en les plaçant dans l'intérieur des cheminées ouvertes ou l'on brûle le bois.

Un établissement qui aurait cette destination devrait élever la cheminée à 2 mètres au moins au-dessus des toits voisins, sauf à en diminuer le tirage à l'aide d'un registre. Aucune ouverture ne devrait, pendant le travail, laisser répandre la fumée sur la voie publique.

Lavage des cocons.

2e classe. { 27 mai 1838. / Décret du 31 décembre 1866.

Voir **Cocons**.

Lavage et extraction des phosphates de chaux.

3e classe. — Arrêté de M. le Ministre de l'Agriculture et du Commerce, du 10 février 1874.

Voir **Extraction** et lavage, etc.

Lavage et séchage d'éponges (Établissements de).

2e classe. — 27 janvier 1837.
3e classe. — 31 décembre 1866.

Voir **Eponges**.

Lavoirs à houille.

3e classe. — Décret du 31 décembre 1866.

Inconvénient. — Altération des eaux.

PRESCRIPTION : Ne laisser écouler les eaux sales sur la voie publique ni dans les cours d'eau qu'après filtration complète à travers une couche de tannée.

Lavoirs à laine.

3e classe. { 9 février 1825. / 31 décembre 1866.

Inconvénient. — Altération des eaux.

PRESCRIPTIONS : 1° Paver l'atelier en pierres dures rejointoyées à la chaux hydraulique ;

2° Construire une citerne couverte et étanche destinée à recevoir les eaux employées au lavage et à l'apprêt des bonneteries de laine ;

3° Si l'on opère à chaud, placer une cheminée d'appel pour porter au dehors les buées produites, à l'aide d'une cheminée de hauteur variable selon les localités ; prendre pour le séchoir ou l'étuve toutes les précautions nécessaires contre l'incendie.

Lavoirs à minerais en communication avec des cours d'eau.

3ᵉ classe. — Décret du 31 janvier 1872.

Inconvénient. — Altération des eaux.

PRESCRIPTION : 1° Ne laisser écouler les eaux sales qu'après repos et dépuration préalables.

Lessives alcalines des papeteries (Incinération des).

2ᵉ classe. — Décret du 7 mai 1878.

Inconvénients. — Fumée, odeur et émanations nuisibles.

PRESCRIPTIONS : Élever la cheminée à 25 mètres au-dessus du sol ;

Surmonter les fourneaux d'évaporation et d'incinération d'une large hotte qui conduira les buées et les vapeurs dans la cheminée ;

Si on veut brûler les gaz odorants les conduire sous la grille d'un foyer en ignition.

Lies de vin (Incinération des) 1° avec dégagement de la fumée au dehors.

1ʳᵉ classe. — Décret du 7 mai 1878.

Inconvénient. — Odeur.

1° Avec combustion ou condensation des fumées.

2ᵉ classe. — Décret du 7 mai 1878.

Inconvénient. — Odeur.

PRESCRIPTIONS : 1° Construire le fourneau en matériaux incombustibles et l'isoler des murs mitoyens ;

2° Élever la cheminée à 25 mètres ;

3° Surmonter le fourneau d'une large hotte qui conduira toutes les vapeurs dans la cheminée.

2° Quand on brûle les fumées ou qu'on les condense :

1° Diriger les produits gazeux de l'incinération sous la grille d'un foyer en ignition en les y faisant arriver dans un état de division prononcé ou bien incinérer dans des fours à réverbère.

Lies de vins (Séchage des).

2ᵉ classe. — Décret du 7 mai 1878.

Inconvénient. — Odeur.

PRESCRIPTIONS : 1° Opérer dans des ateliers bien ventilés et munis de carneaux à la partie inférieure des murs ;

2° Fermer les ouvertures donnant sur la voie publique ;

3° Fermer par un couvercle les chaudières à évaporation et les surmonter d'une hotte qui conduira les vapeurs dans la cheminée de l'usine qui aura au moins 20 mètres de hauteur ;

4° Si on sèche dans un four, prendre toutes les dispositions nécessaires pour ne pas incommoder le voisinage par les odeurs et la fumée.

Lignites (Incinération des).

1ʳᵉ classe. — Décret du 31 décembre 1866.

Inconvénients. — Fumée, émanations nuisibles.

PRESCRIPTIONS : 1° Construire les fours loin de toute habitation ;

2° Élever les cheminées à 20 mètres au-dessus du sol, afin de disséminer la fumée et les émanations dans l'air.

Lin (Teillage en grand du),

1ʳᵉ classe. { 2 septembre 1828.
Décret du 31 décembre 1866.

Voir **Teillage**.

Lin (Rouissage du).

1re classe. — 5 novembre 1826.
3e classe. — Décret du 31 décembre 1866.

Voir **Rouissage**.

Liquides pour l'éclairage (Dépôts de) au moyen de l'alcool et des huiles essentielles,

2e classe. — Décret du 31 décembre 1866.

Inconvénients. — Danger d'incendie et d'explosion.

PRESCRIPTIONS : Ces magasins dans lesquels on pénètre quelquefois avec des lampes autres que celles de sûreté ont pu faire explosion par suite de la volatilisation des liquides qu'ils renferment et produire des accidents terribles.

Pour les éviter : 1° On construira en maçonnerie ou matériaux incombustibles les caves ou magasins de dépôt ; on y établira une cheminée d'appel et on activera la ventilation en plaçant les carneaux à la partie inférieure des murs ;

2° On pavera en pierres dures rejointoyées à la chaux hydraulique lesdits magasins ;

3° On n'y pénétrera jamais, en l'absence du jour, que muni d'une lampe de sûreté.

Liqueurs alcooliques.

2e classe. — 15 janvier 1815,
3e classe. — Décret du 31 décembre 1866.

Voir **Distilleries**.

Litharge (Fabrication de la).

2e classe. — 15 janvier 1815.
3e classe. — Décret du 31 décembre 1866.

Inconvénient. — Poussière nuisible.

PRESCRIPTIONS : Les creusets destinés à la fonte du plomb au contact de l'air, bien qu'à une basse température, doivent être surmontés d'une voûte conduisant les émanations dans un chenal de 1 m, 50 cent., de hauteur, 30 centimètres de largeur sur une longueur de 4 mètres et se rendant à une cheminée en poterie de 15 mètres de hauteur ;

La coulée dans les vases de refroidissement doit se faire sous un large manteau communiquant avec une cheminée élevée à 20 mètres au moins à partir du sol.

Lustrage et apprêtage des peaux. (Voir **Peaux**).

3e classe. { 5 novembre 1826.
26 octobre 1873.

Inconvénients. — Très-peu.

Le lustrage au cylindre n'offre aucun inconvénient.

L'opération faite à la brosse peut soulever de la poussière alcamineuse ou autre qu'il est bon de retenir sur la propriété même de l'industriel et ne jamais diriger sur la voie publique ou sur le voisinage.

Machines et wagons (Ateliers de construction de)

2e classe. — Décret du 31 décembre 1866.

Inconvénients. — Bruit, fumée.

PRESCRIPTIONS : 1° Les ateliers seront assez élevés et surmontés d'une cheminée d'appel, pour diriger dans l'atmosphère les vapeurs et la fumée à une hauteur égale à celle des maisons situées dans un rayon de 50 mètres ;

Le bruit des ventilateurs des forges sera évité en employant des machines soufflantes ne faisant pas de bruit ;

L'ébranlement du voisinage sera prévenu en creusant dans le sol, des tranchées d'un mètre environ de profondeur sur 50 centimètres de largeur autour des masses qui reçoivent le choc des marteaux. Aucun des moyens mécaniques destinés à mettre ceux-ci en mouvement ne doit s'appuyer sur des murs mitoyens ;

Le bruit produit par les martinets sera diminué sensiblement en plaçant des rondelles de caoutchouc d'une épaisseur suffisante entre les enclumes des pilons et les bâtis qui les supportent.

Machines à vapeur. Voir **Générateurs** (Régime spécial). — Appareils à vapeur.

Maroquineries.

2ᵉ classe. — 14 janvier 1815.
3ᵉ classe. — Décret du 31 décembre 1866.

Inconvénient. — Odeur.

PRESCRIPTIONS : L'atelier, sans ouverture sur la voie publique, sera surmonté d'une cheminée d'appel;

Si l'on y pratique une partie des opérations qui nécessitent l'emploi de bains alcalins ou astringents, les eaux reçues dans une citerne étanche seront exportées en vases clos;

Aucun dépôt de marchandises ou de tonneaux ne doit être effectué sur la voie publique.

Marteaux-pilons. Voyez **Forges de grosses œuvres.**

Massicot (Fabrication du)

1ᵉ classe. — 14 janvier 1815.
3ᵉ classe. — Décret du 31 décembre 1866.

Inconvénient. — Emanations nuisibles.

Voir *Litharge* pour les prescriptions.

Matières colorantes (Fabrication de) au moyen de l'aniline et de la nitro-benzine.

3ᵉ classe. — Arrêté de M. le Ministre du 21 mars 1874.

Circulaire de M. le Préfet du Nord du 24 mars 1874, à MM. les Sous-Préfets et Maires du département du Nord.

« J'ai l'honneur de vous informer que par arrêté en date du 14 mars 1874, M. le Ministre de l'Agriculture et du Commerce a décidé que la fabrication des matières colorantes au moyen de l'aniline et de la nitro-benzine préparées en dehors des ateliers où s'opère ladite fabrication, sera désormais rangée dans la 3ᵉ classe des établissements insalubres, dangereux ou incommodes.

» Il conviendra donc d'instruire à l'avenir d'après les règles de la 3ᵉ classe, les demandes de l'espèce qui se produiraient dans le département. »

Inconvénient : Odeur.

PRESCRIPTIONS : 1º L'atelier consacré à la fabrication des couleurs sera fermé ; une hotte, disposée pour recueillir les vapeurs nitreuses ou autres, sera mise en communication avec la cheminée de l'usine, qui sera élevée jusqu'à 3 mètres au-dessus du faîte des maisons voisines ;

2º Les eaux industrielles ne pourront s'écouler sur la voie publique, elles seront reçues dans des réservoirs étanches pour être transportées au dehors.

Mégisseries.

3ᵉ classe. — 14 janvier 1815.
3ᵉ classe. — Décret du 31 décembre 1866.

Inconvénient. — Odeur.

PRESCRIPTIONS: Proscrire toute opération d'équarrissage ;

Plonger dans l'eau de chaux ou autre liquide devant les rendre imputrescibles toutes les peaux, immédiatement après leur entrée dans l'usine ;

Paver l'atelier de trempage et celui où sont situés les cuves et les pleins, en pierres dures cimentées à la chaux hydraulique ;

La dessiccation des cuirs ne pourra se faire ni sur la voie publique, ni contre les propriétés voisines ;

Conserver dans une citerne étanche, jusqu'à leur enlèvement, les jus des pleins et eaux de lavage. Ne les faire écouler par un aqueduc conduisant à l'égout, qu'après filtration à travers une couche de tannée, et jamais sur la voie publique, ni dans les cours d'eau sur lesquels des riverains peuvent avoir des droits qui viendraient à en souffrir.

Mélanges d'huiles.

1re, 2e classe. — Décret du 31 décembre 1866.

Voir **Huiles**, mélange, etc.

Ménageries.

1re classe. { 14 janvier 1815.
Décret du 31 décembre 1866.

Inconvénient. — Danger des animaux.

PRESCRIPTIONS : La police locale doit s'assurer par elle-même et par experts, que les précautions nécessaires ont été prises pour la solidité des moyens contentifs et pour que le public admis à visiter les animaux ne puisse en recevoir aucune atteinte ;

Il convient généralement que les cages s'ouvrent dans une galerie servant de corridor et construite avec les mêmes précautions que les cages elles-mêmes ;

Pour les établissements où on fait le commerce des animaux en grand, on pourra exiger :

1° Que les cours soient pavées en pierres dures rejointoyées au ciment hydraulique avec pente vers un raverdoir étanche ;

2° Que la paille servant de litière soit fréquemment renouvelée ;

3° Qu'il ne soit introduit dans l'établissement que des viandes fraîches pour la nourriture des animaux.

Métaux (Ateliers de) pour construction de machines et appareils.

2e classe. — Décret du 31 décembre 1866.

Voir **Machines**.

Minium (Fabrication du).

1re classe. — 14 janvier 1815.
3e classe. — Décret du 31 décembre 1866.

Inconvénient. — Émanations nuisibles.

PRESCRIPTIONS : 1° la chaudière dans laquelle on fondra le plomb imprégné d'oxyde, sera recouverte d'une hotte ou voûte conduisant les émanations dans un chenal horizontal de 1 mètre de hauteur, 0,30 centimètres de largeur et 4 mètres de longueur au moins, se rendant dans une cheminée en maçonnerie de 15 mètres de hauteur. Si les ouvriers résident ordinairement dans la chambre où s'opère la fusion, la chaudière sera de plus entourée d'un tambour à porte mobile ;

2° Le broyage et le tamisage seront effectués dans des appareils clos, de manière à empêcher la poussière de se répandre dans l'air. Ainsi, les meules seront enveloppées d'une boîte hermétiquement close, avec trappe mobile ; les tamis à main seront couverts ; les blutoirs seront renfermés dans une chambre spéciale, d'où la matière sera retirée sans que l'ouvrier soit habituellement obligé d'y pénétrer. On devra, autant que possible, se conformer aux dispositions analogues adoptées dans la fabrication de la céruse. Toutes ces opérations se feront dans des chambres spéciales, où ne devra se faire aucune autre manipulation ;

3° Le fourneau d'oxydation sera surmonté d'une cheminée en maçonnerie, de 15 mètres de hauteur. Aucune autre opération ne se fera dans cet atelier ;

4° Toutes les précautions et soins de propreté en usage dans les fabriques de céruse, ayant pour objet de garantir l'ouvrier, seront imposées.

Morues (Sécheries des).

2e classe. { 31 mai 1833.
{ Décret du 31 décembre 1866.

Inconvénient. — Odeur.

Le principal inconvénient est produit par l'abondance des eaux putrescibles, quand on ne peut s'en débarrasser au fur et à mesure ;

Elles peuvent pénétrer dans le sol et gâter les puits éloignés, ou, portées vers les faibles cours d'eau, les rendre impropres aux usages domestiques ;

Lorsque le lavage ne se fait pas immédiatement sur le bord de la mer, l'atelier doit être pavé en pierres dures, rejointoyées à la chaux hydraulique, avec pente de deux centimètres par mètre vers le centre de l'atelier, où une citerne étanche et fermée à l'aide d'une cuvette hermétique, recevra les liquides. Un aqueduc partant de cinquante centimètres du fond de la cuvette les conduira à l'égout le plus voisin. Cette cuvette sera curée à vif fond tous les huit jours au moins ;

S'il n'y a pas d'égout à proximité, une citerne plus vaste conservera les liquides jusqu'à la vidange qui se fera deux fois par semaine, en vases clos, pour servir d'engrais ou être portés soit dans un fleuve, soit à la mer. Le séchage forcé peut s'opérer près des habitations si la pièce est close et munie d'une cheminée d'appel. Le séchage en plein air doit être éloigné des habitations.

Moulins à broyer le plâtre, la chaux, les cailloux et les pouzzolanes.

2e classe. — 9 février 1825.
3e classe. — Décret du 31 décembre 1866.

Inconvénient. — Poussière.

PRESCRIPTIONS : Le travail peut se faire sous un hangard au fond d'une cour, s'il est exécuté en atelier fermé ;

Aucune ouverture ne doit donner sur la voie publique, et la ventilation doit s'exercer au moyen d'une cheminée d'appel, de manière à éloigner la poussière des ouvriers ;

Le broiement des cailloux pourrait aussi s'exécuter par la voie humide.

Moulins à huile.

3ᵉ classe. { 14 janvier 1815.
Décret du 31 décembre 1866.

Voir **Huileries**.

Moutons (Ateliers employant des). Voir **Miroirs métalliques**.

Murexide (Fabrication de la) en vases clos par la réaction de l'acide azotique et de l'acide urique du guano.

2ᵉ classe. — Décret du 31 décembre 1866.

Inconvénient. — Émanations nuisibles.

PRESCRIPTIONS : 1º N'opérer que dans des vases clos et condenser les vapeurs produites ;

2º Ne jamais laisser accumuler dans l'usine une trop grande quantité de guano épuisé, ni brûler aucuns débris de la fabrication ;

3º Paver ou daller les cours et l'atelier ;

4º Ne point laisser écouler au dehors les eaux de fabrication et de lavage, mais les recueillir dans des réservoirs étanches et les exporter dans des tonneaux hermétiquement fermés.

Nitrate de fer (Fabrication du) lorsque les vapeurs nuisibles ne sont pas absorbées ou décomposées.

1ʳᵉ classe. — Décret du 31 décembre 1866.

Inconvénient. — Émanations nuisibles.

PRESCRIPTIONS : Ne point autoriser les ateliers au centre des populations ; les éloigner de 150 mètres au moins de toute habitation ;

Placer au-dessus du fourneau une hotte surmontée d'un

tuyau s'élevant de deux ou trois mètres au-dessus du faîte de l'atelier ; entretenir une bonne ventilation au moyen de carneaux pratiqués sur les murs latéraux dudit atelier ;

Ne laisser écouler les eaux industrielles sur la voie publique qu'après les avoir saturées.

Nitrate de fer (Fabrication du) lorsque les vapeurs nuisibles sont absorbées ou décomposées.

3ᵉ classe. — Décret du 31 décembre 1866.

Inconvénient. — Émanations accidentelles.

PRESCRIPTIONS : Opérer en vases clos et diriger les gaz sur des pierres calcaires, afin d'en obtenir la décomposition ;

2° Ne laisser écouler sur la voie publique les eaux industrielles qu'après saturation.

Nitrate de méthyle (Fabrique de).

1ʳᵉ classe. — Décret du 7 mai 1878.

Inconvénient. — Danger d'explosion.

PRESCRIPTIONS : L'acide hyponitrique résultant du traité des matières premières par l'acide nitrique, sera reçu dans des touries pour y être condensé ;

On ne pourra pénétrer le soir dans l'atelier avec des lumières artificielles, afin d'éviter les explosions.

Nitro-benzine, aniline et matières dérivant de la benzine (Fabrication de la).

2ᵉ classe. — Décret du 31 décembre 1866.

Inconvénients. — Odeur, émanations nuisibles et danger d'incendie.

PRESCRIPTIONS : 1° Les ateliers de fabrication seront largement ventilés et isolés entre eux, de manière à éviter l'incendie ;

2° Les flacons dans lesquels on opère le mélange de la

benzine et des acides, seront placés sous une hotte destinée à recueillir les vapeurs nitreuses qui pourraient s'en échapper et à les porter dans la cheminée de l'usine, dépassant de 3 mètres le faîtage des maisons voisines;

3º Les eaux industrielles seront recueillies dans des tonneaux, puis transportées au dehors;

4º Les ateliers et la cour seront pavés en pierres dures rejointoyées à la chaux hydraulique avec caniveaux pour l'écoulement des eaux pluviales et de lavage.

Noir des raffineries et des sucreries (Révivification du).

2ᵉ classe. — Décret du 31 décembre 1866.

Inconvénients. — Émanations nuisibles, odeurs.

PRESCRIPTIONS : 1º Sous aucun prétexte, il ne sera brûlé dans l'établissement, d'os neufs, et il ne pourra en exister aucun dépôt dans les magasins;

2º La cheminée entièrement construite en maçonnerie aura au moins 25 mètres de hauteur;

3º Les eaux acides provenant du lavage du noir ne pourront s'écouler sur la voie publique, ni dans les cours d'eau qu'après avoir été complètement neutralisées par la chaux vive et éclaircies par le dépôt des matières tenues en suspension; à cet effet les eaux de lavage passeront par une série de trois bassins successifs, construits en maçonnerie et communiquant entre eux par des déversoirs de superficie, dont la crête sera horizontale;

4º Chacun de ces bassins sera curé et présentera 3 mètres de côté sur 1 m. 50 c. de profondeur;

5º Le curage à vif fond devra avoir lieu aussitôt que les dépôts auront atteint une hauteur de 0.60 centimètres.

Noir de fumée (Fabrication du) par la distillation de la houille, des goudrons, bitumes, etc.

2ᵉ classe. { 14 janvier 1815.
{ Décret du 31 décembre 1866.

Inconvénients. — Fumée et odeur.

La fabrication du noir de fumée ayant lieu d'habitude dans les chambres garnies de toiles sur lesquelles vient se déposer la suie des bois résineux et des goudrons qu'on y brûle, il est prudent de les isoler de toute autre construction, soit par une muraille, soit par l'éloignement.

Il serait convenable que l'on pût faire arriver au besoin un jet de vapeur dans cette chambre, si les dispositions le permettaient, et d'y avoir toujours en dépôt quelques mètres cubes de sable, afin de pouvoir réprimer tout commencement d'incendie.

Noir d'ivoire et noir animal (Distillation des os ou fabrication du) lorsqu'on n'y brûle pas le gaz.

1ʳᵉ classe. { 14 janvier 1815.
{ Décret du 31 décembre 1866.

Inconvénient. — Odeur très désagréable de matières animales brûlées, portée à une grande distance.

L'application du noir animal à la clarification des jus de betteraves et au raffinage du sucre a donné lieu à une extension considérable des usines qui le fabriquent, au grand détriment de la salubrité publique.

PRESCRIPTIONS : Les inconvénients attribués à ces fabriques peuvent être atténués par l'éloignement, par l'injonction de ne recevoir dans les fabriques que des os secs ou parfaitement débarrassés de leurs parties molles et charnues ; de calciner immédiatement les os frais ; l'interdiction de toute opération d'équarrissage, l'obligation de distribuer les os en tas d'un mètre cube au plus, séparés par un mètre d'intervalle, de faire passer les produits gazeux des fourneaux de calcination par un foyer fumivore constamment en ignition, d'élever de 25 à 30 mètres la cheminée qui les porte dans l'atmosphère. Suivant les dispositions locales, l'usine doit quelquefois être entourée d'un mur de 3 mètres de hauteur.

La révivification sans addition d'os neufs n'a guère d'inconvénients que ceux qui résultent des eaux de lavage du noir, eaux qu'il ne faut laisser écouler qu'après dépôt, comme il est dit aux eaux insalubres et à l'article sucreries ; et, en aucun cas, les eaux ne doivent se répandre sur la voie publique, mais être absorbées par un puits ou écoulées par un aqueduc jusqu'à l'égout, si elles ne sont pas exportées en vases clos pour être répandues dans les champs.

Dans le cas où ces eaux se rendent dans un courant utilisé, l'industriel peut être astreint à neutraliser par la chaux les acides qu'elles contiennent, avant leur écoulement.

Le noir animal proprement dit ou résidu des distilleries plus ou moins mélangé de matières inertes ou d'autres matières azotées destinées à l'agriculture s'emploie presque toujours au fur et à mesure de sa production. Les dépôts qui en seraient faits exigeraient les mêmes dispositions que tous les *débris d'animaux*. (Voir ce mot. Voir aussi, *équarrissage*, *engrais*.) Le noir animal ne se fabrique guère que pour les sucreries.

Noir d'ivoire et noir animal (Distillation des os ou fabrication du) lorsque les gaz sont brûlés.

3° classe. — Décret du 31 décembre 1866.

Inconvénient. — Odeur.

PRESCRIPTIONS : En Angleterre et dans quelques usines en France, on traite le gaz provenant de la calcination des os comme celui de l'éclairage, c'est-à-dire qu'on le recueille à part et qu'on le soumet à une épuration convenable, dans des chaudières pleines d'eau dans lesquelles se condensent l'ammoniaque et les produits empyreumatiques ; puis on le fait servir à l'éclairage des ateliers, ou bien on le dirige sous les grilles des fours.

Les autres conditions restent les mêmes dans leur application.

Noir minéral (Fabrication du) par le broyage des résidus de la distillation des schistes bitumeux.

2ᵉ classe. — 31 mai 1833.
3ᵉ classe. — Décret du 31 décembre 1866.

Inconvénients. — Odeur et poussière.

PRESCRIPTIONS : L'atelier de la distillation dont le noir minéral est le résidu, doit être fermé du côté de la voie publique et des voisins ; les appareils doivent être posés sous le manteau bien large d'une cheminée s'élevant à cinq mètres au moins au-dessus des toits du voisinage, et en tous cas à vingt mètres au-dessus du sol.

Oignons (Dessiccation des) dans les villes.

2ᶜ classe. — Décret du 31 décembre 1866.

Inconvénient. — Odeur.

PRESCRIPTIONS ; 1° Isoler les ateliers des habitations voisines ;

2° Ventiler parfaitement l'atelier de dessiccation au moyen d'une cheminée d'appel s'élevant à deux mètres au moins au-dessus des toits voisins, compris dans un rayon de 50 mètres, et de carneaux percés à la partie inférieure des murs.

Olives (Confiserie des).

3ᵉ classe. — Décret du 31 décembre 1866.

Inconvénient. — Altération des eaux.

PRESCRIPTIONS : Ne laisser jamais s'écouler sur la voie publique les eaux provenant de la fabrique, les conduire par un aqueduc souterrain à l'égout le plus voisin, et, à défaut d'égout, les épurer par des moyens convenables avant de les évacuer dans les fossés ;

Faire des lavages fréquents dans les magasins, afin de les avoir constamment en état de propreté et de prévenir le développement des odeurs et l'altération des fruits.

Olives (Tourteaux d'). Voir **Tourteaux**.

Orseille (Fabrication de l') en vases ouverts.

1re classe. — Décret du 31 décembre 1866.

2e classe { 14 janvier 1815.
16 mai 1849.

Inconvénients. — Odeur et danger d'incendie.

PRESCRIPTIONS : Cette fabrication dans laquelle on employait autrefois l'urine, pour y faire macérer dans des bacs en bois les lichens après les avoir écrasés sous une meule en pierre, a été avantageusement modifiée au point de vue de l'hygiène, par la substitution de l'ammoniaque à l'urine, substitution qui donne à l'orseille la belle couleur pourpre qui la fait rechercher pour la teinture.

L'odeur toute ammoniacale qui existe dans ce procédé est peu expansive ; elle est surtout désagréable pour l'ouvrier qui la supporte ; pour y parer autant que possible, il convient de mettre la partie supérieure de l'atelier en communication avec une cheminée d'appel, on y ajoutera l'obligation de faire le triage de l'orseille moulue, au moyen d'un crible ou blutoir fermé, propre à éviter que l'ouvrier soit incommodé par la poussière ;

L'atelier sera dallé ou bitumé ;

Le liquide ayant servi à la macération sera transporté au dehors dans des tonneaux hermétiquement fermés.

Orseille (Fabrication de l') en vases clos et employant de l'ammoniaque à l'exclusion de l'urine.

3° classe. — Décret du 31 décembre 1866.

Inconvénient. — Odeur.

PRESCRIPTIONS : Opérer toujours en vases clos et sous une hotte qui porte toutes les vapeurs et buées des cuves dans la cheminée du foyer, qui dépassera de deux mètres, au moins, les toits voisins les plus élevés ;

Aérer énergiquement l'atelier ;

Ne jamais ajouter d'acide arsénieux dans les cuves ;

Daller ou bitumer le sol de l'atelier ;

Faire écouler les eaux autres que celles ayant servi à la macération, dans l'égout le plus voisin ; quant à ces dernières, elles seront transportées au dehors dans des tonneaux hermétiquement fermés.

Os (Torréfaction des) pour engrais lorsque les gaz sont brûlés.

3° classe. — Décret du 31 décembre 1866.

Inconvénients. — Odeur et danger d'incendie.

PRESCRIPTIONS : Les usines doivent être éloignées des agglomérations ; les gaz résultant de la calcination doivent arriver sous le foyer destiné à les brûler, dans un grand état de division, et la cheminée doit avoir une grande hauteur, 30 mètres au moins.

Os (Torréfaction des) pour engrais lorsque les gaz ne sont pas brûlés.

1re classe. — Décret du 31 décembre 1866.

Inconvénients. — Odeur et danger d'incendie.

PRESCRIPTIONS : Les usines de cette catégorie doivent être éloignées des habitations ; les gaz doivent être dirigés dans une cheminée de 30 mètres de hauteur, qui les disséminera dans l'atmosphère.

Os d'animaux (Calcination des).

1re classe. — Décret du 31 décembre 1866.

Voir **Carbonisation des matières animales**.

Os frais (Dépôts d') en grand.

1re classe. { 9 février 1825.
{ Décret du 31 décembre 1866.

Inconvénients. — Odeur, émanations nuisibles.

PRESCRIPTIONS : Ces établissements ne pourront être créés près des agglomérations d'habitations ;

Le magasin servant de dépôt sera ventilé au moyen d'une cheminée d'appel, des aspersions d'eau chlorurée auront lieu fréquemment, pour détruire les odeurs putrides qui se dégagent facilement des débris d'animaux emmagasinés.

Os secs en grand (Dépôts d').

3e classe — Décret du 31 janvier 1874.

Inconvénient, — Odeur.

PRESCRIPTIONS : Les dépôts qui se multiplient dans les grandes villes sont très incommodes pour le voisinage, quand ils sont mal tenus.

On exige généralement que le local soit sec, fermé sur la voie publique et seulement ouvert sur les cours ;

Que la partie supérieure de la pièce soit mise en communication avec une cheminée s'élevant au-dessus des toits ;

Qu'il ne soit reçu que des os secs dits os de cuisine, et en aucun cas, des os d'équarrissage, de tannerie ou mélangés à d'autres débris d'animaux putrescibles ;

Qu'il soit fait dans ces magasins, des lotions chlorurées pendant l'été ;

Qu'on ne laisse séjourner sur la voie publique aucune matière donnant de la mauvaise odeur ;

Que la quantité accumulée ne dépasse pas certaines limites : 200 à 1,000 kilogr. au plus.

Ouates (Fabrication des).

3ᵉ classe. — Décret du 31 décembre 1866.

Inconvénients. — Poussière et danger d'incendie.

Les nombreux incendies qui se sont déclarés en peu de temps dans les fabriques de ouate, ayant vivement inquiété les populations et surtout les voisins de ces usines, l'administration supérieure, sur la demande du Conseil central de salubrité du Nord, proposa au Ministre de l'Agriculture et du Commerce, de ranger ces établissements, dans la 2ᵉ classe, par assimilation aux dépôts de matières inflammables et aux filatures de coton. Le décret du 31 décembre 1866 les a rangés dans la 3ᵉ classe.

PRESCRIPTIONS : 1° Aérer convenablement les ateliers et y pratiquer une cheminée d'appel ;

2° Sécher la ouate à l'aide de l'eau chaude ou de la vapeur d'eau passant dans les tuyaux métalliques ;

3° Placer les foyers en dehors des ateliers ;

4° Éclairer les ateliers au moyen de lampes à cheminée de verre et placées au dehors des châssis dormants; Le soir, ne circuler dans les ateliers qu'avec des lampes de sûreté à double toile métallique ;

5° Enlever comme engrais les résidus de colle au fur et à mesure de leur production ;

6° Ne faire écouler les eaux industrielles dans les cours d'eau ou sur la voie publique qu'a l'état neutre ou légèrement alcalin. Pour cela, des bassins d'une capacité de dix mètres cubes seront disposés, de manière à permettre la précipitation des matières en suspension et la filtration des liquides à travers une couche très épaisse de tannée ;

7° Paver les ateliers en pierres dures rejointoyées au

ciment hydraulique, recouvrir d'une couche de mortier toutes les pièces de bois apparentes des plafonds et parois.

Papiers (Fabrication de).

2e classe. — 14 janvier 1815.
3e classe. — Décret du 31 décembre 1866.

Inconvénients. — Poussière et danger d'incendie.

PRESCRIPTIONS : Les séchoirs doivent être incombustibles s'ils ne sont pas chauffés à la vapeur ;

Les eaux de lavage des chiffons seront traitées par la chaux. Pour cela, on introduira dans un bac de bois d'une capacité de 15 à 20 mètres cubes, 2 kilogrammes de chaux vive par mètre cube d'eau, on agitera vivement pendant quelques minutes, puis on fera écouler par un déversoir de superficie, ces eaux qui se rendront dans de vastes bassins en maçonnerie étanche de 1 mètre 50 de profondeur sur 600 mètres de superficie, divisés en deux compartiments égaux destinés à fonctionner alternativement en raison des nécessités du curage. Après dépôt suffisant, elles pourront s'écouler soit dans des fossés, soit dans des cours d'eau et seront sans effet sur la salubrité publique ;

Le but de cette opération est de former un composé insoluble entre la chaux et la matière colorante, ainsi qu'avec les matières organiques dans un grand état de division ou dissoutes et de faciliter la précipitation de ces matières insolubles par la suppression de toute agitation du liquide contenu dans les bassins, dont le curage aura lieu fréquemment ;

Les chlorures de manganèse, résidus de la fabrication du chlore, s'écouleront dans les bassins avec l'eau des piles et seront neutralisés et décomposés par la chaux ;

La fabrication des papiers est dans quelques usines l'occasion de l'emploi des matières vénéneuses, et dans ce cas les industriels doivent se conformer aux règlements sur l'emploi et la distribution des matières toxiques ;

Une fraude consiste à introduire du sulfate de plomb dans la pâte pour en augmenter le poids. Il y a danger pour les ouvriers, danger pour les consommateurs qui en feraient usage pour envelopper des substances alimentaires. Il y a dol pour l'acheteur. Cet usage devrait être proscrit.

Pâte à papier (Préparation de la) au moyen de la paille et autres matières combustibles.

3e classe. — Décret du 31 décembre 1866.

Inconvénient — Altération des eaux.

PRESCRIPTIONS : Paver l'atelier en pierres dures rejointoyées à la cendrée hydraulique avec pentes convenables, pour que toutes les eaux aboutissent à un aqueduc, dont l'intérieur sera cimenté jusqu'à la sortie de l'usine ;

La paille cuite avant le rinçage sera privée de la plus grande quantité de dissolution alcaline au moyen de cylindres ou de presses hydrauliques ;

Les eaux de rinçage claires et dépouillées de matières organiques et inorganiques s'écouleront au dehors de la fabrique et ne pourront, dans aucun cas, être déversées dans un puits absorbant quelconque ;

Les résidus de l'épuisement du chlorure de chaux seront recueillis dans une citerne pour être emportés hors de l'usine ;

Des cheminées d'appel seront ménagées dans la toiture de l'atelier, afin de porter les buées dans l'air extérieur.

Parchemineries.

2e classe. { 14 janvier 1815.
Décret du 31 décembre 1866.

Inconvénient — Odeur.

Prescriptions : L'atelier sera pavé en pierres dures avec pente vers un réservoir étanche ;

Les liquides ne pourront être versés sur la voie publique, mais conduits à l'égout ou exportés pour engrais ;

Les déchets et résidus solides ne pourront être brûlés ;

Aucune matière animale en décomposition ne pourra être conservée dans l'usine.

Peaux (Planage et séchage des).

3ᵉ classe. — Décret du 31 janvier 1872.

Inconvénient. — Odeur.

Prescriptions : Les déchets produits par le planage des peaux ne pourront être déposés sur la voie publique, ils seront exportés au dehors dans des vases hermétiquement fermés.

Les eaux de lavage seront traitées par la chaux et décantées avant d'être envoyées à l'égout ou dans les cours d'eau.

Peaux de lièvre et de lapin.

1ʳᵉ classe. { 20 septembre 1828.
Décret du 31 décembre 1866.

Voir **Secrétage**.

Peaux de mouton (Séchage des).

3ᵉ classe. — Décret du 31 décembre 1866

Inconvénients. — Odeur et poussière.

Prescriptions : Cette industrie comporte deux opérations principales : le dégraissage des peaux et le battage. Ce dernier produisant une assez grande quantité de poussière, on devra fermer les ouvertures des ateliers pendant le travail, afin que la poussière ne puisse s'échapper au dehors et gêner les voisins ;

On entretiendra une bonne ventilation au moyen d'une cheminée d'appel s'élevant du plafond au-dessus du faîte du bâtiment et de carneaux placés à la partie inférieure des murs latéraux.

S'il doit exister des soufroirs, ils seront construits conformément aux règlements.

Peaux fraîches.

2ᵉ classe. { 15 janvier 1815.
27 janvier 1837.
Décret du 31 décembre 1866.

Voir **Cuirs verts**.

Peaux, Étoffes et Déchets de laine (Dégraissage des) par les huiles de pétrole et autres hydrocarbures.

1ʳᵉ classe. — Décret du 7 mai 1878

Inconvénients. — Odeur et danger d'incendie.

PRESCRIPTIONS : Traiter les peaux, les étoffes, les déchets de laine par les hydrocarbures en vases clos ;

Séparer le liquide après expression ; introduire dans la chaudière d'un appareil à distillation et séparer par volatilisation et condensation des vapeurs les hydrocarbures, les corps gras restant dans la chaudière, les appareils établis à l'air libre sous des hangars.

Peaux (Lustrage et apprêtage des).

3ᵉ classe. — Décret du 7 mai 1878.

Inconvénients. — Odeur et poussière.

PRESCRIPTIONS : Établir à la partie supérieure de l'atelier une cheminée d'appel, s'élevant à 3 mètres au-dessus des toits voisins;

Percer des ouvertures à la partie inférieure des murs pour activer la ventilation.

Perchlorure de fer par dissolution de peroxyde de fer (Fabrication du).

3ᵉ classe. — Décret du 31 décembre 1866.

Inconvénient. — Émanations nuisibles.

Les vapeurs acides doivent être condensées complètement, afin qu'elles ne s'échappent pas au-dehors des ateliers de fabrication.

Pétrole (Transport du) par bateau, sur les voies navigables du Nord. — Précautions à prendre.

Arrêté de M. le Préfet du 2 janvier 1873.

Voir **Huile de pétrole.**

Pétrole (Huile de pétrole). Voir **Huile de pétrole.**

Phosphore (Fabriques de).

2e classe. — 5 novembre 1826.
1re classe. — Décret du 31 décembre 1866.

Inconvénient. — Danger d'incendie.

Le mélange de l'acide sulfurique avec la poudre d'os et le charbon doit se faire sous le manteau d'une cheminée élevée de 20 à 25 mètres.

L'atelier doit être parfaitement aéré.

L'aspiration dans les tubes de verre ne devrait se faire qu'à l'aide d'un siphon contenant de l'eau chaude alcoolisée dans une ampoule que traverseraient les vapeurs de phosphore et qui serait souvent renouvelée.

La conservation du phosphore dans des vases en fer pleins d'eau et emmagasinés en lieu sec préviendra les incendies

Phosphates de chaux (Ateliers pour l'extraction et le lavage des).

3e classe. — Décret du 7 mai 1878.

Inconvénient. — Altération des eaux.

PRESCRIPTIONS : Le phosphate de chaux est extrait des coprolithes et des modules des Ardennes, des minéraux de l'estramadure ; ces corps minéraux sont écrasés sous des meules verticales ou horizontales baignant dans l'eau ; un courant de ce liquide entraîne constamment la poudre la plus fine qui va ensuite se déverser dans des bassins construits en maçonnerie, d'où on la retire pour la soumettre à la dessiccation.

Les eaux ne peuvent sortir des bassins que parfaitement claires.

Pileries mécaniques des drogues.

2ᵉ classe. — Décret du 31 décembre 1866.

Inconvénients. — Bruit et poussière.

Les ateliers doivent être fermés de toutes parts, éclairés au moyen de châssis à verres dormants et assez distants des habitations pour que le bruit et l'ébranlement causés par les chocs des pilons ne puissent être perçus.

Pipes à fumer (Fabrication des) avec fours non fumivores.

2ᵉ classe. — Décret du 31 décembre 1866.

Inconvénient. — Fumée.

PRESCRIPTIONS : Une certaine hauteur à la cheminée du four et l'éloignement des magasins de bois à brûler paraissent suffire à toutes les indications. Néanmoins on fera bien de surmonter d'une cheminée d'appel l'atelier où l'on broie le silex, afin d'y entretenir une bonne ventilation.

Pipes à fumer (Fabrication des) avec fours fumivores.

3ᵉ classe. — Décret du 31 décembre 1866.

Inconvénient. — Fumée accidentelle.

PRESCRIPTIONS. 1° Faire passer la fumée et les gaz provenant du four à cuire les pipes, sur un foyer tenu constamment en ignition afin de les brûler ;

2° Surmonter d'une cheminée d'appel l'atelier servant à broyer le silex, afin d'y entretenir une bonne ventilation.

Plantes marines.

1re classe. { 27 mars 1838.
Décret du 31 décembre 1866.

Voir **Combustion** des plantes marines.

Plâtre (Fours à) permanents.

2° classe, { 29 juillet 1818.
Décret du 31 décembre 1866.

Inconvénients. — Fumée et poussière.

PRESCRIPTIONS : Donner à la cheminée des fours une hauteur de 5 mètres au moins au-dessus des bâtiments compris dans un rayon de 50 mètres ; isoler le four et la cheminée des murs mitoyens, opérer le brisement du plâtre dans des ateliers fermés et ventilés à l'aide d'une haute cheminée d'appel et d'ouvreaux à la partie inférieure des murs.

On garantira les yeux des ouvriers au moyen de lunettes à verres bleus avec une coque s'adaptant parfaitement aux orbites.

Plâtre (Fours à) ne travaillant pas plus d'un mois par an.

3° classe. — Décret du 31 décembre 1866.

Inconvénients. — Fumée et poussière.

PRESCRIPTIONS. — Donner à la cheminée du four une hauteur de cinq mètres au-dessus des bâtiments compris dans un rayon de cinquante mètres ; isoler ledit four et la cheminée des murs mitoyens, opérer la pulvérisation du plâtre dans des ateliers fermés et ventilés à l'aide d'une cheminée d'appel et de carneaux pratiqués à la partie inférieure des murs ;

On garantira les yeux des ouvriers contre l'action de la

poussière au moyen de lunettes bleues, aux verres desquelles on adaptera une coque en caoutchouc s'adoptant parfaitement aux orbites.

Plomb (Fonte et laminage du).

3ᵉ classe. — Décret du 31 décembre 1866.

Voir **Fonte**, etc.

Poêliers fournalistes, poêles et fourneaux en faïence et terre cuite.

2ᵉ classe. — 14 janvier 1815.
2ᵉ classe. — Décret du 31 Décembre 1866.

Voir **Faïence**.

Poils de lièvre et de lapin.

2ᵉ classe. { 29 septembre 1828.
{ Décret du 31 décembre 1866.

Voir **Secrétage**.

Poissons salés (Dépôts de).

2ᵉ classe. { 14 janvier 1815,
{ Décret du 31 décembre 1866.

Inconvénient. — *Odeur incommode.*

PRESCRIPTIONS : La quantité des marchandises en dépôt peut quelquefois être limitée ;

Des contre-murs peuvent être exigés contre les murs mitoyens avec défense de rien appuyer sur ces murailles ;

Daller et cimenter le lieu de dépôt, le fermer régulièrement du côté de la voie publique et des voisins, ne l'ouvrir que dans l'intérieur de la maison ou de la cour, le surmonter d'une cheminée d'aérage s'élevant au-dessus des toits, ne laisser écouler aucuns liquides sur la voie, les porter chaque jour à l'égout ; tenir le local en grande propreté.

Pompes à bière.

Circulaire de M. le Préfet du Nord à MM. les Sous-Préfets, Maires et Commissaires de police du département.

Lille, le 22 février 1881.

Messieurs, j'ai l'honneur de vous transmettre ci-après une circulaire de M. le Ministre de l'Agriculture et du Commerce, indiquant dans quelles conditions doivent être installées, pour ne présenter aucun danger pour la santé publique, les pompes à pression servant au débit de la bière.

Je vous prie de vouloir bien veiller à ce que les instructions de M. le Ministre soient portées à la connaissance de tous les débitants.

Agréez, Messieurs, l'assurance de ma considération la plus distinguée.

Le Préfet du Nord,
Paul Cambon.

MINISTÈRE DE L'AGRICULTURE ET DU COMMERCE.

Paris, le 22 février 1881.

Monsieur le Préfet, l'emploi des appareils à pression, qui servent aujourd'hui d'une manière presque générale au débit de la bière, peut présenter pour la santé publique des dangers qui sont de nature à appeler l'attention d'une administration vigilante. Les inconvénients inhérents à ces sortes d'appareils ont donné lieu dans divers pays étrangers à des enquêtes approfondies, à la suite desquelles il a été reconnu indispensable d'en réglementer l'emploi.

Le Comité consultatif d'hygiène publique de France, que j'ai appelé à examiner la question, vient de me présenter un rapport dont j'ai adopté les conclusions, et dans lequel il indique les mesures suivantes comme indispensables pour assurer la complète innocuité des pompes à bière :

1° Les tuyaux adducteurs de la bière doivent être soit en verre, soit en étain fin, à l'exclusion absolue de tout autre métal altérable, et notamment du plomb, dont l'emploi est dangereux ;

2° L'air emmagasiné dans le réservoir de l'appareil, pour servir à la pression, arrivant au robinet de distribution intimement mélangé avec la bière, il faut s'abstenir de toute prise d'air pour ce réservoir, dans les lieux clos habités, soit dans les caves où il n'a pas toute la pureté désirable. Cet air doit être emprunté à l'atmosphère, soit sur la voie publique, soit dans des cours spacieuses ;

3° Il est indispensable d'adapter, à la partie inférieure du récipient d'air, un robinet, ou même un trou d'homme, pouvant permettre une visite intérieure complète des appareils qui sont très sujets à s'incruster, et où il se forme promptement, aux dépens de la levure entraînée par la bière, des dépôts qui entrent en décomposition ;

4° Au point de vue de la sûreté, le récipient doit être muni d'une soupape ou d'un manomètre, pour y limiter la pression ;

5° En ce qui concerne l'entretien des appareils de pression pour le débit de la bière, il est établi qu'on ne saurait les laisser fonctionner, sans de graves inconvénients, que sous la condition expresse d'un nettoyage périodique et fréquent, s'appliquant non seulement aux tuyaux adducteurs de la bière, mais encore aux récipients d'air, et d'une manière plus générale, à toutes les parties des appareils susceptibles de s'encrasser.

Le meilleur moyen de nettoyage consiste dans l'emploi de la vapeur d'eau à haute pression.

Je vous prie, Monsieur le Préfet, de donner aux instructions sanitaires qui précèdent la plus large publicité possible, et de les porter spécialement à la connaissance des débitants, cafetiers, limonadiers, etc., de votre département.

Vous aurez à appeler leur attention sur les inconvénients graves auxquels ils s'exposeraient, en ne tenant pas un compte scrupuleux de ces recommandations. Vous leur rappellerez que non seulement ils sont civilement responsables des accidents que peut causer la bière qu'ils auraient débitée dans les conditions défectueuses, mais qu'ils peuvent encore être poursuivis correctionnellement, conformément aux dispositions des lois des 27 mars 1851 et du 5 mai 1855, pour vente de boissons corrompues.

Recevez, Monsieur le Préfet, l'assurance de ma considération très distinguée.

Le Ministre de l'Agriculture et du Commerce,
P. TIRARD.

Porcelaine (Fabrication de la) avec fours non fumivores.

2º classe { 14 janvier 1815. Décret du 31 décembre 1866.

Inconvénient. — Fumée.

PRESCRIPTIONS : Isoler le four et la cheminée des murs mitoyens.

Élever la cheminée à une hauteur proportionnée aux intérêts du voisinage,

Éloigner des fours et cheminée les magasins de combustibles.

Porcelaine (Fabrication de la) avec fours fumivores.

3º classe. — Décret du 31 décembre 1866.

Inconvénient — Fumée accidentelle.

Voir l'article précédent.

Porcherie.
1ʳᵉ classe. — Décret du 31 décembre 1866.

Inconvénients. — Odeur, bruit,

PRESCRIPTIONS : Les éloigner des villes ; établir des cheminées d'appel dans le toit des étables à porcs ; paver les porcheries en pierres dures cimentées à la chaux hydraulique avec pente vers une citerne étanche, dont les matières ne seront enlevées qu'à l'aide d'une pompe munie d'un manchon en toile conduisant aux tonneaux hermétiquement fermés ensuite pour le transport.

Proscrire tout déversement de liquides provenant des étables sur la voie publique ou dans les fossés.

Tenir, par de fréquents lavages, les auges et les étables en parfait état de propreté.

N'avoir aucun dépôt de viandes et autres denrées alimentaires en état de fermentation putride.

Potasse (Fabrication de) par calcination des résidus de mélasse.

1re classe. — 19 février 1853.
2e classe. — Décret du 31 décembre 1866.

Inconvénients. — Fumée et odeur.

Cette industrie, rangée d'abord dans la 1re classe à cause des odeurs insupportables qu'elle produit, appartient maintenant à la 2e classe depuis le décret du 31 décembre 1866. Nonobstant ce déclassement, on devra cependant tenir éloignés du centre des agglomérations d'habitations, ces établissements à cause des odeurs qu'ils répandent, malgré les précautions prises par les industriels pour arriver à la combustion des gaz provenant de la calcination des vinasses.

PRESCRIPTIONS : 1° Les fourneaux de calcination seront garnis d'ouvreaux, afin d'éviter les explosions auxquelles peut donner lieu l'accumulation des matières et leur décomposition instantanée ;

2° Les vapeurs produites par l'évaporation des vinasses, ainsi que les autres gaz seront conduits dans une cheminée commune, construite entièrement en maçonnerie et ayant 30 mètres d'élévation au-dessus du sol ;

3° Les gaz provenant de la calcination seront dirigés sous le foyer des générateurs pour y être brûlés ou mis en communication avec un fourneau fumivore spécial, constamment maintenu à une très haute température avant de se rendre dans la grande cheminée de cuisine ;

4° Si l'évaporation et la calcination des vinasses se font d'après le procédé Porion et Wartel, les gaz provenant de la calcination ne seront pas brûlés ;

5° Les vinasses non utilisées ne pourront s'écouler hors de l'usine, et seront transportées sur les champs comme engrais dans des tonneaux hermétiquement fermés,

Potasse.
     2ᵉ classe. — 31 mai 1863.
     3ᵉ classe. — Décret du 31 décembre 1866.

Voir **Chromate de potasse**.

Poteries de terre (Fabrication de) avec fours non fumivores.
     2ᵉ classe. — 14 janvier 1815.
     3ᵉ classe. — Décret du 31 décembre 1866.

Inconvénient. — Fumée

Élever la cheminée des fours à 10 mètres environ au-dessus du sol ou 4 mètres au-dessus des toits voisins les plus élevés dans un rayon de 50 mètres au moins.

Éloigner du four le magasin de bois destiné à son alimentation.

A MM. les Sous - Préfets, Maires, Inspecteurs des Pharmacies et Commissaires de police du département.

<small>Interdiction des poteries vernissées à l'aide d'oxyde de plomb fondu ou incomplètement vitrifié.</small>

            Lille, le 28 juin 1878.

Messieurs, l'attention de l'Administration supérieure a été appelée sur les dangers que présente, pour la santé publique, l'usage des poteries vernissées à l'aide d'enduit à base d'oxyde de plomb.

Le Comité consultatif d'hygiène publique de France, saisi de la question, a reconnu qu'en effet, lorsque des poteries sont enduites d'une préparation à base d'oxyde de plomb fondu ou incomplètement vitrifié, il y a de sérieux dangers à en faire usage, attendu que, dans ces conditions, le plomb cédant aux acides faibles, rend toxique les substances alimentaires.

Par ce motif, et conformément à l'avis du Comité et aux instructions de M. le Ministre de l'Agriculture et du Commerce, j'ai pris l'arrêté ci-après, prononçant l'interdiction, dans toute l'étendue du département, de la fabrication et de la mise en vente des poteries dont il s'agit, tant françaises qu'étrangères.

Je vous prie, Messieurs, d'assurer la stricte exécution de cet arrêté.

Agréez, Messieurs, l'assurance de ma considération la plus distinguée.

Le Préfet du Nord,
Paul CAMBON.

Poudres et matières fulminantes (Fabrication de).

1re classe. { 25 juin 1823. 27 janvier 1837. Décret du 31 décembre 1866.

Inconvénients. — Dangers d'explosion et d'incendie.

Voir aussi **Fulminate de mercure**.

Les ateliers, séchoirs et magasins ne seront surmontés d'aucun étage. Ils devront être construits en matériaux incombustibles et ne recevoir d'éclairage artificiel que derrière des châssis à verres dormants, ou par des lanternes parfaitement fermées;

Le dépôt des matières premières sera distant de l'atelier;

Les magasins de produits fabriqués seront également séparés du lieu de fabrication;

Les foyers nécessaires aux préparations et au séchage s'ouvriront en dehors des locaux précités. Le séchage à l'aide de la vapeur offrira plus de garantie;

Si l'on fait usage de phosphore dans les préparations, les

déchets et balayures devront être enfouis et en aucun cas, jetés sur la voie publique.

Poudre de dynamite (Dépôts de). Voir **dynamite.**

Poudrette (Fabrication de) et autres engrais au moyen de matières animales.

1re classe. { Décret de 1810. 14 janvier 1815. Décret du 31 décembre 1866.

Inconvénients. — Odeur, altération des eaux.

PRESCRIPTIONS : Ces établissements diffèrent entre eux sous le rapport du degré d'incommodité, suivant le genre de matières que l'on emploie et les procédés de fabrication que l'on met en usage.

Les conditions à prescrire sont les suivantes :

Les ateliers de fabrication seront placés à de grandes distances des habitations et des voies de communication ;

Les manipulations se feront dans des bâtiments fermés mais aérés par des carneaux pratiqués à la partie inférieure des murs et une cheminée d'appel placée à la partie supérieure ;

L'engrais fabriqué sera recouvert d'une couche de terreau ou de tannée ;

Aucune eau sale ayant servi à laver la fabrique ou contenant des matières en fermentation ne pourra s'écouler sur la voie publique, elle sera reçue dans une citerne étanche pour être ultérieurement portée au-dehors dans des tonneaux parfaitement fermés.

Poudrette (Dépôts de). Voir **Engrais.**

Pouzzolane artificielle (Fours à).

3e classe. — Décret du 31 décembre 1866.

Inconvénient. — Fumée.

PRESCRIPTIONS : Construire les fours en briques, élever la cheminée à une hauteur variable suivant les localités. N'autoriser la création de nouveaux fours qu'à la condition d'opérer en vases clos.

Protochlorure d'étain ou sel d'étain (Fabrication du).

2º classe. — Décret du 31 décembre 1866.

Inconvénient. — Émanations nuisibles.

Dans l'un des procédés, la distillation de l'amalgame d'étain avec le calomel, le mercure peut être recueilli dans un tube en fer. D'après l'autre procédé, l'acide hydrochlorique peut être dissous dans l'eau. Dans ce cas, l'eau chlorurée sera transportée au-dehors dans des vases clos.

L'opération, dans l'un et l'autre cas, doit se faire sous une hotte portant les gaz à 15 mètres au moins au-dessus du sol.

Prussiate de potasse.

3º classe. — Décret du 31 décembre 1866.

Voir **Cyanure de potassium**.

Pulpes de pommes de terre.

3º classe. — Décret du 31 décembre 1866

Voir **Féculerie**.

Réfrigération (Appareils de) par l'acide sulfureux.

2º classe. — Décret du 7 mai 1878.

Inconvénient. — Émanations nuisibles.

PRESCRIPTIONS : Placer au-dessus de l'appareil une hotte communiquant avec la cheminée de l'usine ;

Dans le cas où on aurait à redouter un grand dégagement de gaz sulfureux, faire arriver ce gaz dans des touries contenant une dissolution alcaline.

Résines, galipots et arcansons (Travail en grand pour la fonte et l'épuration des).

1re classe. { 9 février 1825.
Décret du 31 décembre 1866.

Inconvénients. — Odeur, danger d'incendie.

PRESCRIPTIONS : Les établissements de 1re classe doivent être éloignés de 200 mètres au moins des agglomérations.

Les usines dont il s'agit étant dans ce cas, n'en doivent pas moins porter les fumées et les émanations qui s'échappent des chaudières, à une grande hauteur dans l'atmosphère. Pour cela la cheminée aura une hauteur de 25 mètres au moins ;

Les ateliers seront ventilés à l'aide de cheminées d'appel alimentées par des ouvreaux percés à la partie inférieure des murs ;

Les foyers et cendriers doivent s'ouvrir en dehors des ateliers de fonte ou de distillation ;

Les ateliers ainsi que les magasins doivent être incombustibles et n'être éclairés, la nuit, que par les lumières placées derrière des verres-dormants où à l'aide de lampes du sûreté ;

Les chaudières munies de couvercles métalliques à charnières pourront être closes en cas d'inflammation de leur contenu.

Rogues (Dépôts de salaisons liquides connues sous le nom de).

2e classe. { 5 novembre 1820.
Déeret du 31 décembre 1866.

Inconvénient. — Odeur.

Voir **Salaisons de poissons.**

Rouge de Prusse et d'Angleterre (Fabrique de).

1re classe. { 14 janvier 1815.
Décret du 31 décembre 1866.

Inconvénient. — Émanations nuisibles.

La fabrication du rouge de Prusse produit des exhalaisons désagréables et nuisibles à la végétation, lorsqu'on emploie le sulfate de fer (couperose verte) pour le produire.

PRESCRIPTIONS : Il peut être avantageux de recueillir l'acide anhydre qui se dégage dans l'opération, si non il doit être dissous dans des récipients contenant de l'eau ;

Les opérations doivent se pratiquer d'ailleurs sous le manteau d'une cheminée, dont l'élévation doit être portée à 30 mètres environ ;

Les gaz peuvent encore être amenés à la cheminée à travers un chenal contenant de la chaux humide ;

En tous cas, l'isolement des habitations est une condition indispensable.

Rouissage en grand du chanvre et du lin par leur séjour dans l'eau.

1re class. { 14 janvier 1815.
5 novembre 1826.
Décret du 31 décembre 1866.

Inconvénients. — Émanations nuisibles et altération des eaux.

PRESCRIPTIONS : Il serait à désirer que les procédés anciens de rouissage fussent heureusement remplacés par les moyens nouvellement mis en usage, mais encore incertains dans leurs résultats définitifs. Le rouissage en eau dormante et croupissante est celui qui a le plus d'inconvénients, on pourrait cependant exiger que les fossés fussent curés une fois chaque année. L'éloignement des habitations est le seul préservatif possible. Le rouissage au courant a moins d'inconvénients.

Néanmoins pour le rendre aussi peu incommode que possible :

1º Le rouissage se fera alternativement dans deux bassins n'ayant aucune communication ;

2º Les bassins seront munis d'un mur plein, élevé de 25 centimètres du fond du côté de l'écoulement des eaux, qui se fera par l'enlèvement des chevilles placées sur des madriers superposés sur le mur ;

3º Le rouissage terminé, les eaux des bassins seront traitées par un kilogramme de chaux par hectolitre de liquide. Après un repos de 24 à 48 heures, les eaux pourront s'écouler, si elles sont bien claires, par l'enlèvement successif des chevilles de haut en bas ; le dépôt sera enlevé et employé comme engrais ;

4º Le bassin ne pourra servir à une nouvelle opération qu'après un curage complet ;

5º Le fossé recevant les eaux des bassins sera fréquemment curé, pour que les résidus solides, qui pourraient s'y déposer soient toujours couverts d'une couche d'eau de 25 à 30 centimètres.

Le rouissage en prairie offre peu de dangers, mais il est moins avantageux pour le commerce.

Rouissage en grand du chanvre et du lin par l'action des acides, de l'eau chaude et de la vapeur.

2ᵉ classe. — **Décret du 31 décembre 1866.**

Inconvénients. — Émanations nuisibles et altération des eaux.

Des considérations de plus d'un genre doivent engager les industriels qui entreprennent ce mode de rouissage, à rechercher l'espace et l'éloignement des habitations, car il a aussi ses inconvénients qu'il faut chercher à éviter. Pendant l'opération, et surtout lorsque le lin est retiré des bacs, il se dégage des odeurs désagréables et insalubres du liquide dans lequel le lin a été plongé, si on n'a pas le soin de le traiter par de la chaux en excès, qui précipite les matières organiques et s'oppose à la fermentation putride des dépôts.

PRESCRIPTIONS : 1º Les ateliers contenant les cuves à fermentation, réclament une ventilation complète, ainsi que ceux ou s'opère le teillage. Les premiers doivent être munis d'un vaste tuyau d'appel opérant le tirage. Dans les seconds, le jeu des machines ne peut suffire non plus à chasser la poussière loin des ouvriers ; il faut ou un ventilateur ou un tuyau largement ouvert. Dans les uns ou les autres, aucune ouverture ne doit être pratiquée sur la voie publique ou du côté des voisins ;

2º L'éclairage de l'atelier ne doit s'effectuer qu'avec des lampes ou derrière des verres dormants ;

3º Les eaux de macération doivent être dirigées par des conduits souterrains vers des citernes étanches, pour servir d'engrais, ou être déversées dans les cours d'eau, après dépuration par la chaux ;

4º Les matières sédimenteuses qui se déposent dans les cuves, doivent être exportées comme engrais, et le fond et les parois de celles-ci frottés avec un balai de bois et de l'eau, puis badigeonnés avec un lait de chaux concentré ;

4º Pour la dépuration des eaux, on construira deux bassins en maçonnerie. Le 1er de ces bassins sera carré, aura 3 mètres de côté et 1 mètre 50 de profondeur ; il contiendra toujours une quantité de chaux vive, telle que la réaction de l'eau soit franchement alcaline, c'est-à-dire ramenant immédiatement au bleu un papier de Tournesol rougi par un acide. L'eau des routoirs y pénétrera par le fond et du côté opposé à la sortie ;

6º Ce premier bassin communiquant par un déversoir de superficie, avec un deuxième bassin carré, aussi de 5 mètres de côté et de 1 mètre 50 de profondeur, afin de s'opposer au passage des matières légères surnageantes, une forte planche de chêne, large de 30 centimètres sera placée de champ du côté de la sortie, à 30 centimètres du mur, s'étendra d'un bout à l'autre du bassin et plongera dans l'eau de 15 centimètres. L'eau purifiée ne pourra s'écouler au-dehors de ce bassin pour se rendre dans le fossé, que parfaitement claire et encore alcaline ;

7° La disposition du fossé sera telle que, le long de son parcours, aucun obstacle ne s'oppose au libre écoulement de l'eau ;

8° Le curage en sera opéré par l'industriel ou à ses frais aussi fréquemment que son état d'envasement l'exigera. Il en sera de même des bassins de dépôt.

Sabots (Ateliers à enfumer les) par la combustion de la corne ou d'autres matières animales, dans les villes.

1re classe. { 9 février 1825. Décret du 31 décembre 1866.

Inconvénients. — Odeur et fumée.

PRESCRIPTIONS : Ces ateliers, mieux placés dans l'isolement des campagnes où l'on se livre à cette fabrication, ne peuvent être admis près des agglomérations, qu'à l'aide de prescriptions sévèrement surveillées dans leur exécution.

Ainsi l'atelier voûté ou rendu incombustible doit être parfaitement clos de toutes faces, sauf quelques ouvreaux à la partie inférieure. La porte d'entrée doit en être double ou indirecte ;

Une cheminée, prenant naissance dans l'atelier et munie d'obturateurs mobiles pour diminuer le tirage, s'il est besoin, doit porter les fumées à une très grande hauteur ; et s'il est fait usage de cornes ou autres matières animales, comme le suppose le titre, les gaz et fumées qui en proviennent, doivent, au préalable, être amenés à un grand état de division, sous la grille d'un fourneau en ignition ou mieux encore, dissous dans une eau acidulée par l'acide chlorhydrique.

Salaison et préparations des viandes

3e classe. { 14 janvier 1815. / Décret du 31 décembre 1866.

Inconvénient. — Odeur.

PRESCRIPTIONS : 1° Placer au dessus des ateliers qui servent de fumoir, des cheminées d'appel dépassant, de 3 mètres au moins, les toits d'habitations comprises dans un rayon de 50 mètres ; fermer toutes les issues pendant toute la durée de l'opération ;

2° Recevoir les eaux de lavage et de cuisson dans une citerne étanche, pour être transportées sur les champs dans des tonneaux fermés.

Salaisons (Ateliers pour les) et le saurage des poissons.

2e classe. { 14 janvier 1815. / Décret du 31 décembre 1866.

Inconvénient. — Odeur.

PRESCRIPTIONS : 1° Les cours, hangars et magasins où seront déposés, même momentanément, le poisson et le sel dont il sera fait usage, ainsi que les tonneaux pleins et ceux qui auront servi, seront dallés en pierres dures posées sur ciment de cendrée, bien jointes jusqu'à parfaite dessiccation ;

2° Des pentes bien ménagées d'au moins deux centimètres par mètre, rejetteront les eaux de lavage vers le centre des ateliers et magasins, où seront situées des cuvettes hermétiques formant bouches d'égouts avec conduits souterrains. Ceux-ci, construits en maçonnerie et au mortier hydraulique, déverseront les saumures, les ressels et les eaux de lavage dans l'égout souterrain de la ville ;

3° Les murs mitoyens seront revêtus d'un contre-mur formé de dalles en pierres de Landrethun et fondé à quarante centimètres en dessous de l'aire du pavage avec lequel il fera corps et au-dessus duquel il sera élevé d'au moins un mètre cinquante centimètres. Ce contre-mur sera maçonné avec du ciment hydraulique, et la partie supérieure sera taillée au ciseau, de manière à ce qu'aucune salaison, aucuns débris de matières animales ne puissent être déposés dessus ;

4° L'impétrant ne fera aucun usage de vases de cuivre ou de zinc dans les différentes manipulations ;

5° Il devra justifier qu'il peut disposer, en tout temps, d'une assez grande quantité d'eau pour suffire au lavage des poissons et de l'atelier ;

6° Il nettoiera fréquemment des dépôts vaseux qui s'y formeraient, les cuvettes qu'il remplira ensuite d'eau pure ;

7° Il ne laissera séjourner sur la voie publique aucuns colis, pannier, tonne ayant servi aux opérations, ni aucuns débris de poissons. Ces débris, ainsi que la vase retirée des cuvettes, seront transportés dans des tonneaux hermétiquement fermés, sur le point désigné par l'autorité locale ;

8° Le pétionnaire fera construire, pour renfermer le sel, un magasin en maçonnerie, voûté en briques et n'ayant, comme l'atelier, qu'une seule ouverture. Les fenêtres de ce magasin seront garnies d'un treillis en fer, dont les mailles auront au plus cinq centimètres d'ouverture, il le fermera au moyen de deux clefs, dont l'une restera entre les mains de la douane ;

9° Il soumettra, à toute réquisition, son atelier et ses dépendances au libre exercice des préposés des douanes, sans l'assistance d'un officier municipal ;

10° Les opérations ne pourront commencer qu'après examen et constatation, par l'autorité locale et le service des douanes, de l'accomplissement des conditions qui précèdent.

Le Conseil central ayant signalé à l'administration, en 1856, le danger qui pouvait résulter pour la santé publique de l'usage de pelles et instruments en cuivre, dans les opérations du raffinage du sel et conseillé de les faire remplacer par des pelles en bois ou en fer, le 26 mars 1857, M. le Préfet étendant la mesure aux vases servant aux salaisons de poissons, prit l'arrêté suivant :

« Le Préfet du département du Nord, Grand-Officier de l'Ordre impérial de la Légion d'Honneur, Grand Officier de l'Ordre de Léopold de Belgique et Commandeur de l'Ordre de Charles III d'Espagne.

« Vu la loi des 16-24 août 1790 et celle du 22 juillet 1891 ;

» Vu les articles 319, 320, 471, § 15, 475, § 14 et 477 du Code pénal ;

« Vu la loi du 18 juillet 1837 ;

« Vu l'avis du Comité consultatif d'hygiène publique et les instructions de M. le Ministre de l'Agriculture, du Commerce et des Travaux publics ;

« Considérant que l'emploi, généralement usité, de bassines en cuivre pour la salaison des poissons, est une cause de danger pour la santé publique, en ce qu'il peut avoir pour effet de mettre ces denrées alimentaires en contact avec les sels toxiques produits par l'action du sel marin sur le cuivre ;

Arrête :

Art. 1ᵉʳ Il est interdit de se servir de vases en cuivre pour la salaison des poissons, dans l'étendue du département du Nord

Art. 2. Le présent arrêté recevra son exécution à partir

du 1ᵉʳ juillet 1859, et les contrevenants seront poursuivis conformément aux lois.

Lille, le 26 mars 1857.

Besson.

Salaisons (Dépôts de) dans les villes.

2ᵉ classe. — 14 janvier 1815.
3ᵉ classe. — Décret du 31 décembre 1866.

Inconvénient. — Odeur.

Prescriptions : Les dépôts de salaison ne doivent avoir aucune ouverture sur la voie publique ; ils seront munis d'une cheminée d'aérage partant de la partie supérieure du plafond et s'élevant à deux mètres au moins au dessus des toits voisins ;

Il doit être interdit de déposer aucune salaison ou tonneau ayant servi, contre les murs mitoyens ;

Si le dépôt est dans une cave, le sol de cette cave sera pavé en pierres dures rejointoyées à la cendrée hydraulique avec pente vers un raverdoir destiné à recevoir les eaux de lavage ; les eaux ne pourront être déversées sur la voie publique et seront transportées au dehors dans des tonneaux fermés. Les mêmes précautions seront prises pour les dépôts situés au rez de chaussée.

Sang. Ateliers pour la séparation de la fibrine, de l'albumine, etc.

1ʳᵉ classe. — Décret du 31 décembre 1866.

Inconvénient. — Odeur.

Prescriptions : La séparation devra se faire à l'abattoir et le caillot sera égouté aussitôt après qu'il sera recueilli. Le sérum sera transporté chaque jour dans des vases hermétiquement fermés au lieu désigné pour la dessiccation ;

Quant au caillot contenant la fibrine, il sera lavé à grande eau, après avoir été battu et agité dans tous les sens, pour séparer la matière colorante du sang et les autres principes enfermés dans ses fibres, puis enlevé dans des tonneaux fermant à charnières ;

Les ateliers dans lesquels se pratiqueront ces opérations, seront lavés chaque jour, et les eaux ayant servi au lavage seront reçues dans une citerne étanche.

Sang (Dépôt de) pour la fabrication du bleu de Prusse et autres industries.

1re classe. — Décret du 31 décembre 1866.

Inconvénient. — Odeur.

PRESCRIPTIONS : Les magasins destinés aux matières animales doivent être secs et surmontés d'une cheminée d'appel, afin d'éviter l'accumulation de mauvaises odeurs ;

Il ne peut être conservé aucune matière en décomposition ;

Le sang sera conservé, jusqu'à son emploi, dans des tonneaux fermés, lavés à l'eau chlorurée ;

On ne pourra se livrer à aucune manipulation sur le sang.

Sang (Fabrique de poudre de) pour la clarification des vins.

1re classe — Décret du 31 décembre 1866.

Inconvénient. — Odeur.

PRESCRIPTIONS : Le sang, préalablement coagulé à l'abattoir, sera transporté dans l'atelier de dessiccation dans des vases étanches, il sera immédiatement enfoui sous une couche de terre de 50 centimètres jusqu'à sa dessiccation ;

Le mélange du sang avec les matières désinfectantes et sa pulvérisation n'auront lieu qu'au fur et à mesure des demandes, de manière à n'avoir qu'une quantité minime de matières fabriquées dans les magasins.

Sardines (Fabriques de conserves de) dans les villes.

2e classe. } Décret du 19 février 1838.
Décret du 31 décembre 1866.

Inconvénient. — Odeur.

Voir pour les conditions **Ateliers pour la salaison des poissons**.

Saucissons (Fabrication en grand de).

3ᵉ classe. — Décret du 31 décembre 1866.

Inconvénient. — Odeur.

PRESCRIPTION : Pour éviter les odeurs, établir une cheminée d'appel partant de la voûte de l'atelier et s'élevant au-dessus des constructions voisines.

Saurage des harengs.

2ᵉ classe. — 14 janvier 1815.
3ᵉ classe. — Décret du 31 décembre 1866.

Voir **Harengs**.

Savonneries.

3ᵉ classe. { 14 janvier 1815.
Décret du 31 décembre 1866.

Inconvénient. — Odeur.

PRESCRIPTIONS : Toute précaution tendant à préserver le voisinage et la voie publique, soit des buées, soit des odeurs, remplira le but :

Ainsi, 1° l'atelier sera complètement clos et ne pourra avoir d'autre ouverture que la porte donnant dans une cour intérieure ; il sera pavé en pierres dures rejointoyées au ciment hydraulique ;

2° Chaque chaudière sera surmontée d'un large manteau, conduisant les vapeurs à une cheminée en maçonnerie, élevée de 3 mètres au-dessus du faîte des toits voisins compris dans un rayon de 50 mètres ;

3° Les résidus provenant des lessives seront, au fur et à mesure de leur production, transportés hors de l'usine.

Schistes bitumineux. Voir **Huiles de pétrole**, de schiste, etc.

Séchage des éponges.

2ᵉ classe. — 27 janvier 1837.
3ᵉ classe. — Décret du 31 décembre 1866.

Voir **Éponges**.

Sécheries des morues.

2ᵉ classe. { 27 janvier 1837.
Décret du 31 décembre 1866.

Voir **Morues**.

Secrétage des peaux ou poils de lièvre et lapin.

2ᵉ classe. { 20 septembre 1828.
Décret du 31 décembre 1866.

Inconvénient. — Odeur.

PRESCRIPTIONS : L'opération qui consiste à humecter les peaux à l'aide d'une brosse avec la dissolution de nitrate de mercure et d'arsenic, n'a d'inconvénient que pour les ouvriers auxquels il faut recommander les soins de propreté ;

Les odeurs désagréables ne peuvent naître que de la fermentation des matières, ce que l'industriel est intéressé à prévenir pour les marchandises, et il doit lui être prescrit de se débarrasser des eaux de trempe, avant toute putréfaction, sans jamais les jeter sur la voie publique ;

La poussière qui résulte du battage ou de l'arçonnage, peut être concentrée dans la propriété ou dirigée dans l'atmosphère, à l'aide d'une cheminée d'appel

Scieries mécaniques et établissements où l'on travaille le bois à l'aide de machines à vapeur ou à feu.

3ᵉ classe. — Décret du 26 février 1881.

Inconvénient. — Danger d'incendie.

PRESCRIPTIONS : Placer l'ouverture du fourneau et du cendrier au dehors de l'atelier ;

Tenir fermées les fenêtres qui donnent sur la voie publique.

Sel ammoniac extrait des eaux d'épuration du gaz (Fabrique spéciale de).

2ᵉ classe. — Décret du 31 décembre 1866.

Inconvénient. — Odeur.

PRESCRIPTIONS : La distillation des eaux ammoniacales provenant de l'épuration du gaz, devant s'opérer sans pertes dans l'intérêt du fabricant, celui ci devra faire exécuter cette opération sous une hotte qui portera les pertes accidentelles à 30 mètres au-dessus du sol, le carbonate d'ammoniaque se dissout d'ailleurs facilement dans l'acide sulfurique étendu ;

Les eaux de dissolution ne devront jamais s'écouler sur la voie publique ;

La sublimation du sel ammoniac aura lieu sans inconvénient.

Sel ammoniac et sulfate d'ammoniaque (Fabrication des) par l'emploi des matières animales.

1° Comme établissement principal.

1ʳᵉ classe. — Décret du 7 mai 1878.

2° Comme annexe d'un dépôt d'engrais provenant de vidanges ou de débris d'animaux, précédemment autorisé.

2ᵉ classe. — Décret du 7 mai 1878.

Inconvénients. — Odeur, émanations nuisibles.

PRESCRIPTIONS : Pour éviter le dégagement des odeurs :

1° On saturera, à l'aide de l'acide sulfurique, les eaux épurées, dans des vases clos (cornues) ou par tout autre moyen qui s'oppose au dégagement de l'hydrogène sulfuré ;

2° On fermera toutes les ouvertures donnant sur la voie publique ou les habitations voisines, on les remplacera par une cheminée d'appel de 30 mètres de hauteur, qui enlèvera toute vapeur et toute buée qui pourrait s'échapper lors de l'ouverture des cornues ;

3° On ne laissera jamais écouler d'eaux industrielles sur la voie publique, mais on les dirigera vers l'égout par un conduit souterrain.

Sel de soude (Fabrication du) avec du sulfate de soude.

3ᵉ classe. { 14 janvier 1815.
{ Décret du 31 décembre 1866.

Inconvénients. — Fumée, émanation nuisibles.

PRESCRIPTIONS : Les fours à évaporation doivent être en rapport avec une cheminée, s'élevant de quelques mètres au-dessus des toits voisins dans un rayon de 50 mètres ;

L'atelier doit être pavé en pierres dures rejointoyées au ciment hydraulique.

Sel d'étain.

5ᵉ classe. — Décret du 31 décembre 1866.

Voir **Protochlorure d'étain**.

Serrurerie (Atelier de).

Voir **Chaudronnerie**.

Sirops de fécule et glucose (Fabrication des).

2ᵉ classe. — 9 février 1825.
3ᵉ classe. — Décret du 31 décembre 1866.

Inconvénient. — Odeur.

PRESCRIPTIONS : 1° Les drêches et les dépôts provenant de la défécation, seront emportés à mesure de leur production ;

2° Les buées provenant de la concentration des sirops, seront conduites dans la cheminée de l'usine par une large hotte placée au-dessus de la chaudière ;

3° Les murs mitoyens, s'il en existe dans le voisinage de ladite chaudière, seront protégés contre l'humidité par des contre-murs ;

4° Les eaux de lavage de l'usine ne devront jamais s'écouler sur la voie publique ; elle gagneront l'égout voisin par un aqueduc muni à son orifice d'une grille serrée propre à retenir les particules organiques, qui seront enlevées et déposées sur des terres arables ;

5° Le lavage des noirs ne pourra avoir lieu dans l'établissement ;

6° La cheminée de l'usine devra s'élever à 5 mètres au-dessus du faîte des toits compris dans un rayon de 150 mètres.

Sinapismes (Fabrication de) à l'aide des hydrocarbures

1° Sans distillation.

2e classe. — Décret du 7 mai 1878.

Corrected: 2° Sans distillation.
2ᵉ classe. — Décret du 7 mai 1878.

2° Avec distillation.

1ʳᵉ classe. — Décret du 7 mai 1878.

Inconvénients. — Odeur et danger d'incendie.

PRESCRIPTIONS : On traitera la moutarde par les hydrocarbures de manière à séparer les matières grasses ;

On distillera la dissolution et on recueillera les hydrocarbures après les avoir séparés des huiles.

Soie.

2ᵉ classe. { 27 janvier 1837. / 27 mai 1838. / Décret du 31 décembre 1866

Voir **Chapeaux**.

Soie.

3º classe. — **Décret du 31 décembre 1866.**

Voir **Filature**.

Soies de porcs (Préparation des) par fermentation.

1ʳᵉ classe. { 27 mai 1838.
Décret du 31 décembre 1866.

Inconvénient. — Odeur.

PRESCRIPTION : On dallera en pierres dures cimentées à la chaux, avec pente vers une citerne étanche, les hangars ou ateliers où s'opèrera la fermentation ;

On exportera les eaux infectes à l'aide de vases clos :

On ne recevra dans l'usine aucun autre débris animal sans autorisation spéciale.

Soies de porcs (Préparation des) sans fermentation. Voir **Crins** et **Soies de porcs**.

Soude.

1ʳᵉ, 2ᵉ classe. — Décret du 31 décembre 1866.

Voir **Sulfate de soude**.

Soudes brutes de varech (Fabrication des) dans des établissements permanents.

1ʳᵉ classe. { 27 mai 1838.
31 décembre 1866.

Inconvénients. — Odeur et fumée.

La combustion du varech se faisant à l'air libre dans des fosses, ne peut être entourée de précautions bien efficaces contre les inconvénients qu'elle peut avoir sur la végétation. Des toiles ou paillassons posés suivant la direction des vents ne sont que des palliatifs.

PRESCRIPTIONS : 1º Éloigner ces établissements de 50 mètres des habitations ;

2° Ne permettre la mise des feux qu'après l'enlèvement des récoltes dans un rayon de 50 mètres au moins.

Soudes brutes (Dépôt de résidus provenant du lavage des).

1re classe. — Décret du 7 mai 1878.

Inconvénients. — Odeur, Émanations nuisibles.

PRESCRIPTIONS ; Les dépôts ne pourront se faire qu'à cent mètres au moins des cours d'eau et de leurs affluents ;

Des rigoles seront pratiquées à la circonférence du terrain destiné à recevoir les résidus. Les eaux pluviales qui s'y écouleront seront décomposées de manière à former un sel métallique insoluble.

Soufre (Fusion et distillation du).

1re classe. — 14 janvier 1815.

2e classe. { 9 janvier 1825. / 31 décembre 1866.

Inconvénients. — Émanations nuisibles, danger d'incendie.

PRESCRIPTIONS : On dirigera les gaz produits pendant la fusion et la distillation vers des appareils condenseurs.

Ces opérations se feront sous un manteau de cheminée s'élevant à 5 mètres au moins au-dessus des toits voisins dans un rayon de 50 mètres ;

On dissipera, par une bonne ventilation, les vapeurs qui s'échappent des appareils ;

On évitera de faire communiquer les creusets avec les foyers, ils seront obturés facultativement ;

On construira en matériaux incombustibles et on isolera complètement les chambres où s'opèreront la fonte et le raffinage du soufre ; on établira au sommet de ces chambres une cheminée destinée à porter très haut les vapeurs qui y resteraient après chaque opération.

Soufre (Pulvérisation et blutage du).

3° classe. — Décret du 31 décembre 1866.

Inconvénient. — Poussière, danger d'incendie.

Mêmes precriptions que pour la fusion et la distillation.

Substances alimentaires (Fabrication de boîtes de conserves de).

Arrêté de M. le Préfet en date du 10 mars 1879, portant qu'il est interdit aux fabricants de boîtes de conserves de pratiquer les soudures à l'intérieur des dites boîtes, et de se servir pour leur confection d'autres fer blanc que celui étamé à l'étain fin.

A MM. les Sous-Préfets, Maires, Inspecteurs de Pharmacie et Commissaires de police du département.

Salubrité. — Fabrication des boîtes de conserves alimentaires. — Interdiction et arrêté.

Lille, le 10 mars 1879.

Messieurs, l'attention de l'Administration supérieure a été appelée sur les dangers que présentent les soudures pratiquées à l'intérieur des boîtes destinées à renfermer les conserves alimentaires, ainsi que l'emploi, pour la confection desdites boîtes de fers-blancs autres que celui étamé à l'étain fin.

Le Comité Consultatif d'hygiène publique de France, saisi de la question, n'a pas hésité à reconnaître que le contact de substances alimentaires avec des soudures ou des surfaces recouvertes d'un alliage contenant du plomb, pouvait être la cause d'empoisonnements plus ou moins graves, et qu'il y a intérêt, pour la santé publique, à réglementer la fabrication des boîtes à conserves.

J'ai, en conséquence, conformément aux instructions de M. le Ministre de l'Agriculture et du Commerce, pris l'arrêté ci-après, auquel je vous prie de vouloir bien donner la plus grande publicité.

Agréez, Messieurs, l'assurance de ma considération la plus distinguée.

Le Préfet du Nord,

Paul Cambon.

Le Préfet du département du Nord, Chevalier de l'Ordre de la Légion d'Honneur,

Vu la loi des 16-24 août 1790 et celle du 22 juillet 1791 ;

Vu les articles 319, 320, 415, § 15, 475, § 14, et 477 du Code pénal ;

Vu la loi du 18 juillet 1837 ;

Vu la loi du 27 mars 1851 ;

Vu les instructions de M. le Ministre de l'Agriculture et du Commerce, en date du 4 mars 1879,

Arrête :

Article 1er. Il est interdit aux fabricants de boîtes de conserves alimentaires de pratiquer les soudures à l'intérieur des boîtes, et de se servir pour la confection desdites boîtes, d'autres fers-blancs que celui étamé à l'étain fin.

Art. 2. Les contrevenants seront poursuivis devant le tribunal compétent pour être punis conformément aux lois.

Art. 3. MM. les Maires, Inspecteurs des pharmacies et Commissaires de police du département sont chargés d'assurer l'exécution du présent arrêté.

Fait à Lille, le 10 mars 1879.

Le Préfet du Nord,

Paul Cambon.

Salubrité. — Coloration des substances alimentaires.

ARRÊTÉ

Concernant les liqueurs, sucreries, bonbons, dragées et pastillages coloriés, et l'emploi des papiers coloriés servant à envelopper des substances alimentaires.

Nous, Préfet du département du Nord, Officier de l'Ordre de la Légion-d'Honneur,

Considérant que de graves accidents sont résultés de l'emploi de substances vénéneuses pour colorier les liqueurs, sucreries, bonbons et pastillages ; que des accidents ont été également causés par des papiers coloriés avec des substances toxiques et servant à envelopper des substances alimentaires ;

Vu : 1° la loi des 16-24 août 1790 et celle du 22 juillet 1791 ;
2° Les articles 319, 320, 471 (§ 15), et 477 du Code pénal ;
3° La loi du 18 juillet 1837 ;
4° La loi du 27 mai 1851 ;
5° L'instruction ministérielle en date du 25 mai 1881,

Arrêtons ce qui suit :

Article 1er. Il est expressément défendu aux confiseurs, distillateurs, épiciers, et à tous marchands en général, d'employer pour colorier les bonbons, pastillages, dragées, liqueurs et substances alimentaires quelconques, aucune des couleurs ci-dessous désignées :

COULEURS MINÉRALES.

Composés de cuivre. — Cendres bleues, bleu de montagne.

Composés de plomb. — Massicot, minium, mine orange.

Oxychlorures de plomb. — Jaune de Cassel, jaune de Turner, Jaune de Paris.

Carbonate de plomb. — Blanc de plomb, céruse, blanc d'argent.

Antimoniate de plomb. — **Jaune de Naples.**
Sulfate de plomb.
Chromates de plomb. — Jaune de chrome, jaune de Cologne.
Chromate de baryte. — Outremer jaune.
Composés de l'arsenic. — Arsénite de cuivre, vert de Scheele, vert de Schweinfurt.
Sulfure de mercure — Vermillon.

COULEURS ORGANIQUES.

Gomme gutte. — Aconit Napel.
Fuchsine et dérivés immédiats, tels que bleu de Lyon. Éosines.
Matières colorantes renfermant au nombre de leurs éléments la vapeur nitreuse, tels que jaune de Naphtol, jaune Victoria.
Matières colorantes préparées à l'aide des composés diazoïques, telles que tropéolines, rouges de zylidine.
Il est également interdit d'employer, pour envelopper les substances alimentaires, des papiers coloriés à l'aide des couleurs précitées.

Art. 2. Les fabricants et marchands seront personnellement responsables des accidents qui pourraient résulter de l'usage de produits alimentaires coloriés avec des substances énoncées à l'article 1er du présent arrêté, ou de produits alimentaires enveloppés dans des papiers coloriés avec ces mêmes substances.

Art. 3. Il sera fait annuellement des visites chez les fabricants et détaillants à l'effet de constater si les dispositions prescrites par le présent arrêté sont observées.

Art. 4. Les contraventions seront poursuivies conformément à la loi devant les tribunaux compétents.

Art. 5. Le présent arrêté sera publié et affiché.

MM. les Maires, les Commissaires de police et les Inspecteurs des halles et marchés sont chargés de son exécution.

Lille, le 7 juin 1881.

Le Préfet du Nord,
PAUL CAMBON.

Substances vénéneuses (Application de l'ordonnance royale du 20 octobre 1846).

Circulaire de M. le Ministre de l'Agriculture et du Commerce, 18 mars 1881,

A MM. les Sous-Préfets et Maires du département.

Substances vénéneuses. — Exécution de l'ordonnance du 29 octobre 1846.

Lille, le 18 mars 1881.

Messieurs, j'ai l'honneur de vous transmettre ci-après une circulaire de M. le Ministre de l'Agriculture et du Commerce prescrivant de rappeler aux médecins et pharmaciens les dispositions de l'article 5 de l'ordonnance du 29 octobre 1846, relative à l'emploi de substances vénéneuses comme médicament.

Je vous prie de vouloir bien veiller à ce qu'un exemplaire de cette circulaire soit remis à tous les médecins et pharmaciens.

Agréez, Messieurs, l'assurance de ma considération la plus distinguée,

Le Préfet du Nord,
Paul CAMBON.

MINISTÈRE DE L'AGRICULTURE ET DU COMMERCE.

Paris, le 18 mars 1881.

Monsieur le Préfet, aux termes de l'ordonnance royale du 29 octobre 1846, article 5, l'ordonnance d'un médecin prescrivant l'emploi de substances vénéneuses doit être signée, datée et énoncer, en toutes lettres, la dose desdites substances, ainsi que le mode d'administration du médicament.

Cette disposition paraît avoir été perdue de vue, et la plupart des médecins se contenteraient aujourd'hui d'indiquer, seulement en chiffres, la quantité des substances vénéneuses qu'ils prescrivent. Les pharmaciens, de leur côté, exécuteraient ces ordonnances irrégulières, au risque de compromettre également leur responsabilité.

L'ordonnance de 1846, en imposant aux médecins l'obligation d'indiquer, en toutes lettres, la dose des substances vénéneuses entrant dans un médicament, a voulu prévenir les erreurs qui peuvent résulter du déplacement, par inadvertance, de la virgule dans l'indication en chiffres des fractions du gramme.

Il importe beaucoup à la sécurité publique que cette sage prescription ne tombe pas en désuétude, et que le médecin se conforme strictement aux obligations qui lui sont imposées.

Je vous prie, en conséquence, de vouloir bien rappeler aux médecins, qui exercent dans votre département, que toute ordonnance prescrivant l'emploi de substances vénéneuses doit en indiquer la dose en toutes lettres. Vous aurez également à rappeler aux pharmaciens qu'ils ne doivent jamais exécuter une prescription médicale formulée en chiffres, quand elle exige l'emploi de substances vénéneuses. Vous voudrez bien, en outre, avertir ces praticiens de l'un et l'autre ordre, que s'ils ne tenaient aucun compte de ce rappel aux règlements, ils s'exposeraient aux pénalités édictées par la loi du 29 juillet 1845.

Je vous serai obligé de m'accuser réception de la présente circulaire.

Recevez, Monsieur le Préfet, l'assurance de ma considération la plus distinguée.

Le Ministre de l'Agriculture et du Commerce,

P. TIRARD.

A MM. les Sous-Préfets et Maires du département.

Conserves alimentaires. — Interdiction de l'emploi des sels de cuivre.

Lille, le 11 juin 1881.

Messieurs, au moment où va commencer la préparation annuelle des conserves de fruits et de légumes, je crois devoir vous rappeler que l'emploi des vases et sels de cuivre pour le reverdissage des conserves alimentaires, est formellement interdit. Un arrêté à ce sujet a été inséré au Recueil des Actes administratifs de la Préfecture, année 1861, page 12,

Il importe d'autant plus que cette interdiction soit de nouveau portée à la connaissance des fabricants que, dans ces derniers temps, quelques opinions se sont produites en faveur de procédés de préparation à l'aide des sels de cuivre, procédés que le Comité consultatif d'hygiène publique de France, saisi de nouveau de la question, considère comme ne pouvant être autorisés, à raison des dangers qu'ils peuvent présenter pour la santé des consommateurs.

Le Comité a d'autant moins hésité à demander le maintien de l'interdiction absolue de l'emploi des sels de cuivre, pour le reverdissage des conserves, qu'il existe d'autres procédés inoffensifs, lesquels ne sont plus du domaine de la théorie, mais sont aujourd'hui employés pratiquement, et avec succès, dans plusieurs usines importantes.

Je vous prie de vouloir bien prévenir les fabricants et débitants de conserves qu'ils s'exposeraient à des poursuites, s'ils livraient à la consommation des denrées alimentaires reverdies au moyen de sels de cuivre.

Agréez, Messieurs, l'assurance de ma considération la plus distinguée.

Le Préfet du Nord,
Paul CAMBON.

A MM. les Sous-Préfets et Maires du département.

Substances vénéneuses. — Acide arsénieux destiné au traitement des animaux domestiques — Formule de dénaturation pour la vente.

Lille, le 8 mars 1875.

Messieurs, l'emploi de l'acide arsénieux, sous forme pulvérulente, pour la médication des animaux domestiques, s'est généralisé depuis un certain temps, et les vétérinaires prescrivent fréquemment l'acide arsénieux à l'état naturel.

Mais, aux termes de l'article 8 de l'ordonnance royale du 29 octobre 1846, les pharmaciens ne peuvent vendre, pour la médecine vétérinaire, l'arsenic et ses composés que combinés avec d'autres substances selon les formules arrêtées par le Conseil des professeurs de l'Ecole vétérinaire d'Alfort et approuvées par le Ministre de l'Agriculture et du Commerce.

En vue de remédier à cette situation et de permettre aux pharmaciens de vendre légalement l'acide arsénieux, M. le Ministre a fait préparer par le Conseil des professeurs de l'Ecole vétérinaire d'Alfort, une formule de dénaturation qui, sans ôter ses propriétés à l'acide arsénieux, met en garde les personnes qui pourraient être trompées par ses caractères extérieurs à l'état naturel.

Vous trouverez dans l'arrêté ci-dessous la formule à laquelle M. le Ministre a donné son approbation.

Je prie MM. les Maires de porter cet arrêté à la connaissance des pharmaciens et des vétérinaires de leurs communes respectives, en les invitant à s'y conformer.

Agréez, Messieurs, l'assurance de ma considération la plus distinguée.

Le Conseiller d'État, Préfet du Nord,

Baron LE GUAY.

ARRÊTÉ.

Le Ministre de l'Agriculture et du Commerce,

Vu l'article 8 de l'ordonnance royale du 29 octobre 1846, portant règlement sur la vente des substances vénéneuses ;

Vu l'avis du Comité consultatif d'Hygiène publique de France ;

Vu les propositions du Conseil des professeurs de l'École vétérinaire d'Alfort ;

Sur le rapport du Directeur du Commerce intérieur,

Arrête :

L'acide arsénieux destiné à l'usage interne, pour le traitement des animaux domestiques, ne pourra être vendu que dénaturé suivant la formule ci-dessous :

Acide arsénieux pulvérisé.................... 100 gr.
Sexquioxyde de fer anhydre (colcothar)........ 1 »
Aloès succotrin pulvérisé..................... » 50

Ces trois substances doivent être introduites dans un mortier en verre ou en porcelaine, et broyées jusqu'à ce que le mélange ait acquis une homogénéité parfaite.

Versailles, le 26 février 1875.

Signé : L. GRIVART.

A MM. les Sous-Préfets, Maires et Commissaires de police du département.

Substances vénéneuses. — Vente du phosphore et des autres substances vénéneuses. — Instructions.

Paris, le 25 janvier 1875.

Messieurs, M. le Ministre des finances vient d'appeler l'attention sur le préjudice que peut causer aux intérêts du Trésor la fabrication clandestine des allumettes chimiques.

Le moyen le plus efficace d'empêcher la fabrication frauduleuse des allumettes est évidemment d'exercer la plus grande surveillance sur le commerce du phosphore.

Or, cette substance qui constitue un élément indispensable pour la fabrication des allumettes chimiques, a été rangée au nombre des matières vénéneuses par le décret du 8 juillet 1850, et, par suite, l'achat, la vente et l'emploi en sont rigoureusement soumis aux conditions déterminées par l'ordonnance royale du 29 octobre 1846, dont les articles 3, 5, et 11 sont ainsi conçus :

« Art. 3. Tous achats ou ventes de substances vénéneuses
» seront inscrits sur un registre spécial, coté et paraphé par
» le Maire ou le commissaire de police.

» Les inscriptions seront faites de suite et sans aucun
» blanc, au moment même de l'achat ou de la vente ; elles
» indiqueront l'espèce et la quantité des substances ache-
» tées ou vendues, ainsi que les noms, professions et domi-
» cile des vendeurs ou acheteurs.

» Art. 5. La vente des substances vénéneuses ne peut être
» faite, pour l'usuage de la médecine, que par les pharma-

» ciens, et sur la prescription d'un médecin, chirurgien,
» officier de santé, ou d'un vétérinaire breveté.

» Art. 11. Les substances vénéneuses doivent toujours
» être tenues par les commerçants, fabricants, manufactu-
» riers et pharmaciens, dans un endroit sûr et fermé à
» clef. »

Ces dispositions, scrupuleusement observées, sont de nature à mettre obstacle à tous les abus qui pourraient se produire. Leur stricte exécution importe d'ailleurs au plus haut point à la sécurité publique.

Dans leur prochaine tournée, MM. les Inspecteurs de la pharmacie, des magasins de drogueries et d'épiceries auront pour mission spéciale de s'assurer que les sages prescriptions ci-dessus rappelées de l'ordonnance du 29 octobre 1846, sont partout remplies avec le plus grand soin; mais il appartient surtout à MM. les Maires et à MM. les Commissaires de police de tenir la main à la rigoureuse exécution de ces prescriptions et de dresser procès-verbal contre tout délinquant.

J'appelle particulièrement leur attention à cet égard.

Pour faciliter leur mission, je crois devoir reproduire ci-après la liste des substances vénéneuses auxquelles il y a lieu d'appliquer les dispositions de l'ordonnance précitée :

« *Acide Cyanhydrique* ; — *Alcaloïdes végétaux véné-*
» *neux et leurs sels* ; — *Arsenic et ses préparations* ; —
» *Belladone, extrait et teinture* ; — *Cantharides entières,*
» *poudre et extrait* ; — *Chloroforme* ; — *Cigüe, extrait*
» *et teinture* ; — *la Coque du Levant* ; — *Cyanure de*
» *Mercure* ; — *Cyanure de potassium* ; — *Digitale,*
» *extrait et teinture* ; — *Emétique* ; — *Jusquiame, extrait*
» *et teinture* ; — *Nicotine* ; — *Nitrate de mercure* ; —
» *Opium et son extrait* ; — *Phosphore* ; — *Seigle ergoté* ;
» *Stramonium, extrait et teinture* ; — *Sublimé corro-*
» *sif.* »

Je vous serai très obligé, Messieurs, de me tenir régulièrement informé de tous les faits qui pourront se produire à la suite des présentes instructions.

Agréez, Messieurs, l'assurance de ma considération la plus distinguée.

Le Conseiller d'État, Préfet du Nord.
Baron LE GUAY.

A MM. les Sous-Préfets et Maires du département.

Substances vénéneuses. — Coque de Levant. — Règlementation nouvelle.
(Décret du 28 septembre 1882).

Lille, le 14 novembre 1882.

Messieurs, aux termes du décret ci-après, en date du 28 septembre 1882, inséré au *Journal officiel* du 4 octobre suivant, les droguistes et pharmaciens peuvent seuls avoir en dépôt de la coque du Levant. La vente au détail en est rigoureusement prohibée et exclusivement limitée aux préparations et prescriptions médicales.

Je vous prie de vouloir bien donner la plus grande publicité à ces dispositions, dont le but est de mettre fin à l'usage abusif qui est fait de la coque du Levant pour la destruction du poisson.

Agréez, Messieurs, l'assurance de ma considération la plus distinguée.

Le Préfet de Nord,
Jules CAMBON.

DÉCRET.

Le Président de la République Française,

Sur le rapport du Ministre du Commerce ;
Vu la loi du 19 juillet 1845 ;
Vu l'ordonnance royale du 29 octobre 1846, portant règlement sur la vente des substances vénéneuses ;
Vu le décret du 8 juillet 1850 et le tableau y annexé ;
Vu le décret du 1er octobre 1864, portant que la coque du Levant est ajoutée aux substances vénéneuses inscrites au tableau annexé au décret précité du 8 juillet 1850 ;
Vu l'avis du Comité consultatif d'hygiène publique, en date du 9 février 1880 ;
Vu l'enquête à laquelle il a été procédé ;
Le Conseil d'État entendu,

DÉCRÈTE :

Art. 1ᵉʳ. Les droguistes et pharmaciens pourront seuls, à l'avenir, avoir en dépôt de la coque du Levant. La vente au détail en est rigoureusement prohibée et exclusivement limitée aux préparations et prescriptions médicales.

Art. 2. L'ordonnance du 29 octobre 1846 est rapportée, en ce qu'elle a de contraire au présent décret.

Art. 3. Le Ministre du Commerce est chargé de l'exécution du présent décret, qui sera inséré au *Bulletin des Lois* et publié au *Journal officiel*.

Fait à Mont-sous-Vaudrey, le 28 septembre 1882.

JULES GRÉVY.

Par le Président de la République :

Le Ministre du Commerce,
Pierre LEGRAND.

Sucre.

2ᵉ classe. — Décret du 31 décembre 1866.

Voir **Raffinerie et fabrique de sucre.**

Suif brun (Fabrication du).

1ʳᵉ classe. { 14 janvier 1815. / Décret du 31 décembre 1866.

Inconvénients. — Odeur, danger d'incendie.

PRESCRIPTIONS : Construire et voûter l'atelier en matériaux incombustibles.

Ouvrir les foyers et cendriers en dehors de l'atelier.

Surmonter la chaudière d'une hotte ou manteau conduisant les émanations dans la cheminée dont la hauteur doit être proportionnée aux intérêts du voisinage, tel est l'ensemble des dispositions à prescrire à ces usines.

Suif en branches (Fonderies de) à feu nu.

1ʳᵉ classe. — 14 janvier 1815.

Inconvénients. — Odeur désagréable et danger du feu.

La fonte à feu nu a été longtemps désignée sous le nom de *fonte au creton*. Ce procédé consiste à diviser le suif en branches en morceaux et à le soumettre à une température assez élevée pour chasser la matière grasse des tissus membraneux des animaux dans lesquels elle est renfermée.

Lorsque le suif fondu s'est séparé en grande partie, on soumet les résidus solides à l'action de la presse pour en retirer les dernières portions de suif et en faire des pains de creton.

La fonte à feu nu doit être reléguée dans les abattoirs publics partout où il en existe, pourvu que ceux-ci ne se trouvent pas trop près de l'agglomération des habitations. En cas contraire, cette opération ne doit être permise que dans des ateliers éloignés des lieux occupés.

Pour atténuer les inconvénients inhérents à cette industrie, il faut :

Prescrire la construction d'une cheminée en maçonnerie d'une hauteur de 20 mètres au moins au-dessus du sol ;

Placer la porte du foyer en dehors de l'atelier où existe la chaudière de fonte ;

Surmonter cette chaudière d'un tambour cylindrique en cuivre étamé ou en zinc, reposant sur ses bords, divisé en deux parties égales, l'une fixe, l'autre mobile, de manière à servir de porte glissant dans une rainure circulaire. Ce tambour devra communiquer avec la cheminée par un large tuyau, afin d'y amener les gaz et et les vapeurs ;

Enduire d'une couche de plâtre ou de mortier, d'une épaisseur de deux centimètres, les pièces de bois apparentes dans l'atelier de fusion ;

Ne pénétrer pendant les travaux de nuit dans l'atelier de fusion qu'avec des lampes de sureté ;

Paver l'atelier où se fera la fonte en dalles posées au

ciment et présentant une pente suffisante pour l'écoulement facile des eaux de lavage ;

Fermer hermétiquement les fenêtres par des châssis à verres dormants ;

Établir la porte de l'atelier de manière à ce qu'elle se ferme d'elle-même ;

Percer au niveau du sol des carneaux convenablement disposés et en nombre suffisant pour faciliter le tirage ;

Ne laisser écouler sur la voie publique ou dans les cours d'eau les eaux de lavage du suif ; elles seront transportées sur les terres dans des tonneaux fermés ;

Ne conserver les suifs en branches plus de 24 heures dans les fondoirs avant de les soumettre à la fusion ;

Ne brûler aucun résidu de suif ou de débris d'animaux ;

Ne déposer sur la voie publique ni laisser séjourner aucun résidu, soit liquide, soit solide, transporter le tout au au dehors pour servir d'engrais ;

Introduire dans la chaudière, avant chaque opération, au moins dix litres d'eau, afin d'empêcher le suif de brûler.

Suif en branches (Fonderies de) au bain-marie ou à la vapeur.

2ᵉ classe. { 14 janvier 1815.
{ Décret du 31 décembre 1866.

Inconvénient. — Odeur.

En général, on opère avec la vapeur dans des chaudières à double fond, ce qui diminue les dangers d'incendie. Le suif est placé dans le compartiment supérieur et la vapeur arrive par le double fond, le suif se fond doucement et à une chaleur moins élevée que dans la fonte à feu nu, il y a aussi beaucoup moins de vapeur que l'on peut diriger dans la cheminée au moyen d'un manteau recouvrant largement la chaudière de fusion et communiquant avec la dite cheminée au moyen d'un large conduit.

Prescriptions : On prescrira les conditions suivantes :

1° L'atelier de fusion sera bâti en matériaux incombustibles ;

2° La chaudière de fusion sera recouverte par une large hotte qui communiquera avec la cheminée dont la hauteur dépassera de cinq mètres au moins les toits voisins ;

3° Les ateliers seront pavés en pierres dures, rejointoyées au ciment hydraulique avec pente pour l'écoulement des eaux ;

4° Les ouvertures des foyers et des cendries seront placées en dehors des chambres où s'opère la fusion ;

5° Il sera interdit au pétitionnaire d'avoir des presses à cretons dans son établissement ;

6° Dès leur arrivée dans l'usine, les suifs en branches devront être coupés et plongés dans de l'eau acidulée ou alcaline ;

7° Les eaux acides ou alcalines ne pourront s'écouler sur la voie publique ; elles seront neutralisées par la chaux et le dépôt sera transporté sur les champs pour servir d'engrais,

Suif en branches (Fonderies de) au bain-marie, à l'aide des acides et des alcalis.

2ᵉ classe. — Décret du 31 décembre 1866.

Inconvénient. — Odeur désagréable.

On est successivement parvenu à briser le tissu cellulaire qui emprisonne les suifs en les immergeant dans une eau acidulée par l'acide sulfurique ou dans une dissolution alcaline.

Dès lors l'opération est bien moins gênante pour les voisins, la fonte se faisant à une moindre chaleur. Néanmoins,

.'odeur est encore repoussante et l'opération doit se faire sous le manteau d'une cheminée élevée de 2 mètres au moins au-dessus des toits voisins. L'atelier doit être clos de toutes parts, la porte même retombant à l'aide d'un contrepoids ou munie d'un tambour. Quelques ouvreaux à la partie basse alimentent la cheminée. Les suifs doivent être plongés dans l'eau acidulée ou alcaline dès leur entrée dans l'usine.

Comme garantie de la nature des opérations, on exige que ces usines n'aient pas de presses à cretons.

Suif d'os (Fabrication du).

1ʳᵉ classe. { 14 janvier 1815.
Décret du 31 décembre 1866.

Inconvénients. — Odeur, altération des eaux, danger d'incendie.

Les os en magasins doivent être déposés sous des hangars à sec et disposés par tas d'un mètre au plus ;

L'ébullition doit se faire sous une hotte communiquant avec une cheminée suffisamment élevée ;

L'atelier doit être pavé en pierres dures, cimentées et rejointoyées, avec pente vers une cuvette centrale. Cette cuvette sera hermétique et à double usage, c'est-à-dire qu'elle conduira les bouillons ou autres liquides recueillis pour engrais dans une citerne étanche, ou facultativement dirigera dans un aqueduc souterrain les eaux de lavage qui seront perdues dans un égoût et jamais sur la voie publique.

Les engrais liquides de la citerne seront enlevés à l'aide de tonneaux bien fermés, et par le moyen d'une pompe munie d'un manchon en toile.

Sulfate de baryte.
2e classe. — Décret du 31 décembre 1866.

Voir **Baryte**.

Sulfate de cuivre (Fabricption du) au moyeu du grillage des pyrites.

1re classe. { 14 janvier 1815.
Décret du 31 décembre 1866.

Inconvénients. — Émanation nuisible et fumée.

PRESCRIPTIONS : Si l'eau arrive en proportion sur les minerais échauffés, il y a peu de dégagement ;

Lorsqu'on projette le soufre sur les feuilles de cuivre, le fourneau doit être parfaitement fermé. En tout cas, le gaz sulfureux doit être porté à une grande hauteur dans l'atmosphère, 30 ou 35 mètres, au moyen d'une cheminée d'appel établie sur le fourneau.

Sulfate de mercure (Fabrication du) quand les vapeurs ne sont pas absorbées.

1re classe. — Décret du 31 décembre 1866.

Inconvénient. — Émanations nuisibles.

PRESCRIPTIONS : Isolement des ateliers, construction d'une cheminée en maçonnerie de 30 mètres de hauteur pour diriger les vapeurs dans l'atmosphère, disposition des ouvertures du côté où elles peuvent occasionner le moins d'inconvénients.

Sulfate de mercure (Fabrication du) quand les vapeurs sont absorbées.

2e classe. — Décret du 31 décembre 1866.

Inconvénient. Émanations nuisibles.

PRESCRIPTIONS : Il importe d'éloigner les ateliers des habitations et d'absorber les vapeurs sulfureuses produites pendant la fabrication au lieu de les diriger dans une cheminée destinée à les disséminer dans l'air.

Sulfate de peroxyde de fer (Fabrication du) par le sulfate de protoxyde de fer et l'acide nitrique (nitro-sulfate de fer).

3ᵉ classe. — Décret du 31 décembre 1866.

Iconvénient. — Émanations nuisibles.

PRESCRIPTIONS : On dirigera les vapeurs nitreuses qui se dégagent pendant la réaction des composés mis en présence dans une cheminée ayant une hauteur déterminée d'après l'isolement plus ou moins complet des ateliers.

Sulfate de protoxyde de fer ou couperose verte par l'action de l'acide sulfurique sur la ferraille (Fabrication en grand du).

2ᵉ classe. — Décret du 31 décembre 1866.

Inconvénients. — Fumée, émanations nuisibles.

PRESCRIPTIONS : Le gaz hydrogène qui se dégage pendant l'opération peut avoir une odeur sulfureuse, on évite cet inconvénient en n'opérant que dans des cuves fermées et surmontées de tuyaux destinés à conduire les buées et les gaz dans la cheminée de l'usine ; il convient, en outre, de défendre la projection d'aucun résidu liquide sur la voie publique.

Sulfate de soude (Fabrication du) par la décomposition du sel marin par l'acide sulfurique, sans condensation de l'acide chlorhydrique.

1ʳᵉ classe. — Décret du 31 décembre 1866.

Inconvénient. — Émananations nuisibles.

PRESCRIPTIONS : Les fours seront construits en briques et fer, s'ils sont divisés en plusieurs compartiments, ils seront terminés par une série de chambres contenant des masses calcaires et finalement par un chenal rempli de chaux tendre et parcourant une grande longueur avant d'atteindre la cheminée qui sera très élevée (30 mètres).

Si l'on jouit d'une grande quantité d'eau on la fera arriver par le haut d'une cheminée remplie de cailloux sur lesquels elle se divisera afin d'entraîner l'acide en dissolution.

Sulfate de soude (Fabrication du) avec condensation complète de l'acide chlorydrique.

3e classe. — Décret du 31 décembre 1866.

Inconvédient. — Émanations nuisibles.

PRESCRIPTIONS : Élévation de la cheminée, ventilation des ateliers qui ne doivent avoir aucune communication avec la voie publique. L'acide qui se dégage est condensé dans l'eau d'une série de vases dont les derniers contiendront de la chaux ou des résidus de soude.

Sulfate de fer, d'alumine et alun (Fabrication par le lavage des terres pyriteuses et alumineuses grillées du).

3e classe. { 14 janvier 1815.
Décret du 31 décembre 1866.

Inconvénients. — Fumée et altération des eaux.

PRESCRIPTIONS : Le grillage des schistes alumineux doit s'opérer à l'air libre loin des habitations. Comme l'acide sulfureux qui se dégage peut être nuisible à la végétation, des toiles et des paillassons, posés dans la direction du vent, pourront être un palliatif ;

La préparation de l'alun de toutes pièces donne d'abondantes vapeurs d'évaporation, et il faut s'en débarrasser par les moyens ordinaires, qui consistent à surmonter les cuves de hottes destinées à conduire les buées et les gaz dans la cheminée de l'usine qui aura une hauteur en rapport avec les bâtiments compris dans un rayon de 50 mètres.

Sulfure d'arsenic (Fabrication du) à la condition que les vapeurs seront condensées.

2° classe. — Décret du 7 mai 1878.

Inconvénients. — Odeurs et émanations nuisibles.

Sulfure de sodium (Fabrication du).

2° classe. — Décret du 7 mai 1882.

Inconvénient. — Odeur.

PRESCRIPTIONS : Opérer en vases clos et faire arriver les vapeurs sulfureuses dans des vases contenant des substances pouvant former un composé insoluble avec les sulfures solubles ; les fours seront construits en briques et fer ; au lieu de condenser les vapeurs on pourra les brûler, dans ce cas la cheminée de l'usine aura 30 mètres d'élévation au-dessus du sol.

Sulfure de carbone (Manufactures dans lesquelles on emploie en grand le).

1re classe. — Décret du 31 décembre 1866.

Inconvénient. — Odeur toxique.

Le sulfure de carbone est employé aujourd'hui dans plusieurs industries, notamment dans la confection des vessies de caoutchouc distendues au moyen d'un soufflet, qui servent de jouets aux enfants. Ces vessies, préalablement trempées dans un mélange vulcanisant de sulfure de carbone et de chlorure de soufre, laissent échapper pendant leur dessiccation, soit à l'air libre, soit dans les ateliers, des vapeurs toxiques qui, absorbées par les ouvriers, donnent lieu à des accidents variés qui se décèlent, d'après l'observation de M. Delpech, par une période d'excitation bientôt suivie d'une période de collapsus comme pour l'intoxication alcoolique.

Le moyen de parer à ces inconvénients, c'est de prévenir, dans la disposition des appareils, toute déperdition de vapeurs insalubres et d'établir une ventilation parfaite.

Comme ces vapeurs, lorsqu'elles se mélangent à l'air, gagnent par leur poids la partie inférieure de l'atelier, on fera bien, pour arriver au but, d'établir à la base des murs, des carneaux assez nombreux, ou bien de disposer à claire-voie certaines parties du plancher, afin de favoriser la dissémination de ces vapeurs, de manière à les rendre inoffensives.

Sulfure de carbone (Dépôts de). Suivant le régime des **huiles de pétrole**.

Inconvénient. — Odeur toxique.

L'industriel devra se conformer aux mesures prescrites pour les dépôts de substances volatiles ou éminemment inflammables, comme l'éther et les essences en général.

Sulfure de carbone (Fabrication du).

1re classe. — Décret du 31 décembre 1866

Inconvénients. — Odeur, danger d'incendie.

PRESCRIPTIONS : Toutes celles indiquées plus haut pour l'emploi du sulfure de carbone dans l'industrie.

Sulfures métalliques.

1re classe. { 14 janvier 1815.
Décret du 31 décembre 1866.

Voir **Grillage des minerais sulfureux**.

Superphosphate de chaux et de potasse (Fabrication du).

2e classe. — Décret du 31 janvier 1872.

Inconvénient. — Émanations nuisibles.

Prescriptions : Ventiler les ateliers en les surmontant de cheminées d'appel, fermer les ouvertures sur la voie publique et les propriétés privées ;

Brûler le phosphate en vases clos, éloigner les broyeurs et les blutoirs des habitations mitoyennes et amortir le bruit et retenir la poussière afin de ne pas incommoder les voisins ;

Recevoir les produits fabriqués dans des magasins construits en maçonnerie et fermés par des portes doubles doublées de plomb ;

Diriger les vapeurs acides dans une colonne à coke et évacuer celles qui ne seraient pas détruites ou non condensées dans la cheminée de l'usine qui aura 30 mètres de hauteur au-dessus du sol ;

Si l'on calcine dans des fours à réverbère, élever la cheminée de ces fours à une hauteur suffisante pour ne pas incommoder le voisinage.

Tabacs (Manufacture de).

2º classe. } 14 janvier 1815. Décret du 31 décembre 1866.

Inconvénients. — Odeur et poussière.

L'odeur désagréable et fatigante qui s'échappe de ces établissements, devrait faire recourir à certaines précautions, d'autant plus utiles qu'ils sont souvent créés dans les villes populeuses.

Le monopole de cette industrie au profit du Gouvernement ne saurait justifier une négligence que l'on réprimerait dans d'autres circonstances. L'intérêt des ouvriers obtient, il faut le reconnaître, toute sollicitude de l'Administration spéciale. Les perfectionnements nombreux apportés par la vapeur et la mécanique ont tourné au profit des ouvriers de ces usines, mais dans leur voisinage les intérêts particuliers ont plus à souffrir à mesure que la ventilation des ateliers est plus complètement et plus librement effectuée.

Prescriptions : Des cheminées d'appel, des ventilateurs bien établis pourront prévenir une dépréciation considérable de la propriété voisine.

Ces cheminées devront surtout exister dans les corridors qui longent les chambres de fermentation. Celles-ci n'auront aucune communication avec la voie publique soit par des fenêtres, soit par une porte.

Comme pour les fabriques de céruse, les ouvriers, en quittant leur travail, devront se laver les mains et la figure, afin d'enlever la poussière qui aura pu s'accumuler sur la peau pendant les opérations.

Tabac (Incinération des côtes de).

1re classe. $\begin{cases} \text{14 janvier 1815.} \\ \text{Décret du 31 décembre 1866.} \end{cases}$

Inconvénients. — Odeur et fumée.

L'incinération des déchets de tabac en plein air produit une fumée âcre et pénétrante qui peut être portée dans un rayon de plus de 4 kilomètres. Il y aurait donc convenance à n'autoriser cette combustion qu'à pareille distance des lieux habités.

Mais une tolérance peu louable se fait remarquer trop souvent en pareil matière, et la ville de Lille, par exemple, est baignée, à une certaine époque, dans une atmosphère d'autant plus incommode qu'il n'est pas possible de la fuir.

On pourrait éviter cet inconvénient sérieux en faisant brûler la fumée et les vapeurs produites pendant l'incinération, en les faisant traverser un foyer incandescent. Mais pour cela, il faudrait opérer dans des locaux fermés et non en plein air, comme cela a lieu encore aujourd'hui.

Tabatières en carton (Fabrication des).

2ᵉ classe. — 14 janvier 1815
3ᵉ classe. — Décret du 31 décembre 1866.

Inconvénients. — Odeur, danger d'incendie.

Ce sont les mêmes inconvénients et les mêmes moyens palliatifs que l'on voit énoncés à l'article *Cartons*.

Les vernis ne peuvent, sans autorisation spéciale, être fabriqués dans l'usine.

Taffetas et toiles vernis ou cirés (Fabrication de).

1ʳᵉ classe. { 14 janvier 1815.
Décret du 31 décembre 1866.

Inconvénients. — Odeur, danger d'incendie.

Si les matières vernissantes sont préparées dans l'usine, ces opérations doivent être entourées des précautions indiquées à l'article *Vernis*.

L'application du vernis sur la toile ou le taffetas et sa dessiccation peuvent se faire sous des hangars ou à l'air libre, dans des lieux écartés.

Les séchoirs chauffés doivent être construits en **matériaux incombustibles**, et les ouvertures des **foyers être** situées en dehors.

Tan (Moulins à).

3ᵉ classe. — Décret du 31 décembre 1866.

Inconvénients. — Bruit et poussière.

Dans l'arrondissement de Lille et aussi dans d'autres parties du département, cette opération se fait dans des moulins à vent.

Pour prévenir les inconvénients signalés, on prescrira :

1° D'eloigner les moulins des habitations les plus rapprochées et des chemins de communication de 70 mètres à partir du milieu du chemin, comme le prescrit l'ordonnance du 2 décembre 1773 ;

2° De fermer toutes les ouvertures sur les faces du moulin par où la poussière pourrait se répandre au dehors ;

3° D'établir une ventilation à la partie supérieure.

Tannée humide (Incinération de la).

2° classe. — Décret du 7 mai 1878.

Inconvénients. — Fumée, odeur.

PRESCRIPTIONS — Dans le cas où un industriel voudrait brûler la tannée, il devra observer les précautions suivantes :

1° Donner à la cheminée une hauteur de 25 mètres au-dessus du sol ;

2° Placer la tannée en couches minces dans le foyer pour éviter au moment de la charge, une trop grande production de fumée ;

3° Déposer la tannée sous un hangar couvert et draîné pour lui permettre d'égoutter et de sécher ;

4° Tenir le dépôt des cendres à une certaine distance des bâtiments.

Tanneries.

2° classe. { 14 janvier 1815.
Décret du 31 décembre 1866.

Inconvénient. — Odeur.

PRESCRIPTIONS : Les émanations qui s'échappent d'un atelier de tannerie doivent engager à éloigner ces usines des villes.

Beaucoup y ont cependant droit de domicile.

Les prescriptions alors se bornent à surveiller l'écoulement des eaux et à en prévenir l'infiltration dans le sol.

Les conditions générales sont :

De placer les cuves et les pleins dans l'endroit le plus éloigné des habitations voisines ;

De les construire à la chaux hydraulique et ne dépassant pas le niveau du sol ;

De paver en pierres dures rejointoyées à la cendrée toute la surface de l'usine ;

D'exporter les jus des pleins ;

De ne laisser écouler dans les rivières les eaux de lavage, qu'après leur filtration à travers une couche épaisse de tannée ;

De ne point tremper les cuirs ou les laver dans les cours d'eau utilisés aux usages domestiques, à l'abreuvement des bestiaux, à l'alimentation de brasseries ou autres établissements situés en aval ;

Les cuirs verts, les cuirs à sécher, ainsi que la tannée, ne doivent, en aucun cas, être déposés sur la voie publique, non plus que les tonneaux ayant contenu de l'huile de dégras ;

Aucune opération d'équarrissage ne peut être tolérée dans une usine de cette nature ;

La combustion des écharnures et autres déchets ne peut être non plus autorisée.

Teintureries

2º classe. — 14 janvier 1815.
3º classe. — Décret du 31 décembre 1866.

Inconvénients. — Odeur, altération des eaux.

Avant l'arrêté préfectoral en date du 10 avril 1864, pris sur la demande du Conseil central, les matières colorantes des teintureries se rendaient dans des cours d'eau, sans être préalablement dénaturées; ou précipitées et y causaient de graves inconvénients en privant, par les impuretés qu'elles y déposaient, les riverains de la jouissance de leurs eaux pour leur industrie.

Cet arrêté divise les teintureries en 3 catégories, la 1ʳᵉ comprenant les teintureries de fils ou de toiles au moyen de l'indigo ; la 2ᵉ comprenant les teintureries en couleurs diverses où l'on ne dispose que d'un terrain restreint, quel que soit d'ailleurs l'importance de l'établissement; la 3ᵉ enfin comprenant les teintureries en couleurs diveres où l'on dispose d'un très vaste terrain et où l'on peut opérer la purification des eaux colorées mélangées aux eaux de rinçage, de débouillissage et autres eaux industrielles.

Voici les conditions que le Conseil, conformément à l'arrêté, a l'habitude de prescrire pour les catégories, sauf quelques rectifications nécessitées par des circonstances particulières.

En ce qui touche les teintureries de la 1ʳᵉ catégorie, c'est-à-dire les teintureries de toiles ou de fils au moyen de l'indigo.

On construira trois bassins en maçonnerie N° 1, N° 2 et N° 3.

Les bassins N° 1 et N° 2 auront les mêmes dimensions, ils seront établis au même niveau et ils seront contigus, mais complètement isolés. Chacun d'eux aura un mètre de profondeur et présentera une capacité suffisante pour contenir le produit des bains usés pendant plusieurs jours de travail.

Le bassin N° 3, de capacité inférieure à celle des deux précédents, sera placé contre eux de manière que son axe se trouve le prolongement de celui de leur côté mitoyen et son fond sera établi à cinquante centimètres (0ᵐ 50ᶜ·) en contre bas du leur. Par cette disposition, il pourra communiquer avec chacun d'eux et recevra leurs résidus au moyen de vannes de fond.

Ces vannes de fond établies dans les bassins N° 1 et N° 2 seront exclusivement destinées au versement des résidus dans le bassin N° 3 : l'écoulement des eaux clarifiées aura lieu au-dehors soit par décantation, soit par d'autres vannes fonctionnant de haut en bas, soit simplement par des trous de cinq centimètres ($0^m\,05^c$) de diamètre pratiqués à quinze ($0^m\,15$) de distance verticale les uns des autres à travers un madrier en chêne scellé dans une des parois. Les trous seront bouchés par des chevilles de bois.

Les liquides provenant de bains usés seront versés dans le bassin N° 1, au fond duquel les matières insolubles se déposeront après quelque temps de repos du liquide. L'eau claire surnageant, contenant encore un peu d'indigo, pourra être décantée pour monter de nouvelles cuves, et le dépôt boueux sera, après cette opération, versé dans le bassin N° 3 par l'ouverture de la vanne du fond. Si l'on renonce à faire emploi des eaux clarifiées par dépôt, il faudra, avant leur départ du bassin, les traiter avec un lait de chaux en quantité suffisante pour les décolorer complètement et les rendre fortement alcalines; on les laissera reposer quelque temps après ce mélange et on ne les décantera que lorsqu'elles seront éclaircies. Le dépôt boueux sera dans tous les cas versé dans le bassin N° 3, où il prendra une consistance assez solide pour pouvoir être enlevé à la bêche et transporté dans les champs.

Quant aux eaux de rinçage et autres eaux de l'usine, elles seront recueillies dans le bassin N° 2, où on les traitera par un lait de chaux, comme il vient d'être dit pour les bains usés. Ces eaux, rendues ainsi parfaitement claires et fortement alcalines pour éviter les décompositions ultérieures, seront décantées et leurs résidus boueux se rendront ensuite par la vanne de fond dans le bassin N° 3, comme ceux provenant du bassin N° 1.

En ce qui touche les teintureries de la 2° catégorie, c'est-à-dire les teintureries en couleurs diverses où l'on ne dispose que d'un terrain restreint;

On construira trois bassins N° 1, N° 2 et N° 3.

Le bassin N° 1 sera contigu aux deux autres ; il aura un mètre (1^m) de profondeur et présentera une capacité suffisante pour contenir le produit des bains usés pendant deux journées au moins de travail.

Le bassin N° 2, de dimensions beaucoup plus restreintes, est destiné à recevoir et à filtrer les eaux éclaircies à leur sortie du bassin N° 1 ; son fond sera établi à quatre-vingts centimètres (0^m 80) en contre-bas de celui de ce dernier bassin. Il aura un mètre (1^m) de profondeur.

Le bassin N° 3, destiné à recevoir les résidus du bassin N° 1, présentera la même superficie que lui, mais son fond sera établi à un mètre (1^m) plus bas et sa hauteur sera portée à un mètre cinquante centimètres (1^m 50^{c*}). La communication entre les bassins N° 1 et N° 3 aura lieu à l'aide d'une vanne de fond.

Les liquides provenant des bains usés, à l'exclusion des eaux de débouillissage seront reçus dans le bassin N° 1, où ils subiront un triple traitement ; il seront d'abord mélangés, par agitation, avec un kilogramme de chaux vive, à l'état de lait, par mètre cube de leur volume ; on ajoutera à ce premier mélange et d'après le même dosage, du sulfate de fer, en continuant de mouvoir fortement la masse ; on complètera le traitement par l'addition d'un hectogramme de chaux vive, à l'état de lait, par mètre cube de mélange que l'on rendra parfaitement intime et homogène avant de le laisser reposer.

Après douze heures de repos, on décantera les eaux clarifiées au moyen d'une planche verticale scellée dans la paroi, dans le prolongement de l'axe du bassin N° 2 et percée sur toute sa hauteur de trous que l'on ouvrira successivement en procédant de haut en bas. Ces trous déboucheront tous dans une conduite verticale plongeant jusqu'au fond du bassin N° 2, qui sera rempli sur toute sa hauteur de bois de campêche râpé et épuisé. Les eaux de décantation seront forcées ainsi de traverser par syphonnement cette matière filtrante qui achèvera de les purifier ; au sortir du bassin N° 2, elles seront dirigées dans les fossés ou canaux publics.

Le dépôt boueux qui restera au fond du bassin N° 1, après le départ des eaux claires, sera versé dans le bassin N° 3 par la vanne de fond ménagée à cet effet. Il s'y condensera et en sera ensuite extrait pour être répandu sur les champs.

Les eaux de débouillissage seront traitées par une quantité suffisante de chaux vive, à l'état de lait, dans un bassin spécial destiné à leur clarification. Les eaux de rinçage, quand elles seront colorées, seront traitées de la même manière et dans le même bassin avant d'être déversées au dehors. Les liquides éclaircis seront décantés et les mares ou dépôt seront exportés sur les champs.

Les dosages de chaux et de sulfate de fer indiqués ci-dessus ne sont pas absolus ; mais il suffira, dans tous les cas, de quelques essais faciles pour les déterminer de manière à obtenir une décoloration parfaite et le degré d'alcalinité prescrit.

En ce qui touche les teintureries de la 3ᵉ catégorie, c'est-à-dire les teintureries en couleurs diverses disposant d'un vaste terrain où l'on peut opérer la purification des eaux colorées mélangées aux eaux de rinçage, de débouillissage et aux autres eaux industrielles.

On établira des bassins en terre ayant au moins un mètre cinquante centimètres (1^m 50) à deux mètres (2^m) de profondeur et présentant une très grande surface, de manière à faciliter les dépôts par l'anéantissement de la vitesse du courant. Le dernier de ces bassins à l'aval sera fermé et terminé par un déversoir de superficie par lequel toutes les eaux de l'usiee devront s'écouler. Ce déversoir sera construit en maçonnerie complètement étanche et terminé dans sa partie supérieure par un couronnement parfaitement horizontal, en pierres de taille ou en ciment. Il aura la longueur nécessaire pour que l'épaisseur de la lame d'eau déversante ne dépasse pas quatre millimètres (0^m004) quel que soit d'ailleurs le volume à débiter.

Les eaux de l'usine, à la sortie de l'atelier et aussi loin que possible des bassins épurateurs, se mélangeront à un courant de lait de chaux que l'on entretiendra d'une manière continue dans le canal de fuite et qui sera composé de manière qu'un kilogramme au moins de chaux vive soit employé par mètre cube de liquide.

Les bassins seront constamment entretenus par des curages fréquents dans un grand état de propreté et sur leurs dimensions primitives.

Dans le courant de mai 1869, des réclamations pressantes adressées à M. le Préfet du Nord par quelques teinturiers, à l'effet d'être déchargés des prescriptions contenues dans l'arrêté de 1864, engagèrent ce magistrat, malgré les répliques faites par le Conseil aux observation des intéressés, à modifier certaines des propositions de cet arrêté et autoriser les teinturiers à déverser dans les cours d'eau les eaux de rinçage à l'exclusion des bains de teinture qui devront être décolorés séparément avant leur écoulement au dehors, mais cette mesure en permettant le mélange des bains de teinture aux eaux de rinçage avant leur écoulement, sans qu'aucune répression soit possible, faute de contrôle, a ramené dans les rivières et canaux, une altération telle des eaux que le retrait de cette modification à l'arrêté de 1864 a été demandé avec instance par le Conseil central dans son rapport de 1874.

Teintureries de peaux.

3ᵉ classe. — Décret du 31 décembre 1866.

Inconvénient. — Odeur.

PRESCRIPTIONS : Ne recevoir dans l'établissement que des peaux parfaitement sèches ;

Établir une bonne ventilation dans l'atelier de teinture, qui sera pavé en pierres dures rejointoyées à la cendrée ;

Placer l'orifice du foyer en dehors de l'étuve destinée à sécher les peaux ;

Exporter au dehors dans des tonneaux les eaux industrielles.

Terres émaillées (Fabrication de) avec fours fumivores.

2ᵉ classe. — Décret du 31 décembre 1866.

Inconvénient. — Fumée.

PRESCRIPTIONS : 1° Elever la cheminée des fours à 15 mètres environ au-dessus du sol ou à 5 mètres au-dessus des bâtiments les plus élevés compris dans un rayon de 50 mètres au moins.

2° Éloigner des fours le magasin de bois destiné à leur alimentation.

Terres émaillées (Fabrication de) avec fours fumivores.

3ᵉ classe. — Décret du 31 décembre 1866.

Inconvénient. — Fumée accidentelle.

Mêmes prescriptions qu'à l'article précédent.

Terres pyriteuses et alumineuses (Grillage des).

1ʳᵉ classe. — Décret du 31 décembre 1866.

Inconvénients. — Fumée, émanations nuisibles.

PRESCRIPTIONS : Le grillage peut avoir lieu en plein air ou dans des fours construits pour cet objet ;

Dans le premier cas on isolera complètement le foyer et

on l'entourera d'abris protecteurs tels que toiles, paillassons, etc.;

Dans le second on surmontera les fours d'une hotte qui communiquera avec une cheminée de quinze à vingt mètres d'élévation.

Teillage de lin, de chanvre et de jute en grand.

3ᵉ c.asse. { 27 décembre 1856 (Décision ministérielle). Décret du 31 décembre 1866.

Inconvénients. — Bruit et poussière.

PRESCRIPTIONS : La table sur laquelle est étalé le lin présenté au premier cylindre de la broyeuse, doit avoir assez de longueur pour que l'ouvrier (l'enfant), ne puisse en se penchant outre mesure atteindre avec les doits les premières cannelures où se fait la première opération. De plus les engrenages de cette machine seront recouverts d'une boîte ou caisse, parfaitement adaptée et s'enlevant facilement. L'atelier doit être séparé du second où se fait la poussière;

Aucun foyer ne doit exister dans l'atelier de teillage qui sera éclairé par des lampes placées derrière des châssis dormants. L'aération doit en être complété à l'aide de vastes cheminées d'appel s'élevant au-dessus des toits voisins et facilitée par des ouvreaux établis à la partie inférieure; on arrivera ainsi à ne gêner ni les voisins ni la voie publique, tout en débarrassant les ouvriers de la poussière. Le chauffage de ces usines ne doit s'opérer qu'à la vapeur;

Les points de frottement des machines doivent être nettoyés et graissés chaque jour.

Térébenthine (Distillation et travail en grand de la).

Voir **Huiles de pétrole, de schiste**, etc.

Tissus d'or et d'argent (Brûleries en grand des).

2ᵉ classe. { 15 janvier 1815.
Décret du 31 décembre 1866.

Voir **Galons**.

Toiles cirées.

1ʳᵉ classe. — Décret du 31 décembre 1866.

Voir **Taffetas et toiles vernis**.

Toiles (Blanchîment des).

3ᵉ classe. — Décret du 31 décembre 1866.

Voir **Blanchîment**.

Toiles grasses pour emballage, tissus, cordes goudronnées, papiers goudronnés, cartons et tuyaux bitumés (Fabriques de) par travail à chaud.

2ᵉ classe. — Décret du 31 décembre 1866.

Inconvénients. — Odeur, danger d'incendie.

PRESCRIPTIONS : 1° L'atelier où se prépare l'enduit bitumé sera construit en matériaux incombustibles, les chaudières seront isolées et recouvertes d'un couvercle à charnières, une cheminée d'appel partira de la voute dudit atelier et s'élèvera à 3 mètres au-dessus des toits voisins dans un rayon de 50 mètres ;

2° Les matières grasses et goudronneuses seront emmagasinées dans un bâtiment isolé ;

3° Dans le séchoir, les tuyaux de chaleur seront garnis de grillages en fer, et la porte et le cendrier du calorifère seront placés à l'extérieur, afin d'écarter les dangers d'incendie,

Toiles grasses pour emballage, tissus, cordes goudronnées, papiers goudronnés, cartons et tuyaux bitumés (Fabrique de) par travail à froid.

3ᵉ classe. — Décret du 31 décembre 1866.

Inconvénient. — Odeur.

PRESCRIPTIONS : Les enduits composés de caoutchouc et de matières résineuses diverses seront préparés hors de l'établissement, et leur application sur la toile, les tissus et papiers, se fera à froid. Pour chasser les odeurs, il suffira d'établir dans l'atelier de fabrication une cheminée d'appel assez élevée pour porter les odeurs au-dessus des toits voisins ;

Les précautions et dispositions indiquées pour le travail à chaud sont ici inutiles.

Toiles métalliques (Trempage au goudron des).

2e classe. — Décret du 7 mai 1878.

Inconvénients. — Émanations nuisibles, danger d'incendie.

PRESCRIPTIONS : Établir dans l'atelier de trempage une large hotte au-dessus de la cheminée et la faire communiquer avec la cheminée de l'usine qui sera assez élevée pour porter les odeurs au loin ;

Substituer à la charpente en bois une **charpente métallique**, afin d'écarter les dangers d'incendie ;

Emmagasiner les goudrons dans un bâtiment isolé.

Toiles peintes (Fabrique de).

3e classe. { 9 février 1825.
Décret du 31 décembre 1866.

Inconvénient. — Odeur.

PRESCRIPTIONS : Si l'on n'opère pas la cuisson du vernis à l'air libre dans une cour spacieuse, on placera la chaudière sous un large manteau de cheminée communiquant avec celle-ci. Dans ce cas, l'ouverture des foyers et cendriers sera placée au dehors de l'atelier de fusion qui sera construit en matériaux incombustible ;

Les séchoirs à air libre doivent être isolés des habitations ;

Les séchoirs fermés seront chauffés à la vapeur ;

Les eaux sales de la fabrique ne pourront s'écouler au dehors.

Toiles vernies (Fabrique de). Voir **Taffetas et toiles vernis**.

1re classe. $\begin{cases} \text{14 janvier 1815.} \\ \text{Décret du 31 décembre 1866.} \end{cases}$

Tôles et métaux vernis.

2° classe. — 9 février 1825.
3° classe. — Décret du 31 décembre 1866.

Inconvénients. — Odeur, danger d'incendie.

PRESCRIPTIONS : Le travail de nuit est un moyen de moins gêner le voisinage. Le danger du feu disparaît si les goudrons et les vernis sont chauffés en plein air ou sous des hangars isolés. Des ateliers élevés et dont la partie supérieure communique avec une haute cheminée, peuvent également pallier l'inconvénient des odeurs. Le plafonnage ou le recouvrement en tôle des parties de la charpente peuvent aussi prévenir les dangers d'incendie.

Tonnellerie en grand opérant sur des fûts imprégnés de matières grasses et putrescibles.

2° classe. — Décret du 31 décembre 1866.

Inconvénients. — Bruit, odeur et fumée.

PRESCRIPTIONS : Isoler le plus possible ces ateliers des habitations. Établir une bonne ventilation dans l'atelier de travail au moyen d'une cheminée d'appel s'élevant de deux mètres au-dessus du toit.

Torches résineuses (Fabrication de).

2ᵉ classe. — Décret du 31 décembre 1866.

Inconvénients. — Odeur, danger d'incendie.

Mêmes prescriptions que pour les ateliers où l'on travaille le goudron et le vernis.

Tourbe (Carbonisation de la) à vases ouverts.

2ᵉ classe. { 14 janvier 1815.
Décret du 31 décembre 1866.

Inconvénients. — Odeur et fumée.

PRESCRIPTIONS : Les émanations ammoniacales doivent être portées à une grande hauteur, 33 mètres au moins, l'usine étant d'ailleurs parfaitement isolée des habitations.

Tourbe (Carbonisation de la) en vases clos.

2ᵉ classe. { 14 janvier 1815.
Décret du 31 décembre 1866.

Inconvénient. — Odeur.

PRESCRIPTIONS : Si les appareils sont bien fermés, il ne se produit d'odeur qu'au moment où l'on délute, et cette manœuvre peut se faire sous un large manteau de cheminée. Les eaux ammoniacales doivent être emportées en vases clos.

Tourteaux d'olives (Traitement des) par le sulfure de carbone.

1ʳᵉ classe. — Décret du 31 décembre 1866.

Inconvénient. — Danger d'incendie.

PRESCRIPTIONS : L'atelier sera construit en matériaux incombustibles. Les chaudières destinées aux opérations seront munies de couvercles pouvant s'abaisser immédiatement et fermer hermétiquement en cas d'inflammation des produits ;

Une bonne ventilation sera établie au moyen d'une cheminée d'appel s'élevant au-dessus du faîtage des maisons voisines;

Il y aura dans l'atelier au moins deux mètres cubes de sable en réserve pour, en cas d'incendie, en recouvrir les matières en combustion.

Tréfileries.

3ᵉ classe. { 20 septembre 1828.
Décret du 31 décembre 1866.

Inconvénients. — Bruit et fumée.

PRESCRIPTION : La tréfilerie, proprement dite, se faisant aujourd'hui au laminoir et à la filière, n'engendre aucun bruit. Les fils n'étant chauffés qu'au rouge sombre, il y a peu de danger d'incendie.

Cependant les fours et la cheminée doivent être séparés des murs mitoyens par un espace de 30 à 50 centimètres.

Les fours doivent être surmontés d'une cheminée qui dépasse les toits voisins de 3 à 4 mètres.

Il ne doit pas y avoir d'ouverture sur la voie publique.

Triperies annexes des abattoirs.

1ʳᵉ classe. { 14 janvier 1815.
Décret du 31 décembre 1866.

Inconvénients. — Odeur, altération des eaux.

Dans les villes qui jouissent d'abattoirs publics, toutes ces opérations doivent y être convenablement confinées;

Dans le cas contraire, les chaudières où se fait la cuisson doivent être surmontées d'une hotte qui les recouvre entièrement et qui porte les buées dans la cheminée;

L'atelier doit être pavé en pierres dures rejointoyées à la chaux hydraulique, avec pente vers un réservoir d'où les eaux seront extraites, chaque jour, pour être exportées en vases clos ainsi que les matières solides;

Les eaux de lavage ne contenant aucune matière solide peuvent être conduites à l'égoût par un aqueduc souterrain, précédé de grille, sans jamais être répandues sur la rue;

Aucune ouverture des ateliers de travail ou de cuisson ne doit donner sur la voie publique ou près des habitations voisines.

Tueries d'animaux. Voir aussi **Abattoirs publics**.

1re classe. { 10 octobre 1810. 14 janvier 1815. 15 avril 1838. }

2° classe. — 31 décembre 1866.

Inconvénients. — Danger de voir les animaux s'échapper, mauvaise odeur.

PRESCRIPTIONS : L'abattage des animaux ne pourra se faire en public, mais bien dans un atelier fermé;

La tuerie sera pavée en pierres dures rejointoyées au mortier hydraulique, avec une pente et une rigole dirigeant les liquides dans une citerne étanche, sans qu'il puisse s'en écouler sur la voie publique;

Après chaque abattage, la tuerie sera lavée et les issues seront mélangées à la chaux vive pour être converties en engrais, si elles ne sont autrement utilisées par l'industrie;

Un anneau en fer sera scellé dans une pierre solidement fixée dans le sol de la tuerie pour y attacher les animaux au moment de l'abattage.

Tueries. — Enquête, etc. — Voir la circulaire du 22 avril 1881.

Tuileries avec fours non fumivores.

2° classe. — 9 février 1825.
3° classe. — Décret du 31 décembre 1866.

Inconvénient. — Fumée.

Prescriptions : 1° Élever la cheminée de dix mètres au moins et plus si la proximité des habitations voisines l'exigeait ;

2° Éloigner l'usine de 50 à 60 mètres des toits de chaume qui pourraient exister dans le voisinage ;

3° Séparer les fours des magasins aux fagots.

Tuyaux de drainage (Fabrique de),

3° classe. — Décret du 7 mai 1878.

Inconvénient. — Fumée.

Prescriptions : Les mêmes que pour les tuileries.

Urate (Fabrique d'),

1re classe. — 9 février 1825.
2° classe. — Décret du 31 décembre 1866.

Inconvénient. — Odeurs.

Voir **Engrais préparés**.

Vacheries dans les villes de plus de 5,000 habitants.

3° classe. { 14 janvier 1815.
Décret du 31 décembre 1866.

Inconvénients. — Odeur et écoulement des urines.

Prescriptions : 1° Les étables doivent avoir au moins trois mètres d'élévation du sol au plafond sans solives ;

2° Les murs mitoyens attenants aux étables doivent être revêtus de dalles en pierre dure scellées à la chaux hydraulique sur une hauteur de 1 mètre 50 ;

3° La citerne aux urines, parfaitement étanche, doit être placée à distance desdits murs. Les liquides qu'elle contient seront enlevés à l'aide d'une pompe munie d'un manchon dans des tonneaux parfaitement clos ;

4° Des cheminées d'aérage élèveront les vapeurs de

l'étable au-dessus des toits voisins, et des baies, à châssis mobiles, seront établies pour permettre le renouvellement de l'air ;

5° Les fumiers seront enlevés au moins une fois par semaine aux heures réglementaires ;

6° Le trou à drêche sera hermétiquement fermé avec un tuyau d'évent s'élevant au-dessus du toit contigu ;

7° Les chariots et instruments aratoires ne pourront, sous aucun prétexte, séjourner sur la voie publique ;

Varech.

1re classe. { 27 mai 1863.
Décret du 31 décembre 1866.

Inconvénients. — Odeur et fumée.

Voir **Soude de varech**.

A MM. les Sous-Préfets et Maires du département.

Interdiction des vases et des sels de cuivre dans la préparation des conserves de fruits et de légumes destinés à l'alimentation.

Nous, Préfet du département du Nord, Chevalier de l'Ordre de la Légion d'Honneur,

Vu la loi des 16-24 août 1790 et celle du 22 juillet 1791 ;
Vu les articles 319, 320, 415, paragraphes 15, 475, paragraphes 14 et 477 du Code pénal ;
Vu la loi des 18 juillet 1837 ;
Vu la loi du 27 mars 1851 ;
Vu les instructions de M. le Ministre du Commerce, en date du 28 juin 1882,

Arrêtons :

Article 1er Il est interdit aux fabricants et commerçants d'employer des vases et des sels de cuivre dans la préparation des conserves de fruits et de légumes destinés à l'alimentation. Il est interdit également à tout débitant ou marchand quelconque, de vendre et de mettre en vente les conserves ainsi préparées.

Art. 2. Les contrevenants seront poursuivis devant le tribunal compétent, pour être punis conformément aux lois.

Fait à Lille, le 18 juillet 1882.

Le Préfet du Nord,
Paul CAMBON.

Vernis. Voir **Argenture des glaces**.

Vernis gras (Fabrique de).

1re classe. { 14 janvier 1815. Décret du 31 décembre 1866.

Inconvénients. — Odeur et danger d'incendie.

La fabrication du vernis gras donnant lieu à des exhalaisons fort incommodes pour le voisinage, a été conservée dans la première classe des établissements insalubres dans la nouvelle nomenclature aussi les conditions à exiger seront en rapport avec l'importance de la fabrication.

PRESCRIPTIONS : Outre l'isolement de ces usines de toute habitation, les magasins construits en dur seront éloignés des ateliers de fabrication et de tout foyer. L'éclairage n'aura lieu qu'à l'aide des lampes de sûreté ou à travers des châssis à verre dormant ;

Les chaudières placées sous le manteau d'une cheminée s'élevant à 25 ou 30 mètres, seront munies d'un couvercle métallique à charnières, afin d'étouffer l'incendie en cas d'inflammation du vernis ;

L'ouverture des foyers et des cendriers sera en dehors de l'atelier du travail ;

On ne pénètrera jamais dans les magasins à essence avec d'autre appareil d'éclairage qu'une lampe de sûreté ;

Cet atelier sera lui-même construit en matériaux incombustibles ;

L'industriel aura toujours en réserve dans l'atelier de

cuisson et le magasin aux essences une certaine quantité de sable (1 mètre cube au moins) en cas d'incendie.

Vernis à l'esprit de vin (Fabrique de).

2ᵉ clasee. { 31 mai 1833.
Décret du 31 décembre 1866.

Inconvénients. — Odeur et danger d'incendie.

Séparer les magasins de tout foyer, les construire en dur et ne les éclairer qu'à l'aide de lampes de sûreté ;

Établir l'ouverture des foyers et cendriers en dehors de l'atelier de travail ;

Recouvrir les chaudières d'un couvercle métallique à charnière, destiné à les fermer complétement en cas d'incendie ;

Placer celles-ci sous un large manteau communiquant à une cheminée dont la hauteur ne sera pas moins de deux mètres cubes au-dessus des toits voisins ;

Tenir en réserve 2 mètres cubes de sable pour éteindre tout commencement d'incendie.

Vernis (Ateliers où l'on applique le) sur les cuirs, feutres, taffetas, toiles, chapeaux. Voir ces mots.

Verreries, cristalleries et manufactures de glaces avec fours non fumivores.

2ᵉ classe. — Décret du 31 décembre 1866.

Inconvénients. — Fumée et danger d'incendie.

PRESCRIPTIONS : L'isolement.

L'élévation des cheminées (1) munies de registres s'il y a

---

(1) Dans le système des fourneaux à travail continu, la cheminée peut recevoir une grande élévation (25 mètres) et il en résulte moins d'inconvénients pour le voisinage. Les ouvriers ont aussi moins à souffrir de la radiation de la masse incandescente.

lieu. (Les cheminées basses répandent quelquefois des émanations arsenicales, trop condensées dans un faible rayon;

Des ouvertures dans la toiture et par lesquelles s'échapperait la fumée;

Les fourneaux seront disposés de telle sorte que leur lumière ne puisse être aperçue des chemins voisins;

L'industriel devra se conformer aux prescriptions réglementaires pour la conservation et la distribution des matières vénéneuses nécessaires à la fabrication.

Verreries, cristalleries et manufactures de glaces avec fours fumivores.

3e classe. — Décret du 31 décembre 1866.

Inconvénient. — Danger d'incendie.

PRESCRIPTIONS : Les fours de fusion et ceux de recuisson seront pourvus d'appareils fumivores et seront assez éloignés des voies de communication pour que la flamme n'effraye pas les animaux.

Pour les autres dispositions, voir l'article précédent.

Vessies nettoyées et débarrassées de toutes substances membraneuses (Atelier pour le gonflement et le séchage des).

2e classe. — Décret du 7 mai 1878.

Inconvénient. — Odeur.

PRESCRIPTIONS : Ventiler l'atelier de gonflement et deséchage par une cheminée d'appel établie à la partie supérieure;

Ne recevoir dans l'établissement que des vessies préalablement lavées à l'abattoir;

Rendre le sol imperméable par un bon dallage en pierres dures rejointoyées au ciment hydraulique.

Viandes infestées de trichines.

A MM. les Sous-Préfets du département.

Salubrité publique. — Viandes infestées de trichines.

Lille, le 16 février 1881.

Messieurs, M. le Ministre de l'Agriculture et du Commerce a été informé que des trichines ont été découvertes dans certaines viandes de porc salées importées de l'étranger.

L'Administration supérieure s'est depuis longtemps déjà préoccupée de cette question, et à propos de certains cas d'importations malsaines qui lui ont été signalées, elle a indiqué les précautions culinaires qu'il y avait lieu de prendre pour échapper au danger que peut faire courir la consommation de viandes de porc trichinées.

En vue de sauvegarder d'une façon plus efficace la santé publique, sans prohiber en principe l'importation d'un élément important de l'alimentation, entré maintenant dans les habitudes, le Gouvernement fait étudier l'organisation d'une surveillance spéciale qui serait établie sur nos frontières de terre et de mer, de manière à ne laisser pénétrer en France que des viandes reconnues parfaitement saines.

Mais, en dehors des précautions administratives, il importe que les consommateurs prennent des mesures pour se protéger eux-mêmes contre les dangers de la trichinose, il convient donc de leur rappeler que le meilleur préservatif à employer consiste dans une forte cuisson des viandes de porc : il a été reconnu que les viandes qui seraient infestées de trichines ne présentent plus aucun danger lorsqu'elles ont été soumises à une température de + 100 degrés.

Je vous prie de vouloir bien porter ces indications à la connaissance de vos administrés par tous les moyens de publicité dont vous disposez, et notamment par des affiches.

Agréez, Messieurs, l'assurance de ma considération la plus distinguée.

Le Préfet du Nord,
Paul CAMBON.

A MM. les Sous-Préfets et Maires, MM. les Inspecteurs des Pharmacies et Commissaires de Police du département.

Salubrité publique. — Interdiction de l'emploi de l'acide salicylique.

Lille, le 15 février 1881

Messieurs, l'attention de l'administration supérieure a été appelée sur le danger que peut faire courir à la santé publique l'emploi de l'acide salicylique pour la conservation des denrées alimentaires solides ou liquides.

M. le Ministre de l'Agrilculture et du Commerce a soumis la question au Comité consultatif d'hygiène publique de France.

Après s'être livré à une étude approfondie de cette question et avoir, notamment, analysé, dans le laboratoire municipal de la ville de Paris, plusieurs produits contenant de l'acide salicylique, le Comité a reconnu que cette substance est dangereuse, non-seulement par les effets directs qu'elle produit sur l'organisme, mais encore, d'une manière détournée, parce qu'elle permet l'introduction frauduleuse, dans les matières alimentaires, d'autres substances nuisibles, ou tout au moins malsaines, notamment dans les vins de raisins secs et dans la bière. Le Comité conclut que l'on doit considérer comme suspecte toute substance alimentaire solide ou toute boisson contenant une quantité quelconque d'acide salycilique ou de l'un de ses dérivés, et qu'il y a lieu d'en interdire la vente.

Cet avis, qui a paru fondé de tous points à M. le Ministre, trace le devoir de l'autorité administrative, gardienne des intérêts de la santé publique.

J'ai pris, en conséquence, un arrêté, aux termes duquel est interdite la vente de toute substance alimentaire, liquide ou solide, contenant une quantité quelconque d'acide salicylique ou de l'un de ses dérivés.

Je vous prie, Messieurs, d'assurer la stricte exécution de cet arrêté qui parviendra également en affiche à MM. les Maires.

Recevez, Monsieur le Préfet, l'assurance de ma considération la plus distinguée.

Le Préfet du Nord,
Paul CAMBON.

Viandes (Salaisons de). Voir **Salaisons**.

3e classe. $\begin{cases} \text{14 janvier 1815.} \\ \text{Décret du 31 décembre 1866.} \end{cases}$

Visières et feutres vernis (Fabrique de).

1re classe. $\begin{cases} \text{5 novembre 1826.} \\ \text{Décret du 31 décembre 1866.} \end{cases}$

Voir **Feutres et visières**.

Voiries.

1re classe. $\begin{cases} \text{9 février 1825.} \\ \text{Décret du 31 décembre 1866.} \end{cases}$

Voir **Boues et immondices**.

Wagons et machines (Construction de).

3e classe. — Décret du 31 décembre 1866.

Voir **Machines**, etc.

www.ingramcontent.com/pod-product-compliance
Lightning Source LLC
Chambersburg PA
CBHW060601170426
43201CB00009B/852